JN217816

# ベーシックインカムへの道

正義・自由・安全の社会インフラを
実現させるには

ガイ・スタンディング 著

池村千秋 訳

プレジデント社

ベーシックインカムへの道

# 目次

BASIC INCOME

By Guy Standing

Original English language edition first published by

Penguin Books Ltd., London

Text copyright © Guy Standing 2017

The author has asserted his moral rights

All rights reserved

Japanese translation published by arrangement with

Penguin Books Ltd. through The English Agency (Japan) Ltd.

進化の原動力となる創造性を生み出すのは、「可能なこと」の奴隷になっている人物ではなく、「不可能なこと」に挑もうとする人物である。

――バーバラ・ウートン（二〇世紀イギリスの社会学者・経済学者）

# はじめに

少なくとも、一五一六年にイギリスの思想家トマス・モアが『ユートピア』という著書を発表して以降、多くの思想家がなんらかのかたちの「ベーシックインカム」について論じてきた。社会のすべてのメンバーが権利として、一定額の所得を定期的に受け取れるようにしようという考え方のことだ。そのあまりに大胆な発想におののく人もいれば、現実離れした夢物語、さらには文明に対する脅威だと嘲笑する人もいた。「どうせ無理だよ」と、このアイデアへの憧憬を心の奥底にしまい込む人もいたし、熱烈に支持を訴えすぎて辟易される人もいた。ベーシックインカムという考え方は、実にさまざまな感情や反応を呼び起こしてきた。

しかし、議論を促進するための国際的なネットワークが誕生するには、一九八〇年代まで待たなくてはならなかった。「ベーシックインカム欧州ネットワーク（BIEN）」が正式に発足したのは、一九八六年九月のことだ。西欧の少数の経済学者や哲学者、その他の社会科学者たちがベルギーの大学都市ルーバンラヌーブ（フランス語で「新しいルーバン」という意味）に集まった。これは象徴的なことだった。公的な資金によるベーシックインカムの実現をはじめて訴えた著作である『ユートピア』が刊行されたのが、ルーバン（ルーベン）だったのだ。わたしはこのときの創設メンバーの一人で、「ベーシックインカム欧州ネットワーク（ＢＩＥＮ）」という名称の考案者でもある。「ＢＩＥＮ」という呼び名は、「よい」という意味のフランス語「bien」とも重なり、ベーシックインカムが幸福をもたらせることを示唆できると考えた。

その後、ヨーロッパ以外のメンバーが増えるにつれて、「欧州」という名称が実態に合わなくなってきた。そこで二〇〇四年、ＢＩＥＮの「Ｅ」を「欧州（European)」から「世界(Earth)」に変更した。それでも、主流派の評論家や研究者、政治家たちは最近まで、すべての人に権利としてベーシックインカムを支給すべきだという考え方にほとんど関心を示してこなかった（フランスのミシェル・ロカール元首相や、ノーベル平和賞を受賞した南アフリカのデズモンド・ツツ大主教などの素晴らしい例外はいた。この二人はＢＩＥＮの世界会議で演説したことがある）。状況が変わったのは、二〇〇七〜〇八年の世界金融危機がきっかけだった。これ以降、ベーシックインカムへの関心が高まりはじめている。

長い停滞期にＢＩＥＮの活動を通じて理念を守り続け、研究と執筆に打ち込むことにより、無関心な政府に代わってベーシックインカムの考え方をかたちづくってきた人々に、称賛の言葉を贈りたい。BIENは一貫して、あらゆる政治的な立場の人たちを受け入れるよう努めてきた。ジェンダーの平等、人種の平等、そして自由で民主的な社会を否定しない限りは。

ベーシックインカム推進派のなかでも、リバタリアン（自由至上主義）的な考え方の持ち主と平等主義的な考え方の持ち主の間に、また、ほかの政策と切り離して推進したい人と、進歩主義的な政治戦略の一環と位置づける人の間には、つねに対立があった。それでも、あらゆる政治的な立場の人たちを歓迎する方針を採用してきたからこそ、BIENは大きな成功を収め、「機は熟した」と言える日のために、このアイデアの知的基盤を充実させてこられたのだ。

## 政治的な必須課題？

昨今、ベーシックインカムへの関心が高まっている一因は、現在の経済政策と社会政策の下で、持続不可能な規模の不平等と不正義が生まれているという認識にある。猛烈なグローバル化が進み、いわゆる「新自由主義」の経済が浸透し、テクノロジーの進化により労働市場が根本から様変わりするなかで、二〇世紀型の所得分配の仕組みは破綻してしまった。「プレカリアート」と呼ばれる人たちの増加は、その一つの結果だ。プレカリアートとは、雇用が不安定で、職業上のアイデンティティを持てず、実質賃金が減少もしくは不安定化していて、福祉を削減され、つねに債務を抱えているような人たちを指す言葉である。

以前は、国民所得のうち「資本家」と「労働者」がそれぞれ手にする割合はおおむね一定だった。しかし、昔の常識は崩れた。ごく一握りの「不労所得生活者（ランティエ）」——物的資産や金融資産、知的財産などの資産が生み出す利益により、豊かな暮らしを謳歌する人たち——への所得の集中が加速している。このような状態は、道義的にも経済的にも正当化できるものではない。社会の不平等が拡大し、人々の怒りも高まっている。不安、無関心、疎外、怒りが混ざり合う結果、社会は最悪の危機に飲み込まれつつある。ポピュリスト（大衆迎合主義者）の政治家たちが人々の不安を煽り、支持を広げやすい環境が生まれているのだ。これは、一九世紀の金ぴか時代［「金ぴか時代」とは、一九世紀後半のアメリカで資本主義が急速に発展を遂げ、貧富の格差が拡大した時期のこと］にアメリカで起きたのと同じ醜悪な事態だ。

新しい所得分配の仕組みの確立に向けた確かな一歩を踏み出せなければ、社会はますます極右に傾斜していくだろう。二〇一六年にイギリスの国民投票でＥＵ離脱（ブレグジット）が選択され、アメリカ大統領選でドナルド・トランプが当選した底流にあるのは、そうした社会の右傾化だった。このような潮流に抗し、より平等で自由な社会を築くためには、ベーシックインカムの導入が政治的な必須課題だとわたしは考えている。この本を執筆した理由の一つはそこにある。

## 本書について

この本は、ベーシックインカムへの賛成論と反対論を一とおり読者に紹介することを目的としている。ここで言うベーシックインカムとは、年齢や性別、婚姻状態、就労状況、就労歴に関係なくすべての個人に、権利として、現金（もしくはそれと同等のもの）を給付する制度のことだ。本書の内容は、この三〇年間にわたり多くの人たちが取り組んできた研究、政策提言、市民運動、とくに、これまでのＢＩＥＮの活動、二〇一六年七月のソウル大会にいたるまで一六回の世界会議と、そこで発表された何百本もの論文を土台にしている。関心がある読者のために、できるだけ参考文献や引用文献も示した。

しかし、本書の目的はあくまでも、読者にベーシックインカムの基礎知識を提供し、掘り下げた紹介をすることにある。ベーシックインカムとはどういうものか、この制度が必要な理由として挙げられてきた三つの側面、すなわち正義と自由と安全について論じ、あわせて経済面での意義にも触れる。また、さまざまな反対論も紹介する。とくに財源面での実現可能性の問題と、労働力供給への影響についても検討する。さらに、実際に制度を導入するうえでの実務的・政治的な課題も見ていく。

本書が政治家や政策立案者だけでなく、いわゆる「一般読者」（いささか上から見下ろすような表現だが）にも役立てば幸いだ。「すべての人にベーシックインカムを」という主張は、一見シンプルだが、実際にはいくつもの複雑な問題が絡み合っている。実際の証拠に目を向けず、深く考えることもせずに、頑なな持論をいだいている人も多い。読者は、できるだけオープンな精神で本書を読んでほしい。

わたし自身はＢＩＥＮの創設メンバーで現在は名誉共同理事長を務めており、筋金入りのベーシックインカム推進派を自任している。それでも、本書の執筆に当たっては、反対派の意見を最大限フェアに紹介するよう努めた。賛成派と反対派が互いの主張に耳を貸さずに、自分たちの言いたいことだけを主張するのではなく、冷静な会話をすべきだと考えているからだ。その会話の内容を実行に移すのは、政治の役割である。

では、ベーシックインカムに前向きな政治家たちがそうした主張を堂々と発信し、実現に向けて行動するよう背中を押すためには、どうすればいいのか？

有力政治家が内輪の席でベーシックインカムへの賛意を表明しつつ、どうすれば「カミングアウト」できるのかと述べるのは、もう聞き飽きた。ポピュリズムの隆盛という、近年の世界の政治的動向にも裏打ちされて、本書の議論が政治家たちに気骨を持たせる一助になれば、幸いである。

# 第1章

# ベーシックインカムの起源

部屋を出るための最も簡単な方法は、扉を開けること。それなのに、どうしてそうする人がほとんどいないのか？

——孔子

ベーシックインカムとは何か。一言で言えば、それは、個人に対して、無条件に、定期的に（たとえば毎月など）、少額の現金を配る制度のことだ（後述するように、具体的にはさまざまな提案がなされている）。すべての個人を給付対象とする普遍的《ユニバーサル》な制度であることから、「ユニバーサル・ベーシックインカム（ＵＢＩ）」とも呼ばれる。

きわめてシンプルな定義だが、話はそう単純ではない。

## 基本的なこと

### 「ベーシック」とは？

「ベーシック」という言葉は、多くの混乱を招く原因になっている。少なくとも、その社会で最低限の生活を送るのに必要な金額を給付すべきだが、もっと給付を手厚くしてもいい。いずれにせよ、根本的な目的は、経済面での基礎的な保障を提供することだ。全面的な保障や裕福な暮らしを約束することは想定されていない。それは不可能だし、好ましくもない。

では、基礎的な保障とは、どの程度なのか？　具体的な金額を示すことは難しいが、イメージは描きやすい。「よい社会」を築きたいなら、すべての人に平等に、そして確実に、食べ物や住む場所に困らず、教育と医療を受けられる状態を保障すべきだろう。ベーシックインカム推進派の大半は、この給付を「権利」として認めるべきだと考えている。つまり、給付する側の心変わりにより撤回されてはならない、というのだ。この点については第3章で詳しく取り上げたい。

一部の論者は、誰もが「社会へ参加」することを可能にする水準の給付をすべきだと主張している。そこまでは必要ないのではないか、定義として曖昧すぎないか、という批判はあるだろう。しかし、この主張の根底にある崇高な理念を見落としてはならない。一九世紀フランスの思想家アレクシ・ド・トクヴィルが論じたような、すべての人が対等な市民として参加できる社会をつくりたいという願いは素晴らしいものだ。現実的には、その理想に向けて前進するのに十分な給付水準を目指すというのが賢明な線だろう。

以上の点を前提にした場合、ベーシックインカムの給付水準はどの程度が望ましいのか？　持続可能な範囲で最も高い水準の給付をすべきだとし、「貧困ライン以上」をできるだけ目指すべきだと主張する論者もいる。これは、第3章で論じるリバタリアン（自由至上主義）的な考え方だ。このタイプの論者は、ベーシックインカムの導入と引き換えに、すべての社会保障と福祉サービスを廃止すべきだと唱える場合が多い。

一方、導入時は少額から始めて、次第に増額していけばいいと主張する論者もいる。わたしもその一人だ。具体的な金額は、確保できる予算の規模とその時点での国民所得の水準によって決めればいい。そして、どの程度の金額を給付するにせよ、既存の社会保障をすべて解体する必要はないし、ベーシックインカムをそのための手段と位置づけるべきでもないと考える。

## 「普遍的な」とは?

すべての人が等しく基礎的所得を約束されるという意味での普遍性を理想と考える人もいるだろう。しかし、ここで言う「普遍性」とは、ある地域コミュニティや地方自治体や国に通常居住する人すべてに給付をおこなうという意味だ。ベーシックインカムのことを「市民所得」と呼ぶ人もいるが、厳密に言えば正しくないかもしれない。市民であっても、非居住者には受給資格が認められないことがほとんどだからだ。一方、移住者に関しては、一定期間合法的に居住している場合に受給対象にしてもいいだろう。外国からの移民の場合は、永住権の取得を条件にしてもいい。いずれにせよ、受給資格をどうするかは、民主政治のプロセスを通じて決めるべき政治的問題である。

## 「個人への給付」とは？

ベーシックインカムは、婚姻状態や家族・世帯の状況を問わず、すべての個人に給付される。特定の家族形態を優遇もしなければ、不利に扱いもしない。また、世帯単位で給付する制度と異なり、家族間でお金が分配されることを——ましてや平等に分配されることを——前提に制度を設計していない。実際、既存の世帯単位の給付金は、家族間できちんと分配されないケースが珍しくない。

ベーシックインカムは、どのような境遇にあるかに関係なく、すべての成人に等しい金額を給付する必要がある。既存の福祉給付の一部は、世帯単位で給付されるので、一人当たりで考えると大家族のメンバーへの給付が少なくなる。「規模の経済」の効果により大家族ほど一人当たりの生活費が少なくてすむという想定の下、給付額を決めているからだ。ベーシックインカムは、そうした意図せざる差別を避けることができる。

ベーシックインカム推進派のほとんどは、子どもにも少額の給付をすべきだと考えている。具体的には、子どもの母親、もしくは母親の代理人に給付することを主張する論者が多い。多くの論者は、高齢者や病弱な人、障がいがある人への給付を上積みすることも提唱する。こうした人たちは、生活コストがほかの人たちより高く、その一方でベーシックインカム以外のお金を稼げない場合が多いからだ。このように、ベーシックインカムによって確保すべき「平等」とは、基礎的な生活水準の平等と考えるべきである。

## 「無条件」とは？

国家による「無条件」の給付であることは、ベーシックインカムという考え方の柱を成す要素の一つだ。「無条件」という言葉には、三つの意味がある。

第一の意味は、所得制限を設けないということだ。受給するために、所得が基準以下であることや、それが自らの「落ち度」や「責任」でないことを立証する必要はない。そのような資力調査は、一般に思われている以上に杜撰だったり不公正だったりする。

第二の意味は、お金の使い方に制約を設けないということだ。お金をいつ、どのように、何のために使うかを指図したり、制限したりはしない。現物給付や、バウチャー（利用券）、プリペイドカードなどによる給付の場合は、用途があらかじめ制限されており、どうしてもパターナリズム（強い立場の人間が弱い立場の人間を保護するために介入する父権的干渉主義）の性格を帯びる。それに対し、ベーシックインカムなら、人々が自らの判断で支出の優先順位を決められる。

第三の意味は、受給者の行動に制約を設けないということだ。職に就くこと、特定のタイプの職に就くこと、あるいは職に就こうと努めることなど、ある行動を取ったり取らなかったりすることを受給条件にしない。ベーシックインカムが「無条件」の給付だと言う場合、推進派も反対派もこの点を念頭に置いていることが多い。

## 「定期的」とは？

ベーシックインカムは、「定期的」な給付であるべきだ。月一回の給付を主張する論者が多いが、間隔はもっと短くても長くてもいい。重要なのは、毎回の給付額がほぼ同じであることと、そして、その都度、書類に記入したり、列に並んだりしなくても給付されることだ。基礎的保障を実現するためには、予測可能性が欠かせない。ベーシックインカムには、既存の大半の福祉給付と違って、給付が確約されていて、金額も事前にわかっているという利点がある。

ベーシックインカムは「剥奪不能」でもあるべきだ。その受給権は、自由権など、ほかの基本的権利と同様に、法律上の適正な手続きを経ずに剥奪されてはならない（一部の推進派は、刑務所の受刑者への給付を停止すべきだと主張している。しかし、ベーシックインカムを刑務所の運営費に充当したり、家族に給付したりしてもいいし、出所まで積み立てておいてもいいだろう。この三つ目の方法なら、出所した受刑者の社会復帰を後押しする効果も期待できる）。また、ベーシックインカムは、「差し押さえ不能」でもあるべきだ。つまり、受給者の債務不払いを理由とする差し押さえを許すべきではない。これは、経済面での基礎的な保障を提供するための制度だからだ。

## 注意すべき点

すべての人に無条件で安定的に一定額を給付するベーシックインカムは、「最低所得保証」とは異なる。最低所得保証は、複雑な資力調査をおこなったうえで、所得が一定金額に満たない人を対象に、保証金額との差額を給付する制度だ。また、ベーシックインカムは、「負の所得税」や「給付型税額控除」と異なり、所得が増えても給付が打ち切られることはない。

しかし、これらの制度もベーシックインカムと同じ文脈で言及されることが多く、実際に共通点がないわけではない。いずれも、すべての人になんらかの基礎的な保障を与えるべきだという考え方に立っている。本書ではここまでに挙げた定義に沿った制度のみを「ベーシックインカム」と呼ぶが、論者のなかにはこれらのさまざまな制度を一括りにしてベーシックインカムと呼んでいる場合もある。意図的にそのような言葉遣いをしている論者もいるが、多くの場合は知識不足が原因だ。いずれにせよ、混乱しないよう注意を払ったほうがいい。

## ベーシックインカムとベーシックキャピタル

「ベーシックキャピタル」との区別も重要だ。ベーシックインカムが比較的少額を定期的に給付するのに対し、ベーシックキャピタルはそれよりも大きな金額を一回限り給付する。端的に言えば、ベーシックキャピタルは「誰もが等しい出発点に立てる資本主義」を目指す制度だ。出発したあと、市場の作用を通じて格差が生じることはやむをえないと考える。それに対し、ベーシックインカムは、「誰もが最低ラインの所得を維持できる資本主義」を目指している。[1]

ベーシックキャピタルの提唱者たちはたいてい、一定年齢（たとえば二一歳）に到達した人すべてに一回限りの給付をおこなう制度を想定している。旗振り役であるブルース・アッカーマンとアン・アルストットは、これを「ステークホルダー・グラント」と呼ぶ。[2] わたしはこの種の制度を「成年給付金（カミング・オブ・エイジ・グラント＝ＣＯＡＧ）」と呼んできた。[3]

ベーシックキャピタルの変種としては、イギリスのトニー・ブレア労働党政権で導入された通称「ベビー・ボンド」がある。子どもが生まれると、親に最低二五〇ポンドのバウチャーが配られ、親はそれを子ども用の貯蓄・投資に活用できる。その口座のお金は、子どもが一八歳になるまで引き出せないようになっていた。この制度は最初の受給者が成人する前に、デーヴィッド・キャメロン連立政権の下で廃止された。

この種の一回限りの給付制度に対する最大の批判は、受給者の「意志の弱さ」に関わるものだ。一度にまとまった金額を受け取った人は、リスクの高い投資に走ったり、無駄遣いしたりし、結局はお金をすべて失いかねない。一八歳や二一歳でお金を受け取れば、その危険はなおさら大きい。それに、受給時期によってお金の価値に違いが生じるという問題もある。投資が多くの利益を生む時期に受給できる世代と、投資の機会が乏しかったり、投資のリスクが大きかったりする時期に受給する世代がどうしても出てくる。投資専門家の助言（政府の任命したアドバイザーがお勧めの投資方法に誘導するケースも多いだろう）が好結果をもたらすかも、時期によって変わってくる。要するに、ベーシックキャピタルは偶然に左右される面が大きすぎるのだ。

ベーシックキャピタルを給付した場合も、受け取ったあとで経済的な苦境に陥る人がいれば、たとえそれが自業自得だったとしても支援を拒むのは難しいだろう。しかし、そのような人たちを支援すれば、そこに「モラル・ハザード」が生まれる。つまり、お金を失っても助けてもらえると思えば、受給金を軽率に使う人があらわれかねない。定期的に少額を給付するベーシックインカムなら、過度にリスクの大きな選択を促す心配はない。しかも、お金の使い方に失敗した人も、次第に賢い使い方を学んでいける。

## ベーシックインカムの起源

ベーシックインカムを最初に提唱した人物とされる候補者は何人かいる。一般には、ベーシックインカムがある社会を描いた最初の人物は、一五一六年にラテン語で著書『ユートピア』を発表したイギリスの思想家トマス・モアとされている。架空の島ユートピア（「どこにもない場所」という意味）の旅行記という体裁を借りて、理想の政治と社会を論じた。

しかし、もっと昔にもベーシックインカムの考え方を提唱していた人物がいたという指摘もある。紀元前四六一年に古代アテネの実権を握った民主派リーダーのエフィアルテスが実施した改革のなかに、陪審官を務めた市民に報酬を支払う制度が含まれていたのだ。その後ほどなく、エフィアルテスは暗殺され、盟友のペリクレスがあとを継ぐことになる。エフィアルテスを（少なくとも「市民所得」型の）ベーシックインカムの真の創始者と位置づけてもいいだろう。もっとも制度の導入後に暗殺されたことは、不吉と言うほかないが……。

古代ギリシャの民主政の根本は、市民が「ポリス（都市国家の政治）」に直接参加する直接民主政にあった。ペリクレスは、直接民主政の下で公職に割く時間の代償として市民に一種のベーシックインカムを給付するものとした。平民でも公職に就けるようにするのが目的だった。実際に公職を務めなくても給付は受けられたが、それは道徳上の義務とみなされていた。しかし残念ながら、ベーシックインカムに支えられた進歩的な熟議型民主主義のシステムは、紀元前四一一年の貴族によるクーデターで崩壊してしまう。その後、道は長く閉ざされることになった。

中世におけるベーシックインカムの源流は、イングランドで「マグナ・カルタ（大憲章）」とともに一二一七年に公布された「御料林憲章」にさかのぼる（一二一五年六月に公布された「自由憲章」をマグナ・カルタと呼ぶことも多いが、この憲章の公布時にはそのような呼び方はされていなかった。一二一七年に、自由憲章の一部が御料林憲章として分離されたあと、残りの憲章をマグナ・カルタと呼ぶようになった）。御料林憲章は、平民の生存権を認め、そのために森林のような共有地で薪などを集める権利（必要物採取権）を定めた。一三世紀のイングランドの教会は、一年に四回、信者たちの前で同憲章を読み上げることが義務づけられていたという。また、マグナ・カルタが改定された際には、夫を亡くした女性に「共有地からの相応な必要物採取権」が認められた。すべての寡婦に対して、共有地から食料、燃料、建材を得る権利というかたちでベーシックインカムが約束されたのだ。

しかし、ベーシックインカムのある社会を具体的に描いた最初の人物は、やはりトマス・モアだ。この制度の正当性を訴えるために、モアは斬新な主張を展開した。それは、今日でも聞かれるような議論だ。[4] 窃盗を減らすためには絞首刑（当時、窃盗犯は絞首刑にされるのが一般的だった）よりもベーシックインカムのほうが有効だというのである。『ユートピア』の登場人物の一人がこう述べている。

どのような刑罰を決めたところで、盗む以外に食べ物を手に入れる方法がない人たちは盗みをやめない……おぞましい刑罰を与えるより、すべての人になんらかの生計の手段を与えるほうがずっと効果的だ。誰も、(死刑に処せられて)死体になる覚悟で盗人になるほかない状況にならないようにすべきなのだ。

『ユートピア』が発表された約一〇年後、ベルギーで活動していたスペイン出身の人文学者で、モアの友人でもあったファン・ルイス・ビベスがベルギーのブルージュの市長に頼まれて、すべての市民に最低限の生活を保障する方策に関する詳細な提案書を作成した。この提案はブルージュでは採用にいたらなかったが、のちにイーペルという町で短期間だけ試験的に実施された。これをもって、ビベスをベーシックインカム的なものの創始者と呼ぶ人たちもいる。しかし、このとき提供されたのは食料で、対象は貧困者に限定されていた。しかもビベスは、受給者に就労を義務づける「ワークフェア」を提唱していた。それでも、モアやビベスのような人たちは、教会や資産家の慈善頼みではなく、公的資金による公的給付のかたちで貧困者を救済すべきだという考え方にお墨つきを与えた。

その後も、何人かの思想家があとに続いた。フランスでは、啓蒙思想家のモンテスキューが一七四八年の著書『法の精神』でこう訴えた。「国家はすべての市民が最低限の生活を送れるようにし、食料と適切な衣服、そして健康を損なわない生活を保障する責任を負っている」。当時としては進歩的な思想家だったコンドルセも同様の主張をした。しかし、コンドルセは一七九四年に政争の末に投獄され、獄死する。またしても、ベーシックインカムへの道は閉ざされたのだ。

ベーシックインカム的な考え方の初期の提唱者のなかで最も大きな影響力を持ったのは、一八世紀アメリカの思想家トマス・ペインだろう。『人間の権利』という著作もある共和主義者だ。一七七六年に執筆したパンフレット『コモン・センス』は、アメリカのすべての家庭の書棚に置かれていたと言われるくらい多くの人に読まれ、アメリカ独立革命を後押しした。そのペインは一七九五年のエッセー「土地配分の正義」で、成人する人に給付されるベーシックキャピタルと高齢者向けのベーシックインカムの必要性を訴えた[5]。いずれも、当時としては目を見張るほど革新的なアイデアだった。

ペインと同時代を生きたイングランドの急進的な思想家トマス・スペンスも、正義の観点から、人間の生まれもっての権利としてのベーシックインカムを提唱した。スペンスが考えていたのは、地代を基にある種の「社会配当」を給付しようというアイデアだった。具体的には、地域共同体単位で地代を徴収し、それを四半期ごとにすべての住民に均等にわけるというものだ。

一九世紀にも、ベーシックインカム的な考え方に言及した論者がいた。その急先鋒は、大陸ヨーロッパでは、フランス、オランダ、ベルギーの思想家、とくに、シャルル・フーリエ（フランス）、ジョゼフ・シャルリエ（ベルギー）、フランソワ・ユエ（フランス）といった社会主義者たちだった。たとえば、ユエは一八五三年、相続税と贈与税を財源に、すべての若者に対して無条件の給付をすべきだと提案した。しかし、共産主義がブームになり、社会民主主義のパターナリズムが支持を集めるなかで、こうした主張は片隅に追いやられてしまった。

アメリカでは経済学者ヘンリー・ジョージの名前を挙げることができる。ジョージが一八七九年に発表した著書『進歩と貧困』（邦訳・日本経済評論社）は数百万部を売り上げ、後世にまで幅広い影響を与えた。ほかに大きな影響を持った著作としては、エドワード・ベラミーの一八八八年の小説『顧みれば』（邦訳・岩波文庫）もある。これは西暦二〇〇〇年のアメリカを舞台にしたユートピア小説で、そこで描かれる世界では、全員均等な金額を記録したクレジットカードがすべての市民に配られる。

イギリスでは、一八九〇年にウィリアム・モリスが大胆な未来小説『ユートピアだより』（邦訳・岩波文庫）を発表している。これはベラミーの『顧みれば』に触発された作品で、未来のイングランドを舞台に、手工業を基盤にした協同組合型社会を描いた。文学作品と呼ぶには堅苦しすぎるが、国家がベーシックインカムを給付し、仕事が雇い主のための苦役ではなく、創造的な活動となる社会が描写されている。しかし、こうした労働観は、二〇世紀序盤の社会主義と共産主義の陰気な「レイバリズム（労働主義）」の下で消えていく。所得や給付が職と結びつけて考えられるようになったのだ。

ベーシックインカムの第二波が生まれたのは、第一次世界大戦後だった。バートランド・ラッセル、マーベルとデニスのミルナー夫妻、バートラム・ピッカード、G・D・H・コール、そしてヘンリー・ジョージの教え子たちが相次いで著作を発表した。(6) 今日の研究者であるヴァルター・ヴァントリーアは博士論文のなかで、ミルナー夫妻を、現実的な政策としてのベーシックインカム——夫妻は「ステート・ボーナス（国家特別手当）」と呼んでいた——の創始者と位置づけている。(7) 一九二〇年代に入ると、イギリスのエンジニア、C・H・ダグラスの著作が発表される。「社会信用論」の創始者であるダグラスは、テクノロジーの進化により、企業の生産量と労働者の所得（購買力）のギャップが拡大していくという予測に基づいてベーシックインカムを提唱した最初の人物である。同様の考え方をする論者は、二一世紀に続々と登場することになる。

バートランド・ラッセルは、ベーシックインカムの狙いについて、基本的な考え方を以下のように明晰に説明している。

わたしたちが訴えているアイデアは、一言で言えば次のようなものだ。働いているか働いていないかに関係なく、すべての人に対して、生きていくのに十分な一定の少額のお金を保障する。一方、コミュニティが有益とみなす仕事に携わりたい人たちには、生産物の量に応じて、より大きな所得を手にできるようにする……教育を終えたあと、誰も働くことを〝強制〟されるべきではない。そして、働かないことを選択した人たちは、最低限の所得を給付され、完全な自由を認められるべきである。(8)

この時代には、きわめて切実な社会環境の下でラッセルと同様の主張をする論者が続々と登場した。多くの工場労働者の命を奪った第一次世界大戦の戦災により、ヨーロッパの経済は大打撃をこうむっていたのだ。しかし、イギリス労働党は一九二〇年の党大会でベーシックインカムとステート・ボーナスについて議論し、翌年にこのアイデアを正式に退けた。これにより、今日とはまったく異なるかたちの社会を築く好機は失われてしまった。

その後、アメリカでは、イギリスでは、ヒューイ・ロング上院議員など、ベーシックインカムを提唱する論者が散発的にあらわれた。一方、福祉国家の形成をめぐる議論の片隅でさまざまな提案がなされた。その代表格がジェームズ・ミードとジュリエット・リズ＝ウィリアムズだ。リズ＝ウィリアムズが一九四三年の著作で唱えた主張は、のちにイギリス保守党の議員になった息子のブランドンが引き継いだ。しかし結局、レイバリズムに基づく福祉国家の考え方が優勢になり、所得と給付が有給労働の成果に結びつけられるようになった。こうして、ベーシックインカムへの道はまたしても選択されなかったのである。

フランクフルト学派の心理学者エーリッヒ・フロムは、一九五五年の有名な著書『正気の社会』（邦訳・社会思想社）とのちに発表したエッセー「保証所得の心理的な側面」で、「普遍的生存保証」の必要性を説いた。しかし、当時は、レイバリズムに基づく福祉国家論の興隆期だった。フロムや同様の主張をしたほかの論者の声に耳を傾けられることはなかった。

ベーシックインカム推進論の第三波は、一九六〇年代に、主にアメリカで生まれた。「構造的失業」と「テクノロジー失業」への懸念が高まりつつあった時期のことだ。この時代にベーシックインカムの導入を目指した動きとしては、一九七二年にリチャード・ニクソン大統領が提案した「家族支援計画（FAP）」がよく知られている。厳密に言えば、これはベーシックインカムというより、一種の「負の所得税」（詳しくは後述）だった。ニクソンは「年間所得保証」という言葉を用いることを避けており、ベーシックインカム論者に転向したと位置づけるには無理がある。実際、ニクソンが支援しようとしたのは、低賃金の職に就いている「ワーキング・プア」だけで、金銭報酬をともなわない仕事に従事している人たちは無視されていた。

それでも、ニクソンの家族支援計画は、ベーシックインカムの実現に向けた一歩ではあった。法案は下院を通過して上院に回されたが、世論調査で圧倒的な支持を得ていたにもかかわらず、上院で葬り去られてしまった。皮肉なことに、法案をつぶしたのは、リベラル派勢力である民主党の議員たちだった。一部の民主党議員は、提案されている給付額が不十分だというもっともらしい理由をつけて法案に反対した。またしても、ベーシックインカムへの道は選ばれなかったのだ。代わりに、給付型税額控除の時代が訪れることになる。

ニクソンの家族支援計画に先立つ一九六八年、一五〇の大学の一二〇〇人もの経済学者たちが「負の所得税」の導入を求める請願書に署名していた。また、長い間忘れられていたが、一九六七年には、暗殺される前のマーチン・ルーサー・キング牧師が以下のように記している。

わたしは、最もシンプルな方法が最も有効だと考えている。貧困を解決するためには、いま盛んに論じられている方法を採用して、直接的に貧困をなくすのがいちばんだと思う。その方法とは、所得保証である……伝統的な職に就けない人たちのために、社会をよくすることにつながる新しいタイプの仕事をつくり出さなくてはならない……経済的な安全を得られる人が増えればおのずと、さまざまな好ましい心理的変化が生まれる。人が自らの人生について自分で決めることができ、安定した所得が約束されていて、自己改善が可能だと思えれば、個人の尊厳が花開く。[9]

同じ時期にベーシックインカム的な考え方を提唱した論者は、ほかにも大勢いた。しかし、その多くは、資力調査をともなう最低所得保証を支持していたようだ。この時代の論者のなかには、ジェームズ・ミード、フリードリヒ・ハイエク、ミルトン・フリードマン、ヤン・ティンバーゲン、ジェームズ・トービン、ポール・サミュエルソン、グンナー・ミュルダールといった歴代のノーベル経済学賞受賞者たちも含まれていた。このほかにも、J・K・ガルブレイスなどの有力経済学者や社会学者たち、それにアメリカのダニエル・パトリック・モイニハン上院議員なども、この種の考え方を支持した。モイニハンは民主党の政治家だったが、共和党のニクソンが打ち出した家族支援計画に大きな影響を及ぼした人物である。[10]

第四波は、一九八六年の「ベーシックインカム欧州ネットワーク（ＢＩＥＮ）」の発足とともに、静かに始まったと言えるだろう（ＢＩＥＮの現在の正式名称は「ベーシックインカム世界ネットワーク」）。この潮流は、着実に賛同者を増やしていき、二〇〇七〜〇八年の金融危機後に一挙に勢いを増した。それ以降、きわめて多様なエコノミストと評論家たちがなんらかのベーシックインカムを支持するようになった。多くの場合、その背景にあるのは、テクノロジー失業、不平等の拡大、高失業率への不安だ。

この第四波の論者としては、ノーベル経済学賞受賞者のジェームズ・ブキャナン、ハーバート・サイモン、アンガス・ディートン、クリストファー・ピサリデス、ジョセフ・スティグリッツ、有力経済学者のアンソニー・アトキンソン、ロバート・スキデルスキー、ロバート・ライシュ（アメリカのビル・クリントン政権で労働長官も務めた人物だ）、経済ジャーナリストのサミュエル・ブリタンやマーティン・ウルフ、そしてＢＩＥＮを主導したドイツの社会学者クラウス・オッフェ、ベルギーの哲学者フィリップ・ヴァン・パリースなどがいる。

最近は、シリコンバレーのリーダーたちやベンチャーキャピタリストたちもベーシックインカムを支持しはじめている。このアイデアを実行に移すために、資金を拠出する人たちもあらわれた（詳しくは別の章で論じる）。ジップカー（カーシェアリング・サービス）の共同創業者であるロビン・チェイス、Ｙコンビネーター（シリコンバレーのスタートアップ・インキュベーター）を率いるサム・アルトマン、ベンチャーキャピタリストのアルバート・ウェンガー、フェイスブックの共同創業者であるクリス・ヒューズ、起業家・投資家のイーロン・マスク（ソーラーシティ、テスラ・モーターズ、スペースXの創業者）、セールスフォース・ドットコムのマーク・ベニオフCEO、イーベイの創業者であるピエール・オミダイア、アルファベット（グーグルを傘下に収める会社）のエリック・シュミット会長などがベーシックインカムを支持している。

このような面々が支持しているからという理由で、ベーシックインカムに拒絶感を持つ人たちもいる。しかし、少なくともこれだけは言える。あらゆる政治信条と学問分野に、そして企業経営者から労働組合活動家や社会活動家まで幅広い層に支持者を広げたベーシックインカムは、いま歴史上のどの時期よりも強力な推進力を獲得しているのだ。

あらためて四つの波を振り返ると、第一波は、さまざまな論者が互いに関係なく別々に登場したもので、産業資本主義の勃興がもたらした摩擦に対する反応という性格をもっていた。この時期のベーシックインカム論者たちは、地域コミュニティを保全し、資本主義体制下の非人間的な「労働」ではなく、古きよき「仕事」の価値を守りたいと考えていた。第二波の原動力になったのは、社会正義の考え方だった。第一次世界大戦の戦災と多くの人の死亡により生じた不正義を是正することを目指していた。しかし、そうした主張は、社会民主主義者と共産主義者、フェビアン協会（イギリスの社会主義者団体）のメンバーたちがレイバリズムを強力に推し進めた結果、脇に押しやられてしまった。

第三波は、テクノロジー失業への不安に突き動かされて登場し、その不安が静まるとともに退潮した。第四波は、経済的な安全を欠く人の増加、不平等の拡大、そしてロボットとオートメーションと人工知能の進歩による雇用喪失への懸念に刺激されて生まれた。いまベーシックインカムは、かつてなく社会的議論に定着しているように見える。その一つの要因は、レイバリズムの時代が終わったことを左派が理解しはじめ、慢性的な生活困窮と不平等により市場経済が次第に不安定化し、持続不可能になりつつあることを右派が理解しはじめたことにある。

## さまざまな呼称

長い歴史を通じて、ベーシックインカム的な考え方に対してはさまざまな呼び名が与えられてきた。それぞれの呼称には、微妙なニュアンスの違いがある。

### ベーシックインカム

この呼称は、シンプルで人口に膾炙しているが、「最低所得保証」とは異なる。最低所得保証は、たいてい資力調査をともなう。自分が貧しく、「受給するにふさわしい」ことを証明できた人に対して、国家が一定の所得を保証するという建前になっている。「年間所得保証」とも違う。この言葉はカナダとアメリカでよく用いられ、ある種の「負の所得税」を意味しているようだ。

ベーシックインカムは、「最低賃金」とも違う。これは文字どおり、雇用主が従業員に支払うことを義務づけられる最低賃金。

**ベーシックインカム・グラント（BIG）**

南アフリカ諸国では、ベーシックインカムのことをこう呼ぶことが多い。アメリカには「USBIG」という団体があるが、これは「ベーシックインカム・グラント」の略ではなく、「全米ベーシックインカム保証ネットワーク」という意味だ。

**ユニバーサル・ベーシックインカム（UBI）**

北米やヨーロッパでよく用いられる呼称だ。家族形態や経済状態に関係なく、すべての個人に等しく給付されるという普遍性を強調する意味がある。

**無条件ベーシックインカム**

一部の推進派は、所得制限や、お金の使い道の制限、受給者の行動の制限をともなわないことを強調するために、「無条件」という言葉をつけ加える。しかし実際には、いっさい制限がないわけではない。そもそも、そのコミュニティや国家の合法的な住民でない人は受け取れない。「無条件」という言葉をわざわざ追加することで混乱が生じている。

### 市民所得

これは、ある国の市民すべてがベーシックインカムの受給権を持つこと、そして市民だけが受給権を持つことを示唆するための呼称だ。しかし、この呼び名には二つの問題がある。まず、ほぼすべてのベーシックインカムの提案は、市民でも国外在住者は給付対象から除外している。そして、ほとんどの提案は、市民権を持たない合法的な長期在住者を給付対象に含めている。以上の点で、市民所得という呼び名は正確性を欠く（ベーシックインカムが市民の権利であることを表現できるという価値はあるが）。この変種として、「市民ベーシックインカム」という呼び名も最近よく見かける。

### 参加所得／参加給付金

詳しくは別の章で論じるが、これはイギリスの経済学者である故アンソニー・アトキンソンの長年の持論として知られている。ベーシックインカムとの共通点も多い。すべての人に対して、個人単位で、定期的に、現金で給付をおこなう。しかし、受給者がなんらかの経済活動に従事することを条件にしている点でベーシックインカムの重要な要素を欠いている。

## 社会配当／万人配当

わたしは、この「社会配当」という言葉を好ましいと考えている。これは由緒正しい用語で、ベーシックインカムの正当性を支える重要な根拠の一つ——社会による投資と富の蓄積が生む分配金と位置づけられること——を表現できるからだ（詳しくは第2章で論じる）。

## ステート・ボーナス（国家特別手当）

前出のミルナー夫妻やピッカードらによる呼称で、二〇世紀前半の数十年間はよく用いられていた。国家の負担による給付であることを表現できるという点が魅力だ。

## デモグラント

一九六〇年代後半に、アメリカで突如用いられるようになった。民主党上院議員のジョージ・マクガヴァンが大統領選に名乗りを上げた際、ごく短期間、この言葉を使用していた。「デモクラシー（民主主義）」と「グラント（給付金）」の結びつきを示唆できる点はいまでも魅力的だ。

## フリーダム・グラント

アパルトヘイト（人種隔離政策）撤廃後の南アフリカでネルソン・マンデラが黒人初の大統領に就任したあと、同国で提唱されたベーシックインカム・グラント（ＢＩＧ）制度の名称として、わたしが提案したものだ(11)。残念ながら、国際通貨基金（ＩＭＦ）と当時の南アフリカの財務相はこのアイデアを受け入れなかった。それ以降、南アフリカの不平等と慢性的な生活困窮は解消されず、むしろ悪化している。

## 安定化グラント

これもわたしが提唱したもので、景気循環のサイクルに合わせて給付額を変動させるタイプのベーシックインカム制度のことだ。景気後退期には給付額を増やして消費を刺激し、景気拡大期には給付額を減らして景気過熱にブレーキをかける。第５章で詳しく論じたい。

## ステークホルダー・グラント

ベーシックキャピタルの看板を掛け替えたものと言える。成人した人に、まとまった金額を一回限り給付するというものだ。ベーシックキャピタルとベーシックインカムの間には、前述したように、受給者の意志の弱さが問題になるかどうかという大きな違いがある。しかし、両者とも、すべての人に個人単位で無条件に給付され、剝奪不能だという点が共通している。

こうした数々の呼称のなかでわたしが好ましいと思うのは、「ベーシックインカム」と「社会配当」だ。いずれも、もう一方にはない利点がある。このことは、本書の中で論じていく。

次章に進む前に、最後にもう一度確認しておきたい。一部の論者は、ベーシックインカムの導入と引き換えに、既存の社会保障のすべて、もしくは大半を廃止すべきだと主張する。[12] しかし、ベーシックインカムを導入しても、自動的に、あるいは必然的に、そのような選択をすることにはならない。ベーシックインカムは、所得分配の最低水準を保障するものだ。既存の社会保障を廃止するかどうかは、これと切り離して考えるべきである。ベーシックインカムは「福祉」ではなく、「所得」を提供するための制度だ。

# 第2章 社会正義の手段

分配は過剰を是正し、すべての人を満ち足りさせるであろう。

——シェークスピア『リア王』より

ベーシックインカムは、どのような倫理的・哲学的根拠によって正当化できるのか？ 根幹を成す主張の一つは、社会の富はみんなのものという考え方の下、社会正義を実現する手段になるというものだ。

個人の経済的な権利としてベーシックインカムを導入すべき理由としては、自由の確保と経済的な安全の提供も重要だが、最も重要なのは社会正義の実現だと、わたしは考えている。

残念ながら、ベーシックインカム論議の多くは、既存の社会的保護制度の代替案としての妥当性を問うものに終始している。その結果、仕事と労働のあり方への影響など、それがどのような結果をもたらすかという側面に議論が集中してきた。しかし、ベーシックインカムを推進すべき真の理由は、それとは別のところに求めるべきだ。そのなかでも最も重要なのが社会正義である。

## 社会共通の遺産――トマス・ペインと社会配当

社会正義を実現するためにベーシックインカムを導入すべきだという視点は、社会の富を共有財産と位置づける発想と結びついている。今日わたしたちが手にしている所得と富は、わたしたち自身の行動よりも、過去の世代の努力と業績による部分がずっと大きい、という考え方である。この主張は、直感的に納得がいく。トマス・ペインが一七九五年に執筆してフランスの総裁政府に提出した「土地配分の正義」という文章に、次の一節がある。

自然の状態の未耕作地は、元来は万人の共有財産であり、そうあり続けていてもおかしくなかった――この主張には異論を差し挟む余地がない……個人による所有の対象となるべきなのは、土地そのものではなく、土地に改良を加えたことにより生まれる価値だけである。したがって、耕作地の権利者は、コミュニティに対して地代（という言葉しか思いつかない）を納める義務を負う。本稿で提案する基金は、その地代を財源とすればいい。[1]

その提案は、当時のフランスとアメリカの社会的・政治的な混乱を考えれば、驚くほど明確で革新的なものだった。それは、次のようなものだ。

国民基金を創設し、そのお金で、二一歳になった人すべてに一五ポンドを給付する。この給付金には、土地所有権制度が導入され、万人の共通遺産に対する権利を奪われたことを部分的に補償するものという意味がある。一方、現在五〇歳以上の人すべてと、今後その年齢に達する人すべてには、生涯にわたって年間一〇ポンドを給付する。[2]

ペインは、障がい者にも高齢者と同水準の定期給付をおこなうべきだと主張していた。高齢者と障がい者以外の人には、定期的に給付されるベーシックインカムではなく、一回限りのベーシックキャピタルの給付を提案していたわけだが、それにはやむをえない面があった。当時の行政機構では、すべての国民に定期的なベーシックインカムを給付することは、事実上不可能だったからだ。それでも全国民になんらかの給付をすべきだと考える理由について、ペインは次のように述べている。

給付は……貧富を問わず、すべての国民を対象におこなうべきである。不愉快な区別を生まないためには、それが最善の方法だ。また、それは正義にもかなう。この給付は、人類共通の遺産に対する権利に代わるものだからだ。すべての人に、本人が生み出した財産、誰かが生み出したものを私的に相続した財産に対する権利に加えて、そのような権利が本来あるのだ。給付を受け取らない人がいた場合は、その金は共通の基金に加えればいい(3)。

ここには、ベーシックインカムを社会配当と位置づけるアプローチの骨子が表現されている。ペインがこの数ページあとできっぱりと述べている言葉は、今日の政治家と評論家すべてが耳を傾けるべきものだ。ペインはこう書いている。「わたしが強く提案しているのは、施しではなく権利、寛大さではなく正義だ……誰かに惨めな生活を強いる結果を招きさえしなければ、一部の人がどれだけ豊かになろうとかまわない(4)」

ペインのような考え方の下では、ベーシックインカムは、先人が創造・維持してきた社会共通の遺産から給付される社会配当、そして、万人のものである共有地と天然資源が生み出す収益の分け前と位置づけられる。この場合、ベーシックインカムは貧困対策の手段というより、社会正義を実現する手段ということになる。この点で、国民が直接納める保険料に基づく社会保険制度とは性格が異なる。しかし、一九～二〇世紀に各国で確立されていったのは、ベーシックインカムではなく、そうした社会保険制度のほうだった。

## リバタリアンの議論

今日、社会正義に関する哲学的議論の中心を成しているのは、右派リバタリアン（自由至上主義者）と左派リバタリアンの間の論争だ。両者とも、すべての個人が「自己所有権」を持っているという考え方を土台にしている点は共通している。その考え方の下、自発的に行動する場合を別にすれば、誰も他人に奉仕する義務を負わないと主張する。しかし、右派と左派は、自然、天然資源、所有権に対する考え方が異なる。

右派リバタリアンの主張によれば、自然と天然資源、とくに土地は、もともと誰の所有物でもなく、最初に権利を主張した人物が私有できるとされる。社会のほかのメンバーから前もって同意を得たり、対価を支払ったりする必要はないと考えられる。それに対し、左派リバタリアンは、土地を原則として「共有地」、つまりみんなの共有財産と位置づける考え方から出発する。そして、私有が認められるのは、民主的なプロセスにより社会が同意し、適切な対価の支払いがなされた場合に限られると考える。

## ヘンリー・ジョージの遺産

ヘンリー・ジョージは、一九世紀後半のアメリカの言論界に彗星のように登場して以降、大きな影響力を持ち続けてきた。著書『進歩と貧困』は一八七九年に刊行されると、たちまち三〇〇万部を売り上げ、一八九七年にニューヨークでの選挙運動中に脳卒中で死去したときは、葬儀に一〇万人以上が駆けつけた。(5)

ジョージは土地を人類共通の遺産とみなし、土地が生み出す収入はすべての人がわかち合うべきだと考えた。具体的には、すべての私有地から土地税を徴収し、諸費用を差し引いたあとの収益を国民に直接分配すべきだと主張していた。そうした土地税を「単一税」として導入すれば、労働や生産に対する税など、そのほかの税はすべて廃止できるというわけだ。これまで多くの論者がこの考え方を土台に、土地税を財源とするベーシックインカムを提唱してきた。ジョージ自身は土地所有権に関して左派リバタリアン的な思想の持ち主だったが、彼が提案したアプローチは、とくに右派リバタリアンに歓迎された。個人所得税や消費税ではなく、土地税を活用するというアイデアは、右派リバタリアンたちの信奉する自由の観念に適合していたからだ。

ジョージは、土地だけでなく、そのほかの天然資源や、特許などの「知的財産」が莫大な不労所得を生み出していることにも目をとめ、その状況を不当と考えていた。近年、天然資源や知的財産が生む収入は飛躍的に増加している。[6] 第7章で述べるように、ジョージのアイデアを拡張してあらゆる不労所得に課税すれば、ベーシックインカムの財源を充実させられるかもしれない。

## ミドルズブラの物語

イギリス中部に位置する衰退した工業都市ミドルズブラの境遇を知れば、ベーシックインカムが社会正義の実現につながることをよく理解できる。[7] 一八二〇年代には平凡な村落だったが、近くに鉄鉱が見つかると、一〇年も経たないうちに、ミドルズブラと近隣のティーズ川流域は産業革命の、そして大英帝国の中心になった。イギリスで最初の鉄工所が操業を開始し、のちには製鉄産業と化学産業が花開いた。サンフランシスコのゴールデンゲート・ブリッジ、シドニーのハーバー・ブリッジ、それにインドの鉄道の多くは、ここでつくられた鋼鉄を使って建設された。町内のあるゲートには、こんな言葉が掲げられている――「鉄鉱により生まれ、鋼鉄によりはぐくまれた町」。

しかし今日、ミドルズブラの丘にある古い市庁舎は廃墟となり、建物のまわりは雑草が生い茂っている。トレーシー・シルドリックらの論文によれば、この町の住宅地区には、住む人のいなくなった家がいたるところにある。ガラス窓がなくなり、コンクリートのブロックだけが残っていたりもする。[8] それでも、いまも約一四万人の住民がいる。多くは、自分たちの先祖の土地を捨てて移住する気になれない人たちだ。彼らは残酷な歴史の犠牲者と言っていい。

いま、イギリスのもっと裕福な地域で暮らす人たちが享受している経済的繁栄のかなりの割合は、ティーズ川流域の労働者が一九～二〇世紀に生み出したものの遺産だ。なぜ、今日の裕福な地域の住民は、イギリスの富と国力を最初に築いた人々の末裔よりも、ずっと快適で安心な生活を送る資格があるのか？

工業化を経験した社会には例外なく、ミドルズブラのような町がある。こうした町の運命を考えると、トマス・ペインの提案を思い出さずにいられない。ある地域が富を生み出していても、やがて工業の衰退により困窮する場合がある。ところが、その地域の生産活動の恩恵にこうむった他地域の人たちは、相続や特権のおかげで繁栄を謳歌し続けるケースがしばしばある。ベーシックインカムは、社会共通の遺産の一部を、恵まれない地域の人々に移転させる仕組みと位置づけることができる。ミドルズブラの製鉄所の労働者が生み出した富の遺産を、いまその地域に住む人たちにも分配することは、世代間の正義につながるのだ。

こうした社会配当の考え方に基づくベーシックインカム論に反対する人たちは、社会共通の遺産の取り分を求める権利は誰にもないと主張する。それを受け取るのにふさわしいことをしていない、というのが理由だ。しかし、その論理に従うなら、私的財産の相続も認めるべきではない。私的財産の相続を認めるのなら、社会共通の遺産の「相続」も認めるべきだろう。

# レンティア経済

社会の共有財産は、土地やその他の有形資産だけではない。金融資産やいわゆる「知的財産」など、目に見えない資産もある。目に見えない無形の資産も、希少性ゆえに所得を生み出す（誰の作為もなしに希少性が生まれている場合もあれば、誰かが意図して希少性をつくり出している場合もある）。個人や企業は、その資産を持っているというだけの理由で収入を得ることができる。知的財産の場合は、国家がさまざまな法規制を設けている結果として、特許や著作権、ブランドなどが莫大な資産収入を生み出している。そうした不労所得を得ている人物のことを、英語で「レンティア」、フランス語で「ランティエ」と呼ぶ。

トーマス・ジェファーソンは一八一三年の著作で、人間の思考の産物を自然公共財の一つと位置づけた。誰かに教えても、最初に考えた人が利用できなくはならないからだ。特許制度は「社会に恩恵よりも害悪をもたらした」とも、ジェファーソンは述べている。しかし、現代の国家は、特許権の保護を強化し、ほんの一握りの人間に二〇年間にわたって独占的な収入を認めている。著作権にいたっては、最長で九五年間保護される。[9] こうした不労所得は、税控除など、政府の莫大な補助金により、さらに膨れ上がる。ところが、権利者は社会に還元する義務をいっさい負わない。

しかし、特許を生む発明の多くは、政府の補助金に支援された研究活動によって実現している。それなのになぜ、個人や一企業がすべての収入を独占するのか？　ベーシックインカムを導入すれば、その収入を社会全体でわかち合える。そもそも、特許により収入を得ることを可能にしたのは社会であり、知的財産が生み出すリスクの多くは社会が負う。そのうえ、今日の世界では、ますます不公正さが強まっている。経済のグローバリゼーションが進んだ結果、裕福な個人や企業は、やすやすと所得を国外に移転できるようになった。そうやって、社会の寛大さのおかげで手にした所得に対する税負担を逃れているのだ。

マイクロソフトの共同創業者であるビル・ゲイツが蓄えている莫大な資産、そしてその資産が生み出す巨額の収入のことを考えてみてほしい。知ってのとおり、彼は長きにわたって世界有数の富豪であり続けている。二〇一六年末の時点での個人資産は八〇〇億ドルを上回る。新しいテクノロジーに対するゲイツの貢献は、ほかの多くの人たちの発明やアイデアを土台にしていたが、それにより得られる収入のほとんどがゲイツのものになっている。しかも、その収入は、特許制度と著作権制度のおかげでテクノロジーを長期間独占できることによって発生している。そうした知的財産権は、一九九五年に発足した世界貿易機関（ＷＴＯ）により世界規模で大幅に強化された。ゲイツは、自らの努力だけでなく、国家と国際ルールにより、財産を築く後押しをされてきたのだ。実力と勤勉の賜物というよりも、特定の金儲けの仕方を優遇する人工的なルールによって収入を得ていると言ってもいい。

多くの場合、ある人がどのくらい富を築けるかは、才能より、運、法規制、相続、タイミングなどで決まる面が大きい。犯罪で財を成すのは極端なケースとしても、資産を蓄えている人の多くは、万人の共有財産に対して実質的な横領行為をはたらき、公共のサービスと施設を私的なビジネスのために利用して金を儲けている。この点も、そうした所得に課税して、すべての人に社会配当、つまり社会が生み出した富の分け前を分配すべき理由になる。

哲学者のフィリップ・ヴァン・パリースは、この問題に関して少し異なる主張もしている。失業率が高い社会では職があること自体が一つの特権と言えるので、「就労税」を課して万人向けのベーシックインカムの財源にすべきだというのである。[10] この主張は、いささか乱暴な一般化をしているように思える。多くの、もしかすると大半の職は、特権というにはほど遠いのが現実だからだ。しかし、ある種の職、とくに参入制限がなされている職は、既得権による所得を生み出しているとみなせる。そのような人に課税してベーシックインカムを導入することは、社会正義にかなうのかもしれない。

知的財産権などの資産が生み出す不労所得を社会配当として分配すべきだという主張は、左派リバタリアン的なベーシックインカム推進論と位置づけられる。[11] それは一言で言えば、社会の全員に少額のわけ前を与えることが社会正義の実現につながるという考え方だ。

## 社会正義のための政策の原則

社会政策の有効性を判断するうえでは、哲学者のジョン・ロールズが『正義論』(邦訳・紀伊國屋書店)で提唱した社会正義の原理を応用して考えてもいいだろう。[12] ロールズの「格差原理」では、最も弱い人たちの状況が改善してはじめて、その政策によって正義が実現されたと考える。この原理を応用した「安全格差原則」を提案したい。政策が社会正義にかなうと言えるためには、最も安全でない生活を余儀なくされている人たちの状況が改善しなくてはならないという考え方だ。

経済的な「安全」を重視すべき理由は第4章で詳しく論じるが、ベーシックインカムは「安全格差原則」を間違いなく満たしている。ベーシックインカムの導入によって、経済的な安全が一時的に損なわれる層があれば(たとえば、ベーシックインカムの導入と引き換えに、最困窮層向けの制度が廃止されるようなケースだ)、その損失を補填し、誰も割を食わないようにすべきだ。

ロールズは「公正としての正義」という考え方を提唱し、「最も理にかなった正義の原理とは、公正に考えた場合に、誰もが同意し、受け入れるようなものである」と主張した。この考え方に従えば、どのような政策が正義を実現できるかを判断するためには、人々に直接尋ねるのも有効な方法なのかもしれない。この点に関しては、ロールズとジョン・ハーサニの間で長い論争が続いた。ハーサニは、大半の人が功利主義的な考え方をし、所得最低層を待遇の改善することより、平均所得を最大限高めることを望むだろうと主張していた。この論争を受けて、心理学者たちは人々の考えを直接尋ねるための独創的な方法を編み出した。その「実験倫理学」と呼ばれるアプローチは、これ以降も多くの研究で採用されることになる。

ある重要な実験を紹介しよう。その実験はカナダとポーランドとアメリカで最初に実施され、生い立ちや経歴、価値観が異なる被験者を集めて、四つの所得分配方法のうちでどれが最も好ましいと思うかを答えさせた。この判断はいわゆる「無知のベール」の下でおこない、自分がどの所得階層に属するかは度外視して回答するものとした。[13] 四つの所得分配方法は、以下のとおりだ。

＊最低層の所得水準を最大限高める。
＊平均所得を最大限高める。
＊平均所得を最大限高めるが、最低層の所得水準が一定以上になるようにする。
＊平均所得を最大限高めるが、所得の格差を一定範囲内に収めるようにする。

研究チームは分析を複雑にしないために、被験者たちにそれぞれの選択肢の意味を丁寧に説明したうえで、どの選択肢を好ましいと思うかを尋ねた。すると、すべての実験で被験者の過半数が選んだ選択肢があった。その選択肢とは、最低層の所得水準を一定以上にするタイプのものだ。

これは、実質的にベーシックインカムのアイデアと言っていい。

それだけではない。被験者に少人数で議論させると、いっそう興味深い結果があらわれた。そのような「熟議型民主主義」を数時間実践させたうえで意見を尋ねると、ベーシックインカムを好む人が飛躍的に増えたのだ。その傾向は、あらゆる被験者グループに共通していた。

わたしは以前、国際労働機関（ＩＬＯ）で大規模な調査を指揮したことがある。多くの途上国と、中・東欧の「移行経済国」（共産主義体制崩壊後、市場経済への移行を遂げつつあった国々）の何千人もの人を対象に、同じ四種類の選択肢を示して意見を聞いた。[14] この調査では、それぞれの選択肢に対する意見を、「強く賛成」「賛成」「反対」「強く反対」「わからない」から選んで答えさせた。すると、どの国でも最も強い支持を集めたのは、最低層の所得水準が一定以上になるようにするアプローチだった。とくに女性は男性よりも、このアプローチを「強く支持」する割合が若干高かった。

ベーシックインカムが社会正義にかなうという主張は、実証研究によっても裏づけられているのだ。このような実験が完全無欠というわけではないが、ベーシックインカムが有望な道であることを示唆するものとは言えるだろう。

## 税の正義

古典的な自由主義は、税制と福祉制度が「公正」であることを求める。それが具体的に何を意味するかについては意見がわかれているが、大方の考えが一致している点もある。それは、「無知のベール」の下で自分の所得階層を度外視して考えた場合、低所得者の税負担が高所得者より重くなるべきではない、という点だ。

しかし、そのような「公正としての正義」は、あらゆる国で踏みにじられている。社会保障が資力調査をともなうものに変わってきたことがその一因だ。イギリスやドイツなど、大半の先進国では、福祉受給者が働きはじめると（たいてい賃金の安い職しか見つからない）、福祉給付が打ち切られるため、実質的な限界税率（所得が増えた場合に、その所得増加分のうち、税や社会保険料で差し引かれる割合）が八〇％を超えてしまう。この数字は、中所得者や高所得者の税率をはるかに上回っている。では、社会的保護の最低水準としてベーシックインカムが配られ（この給付は打ち切られることがなく、課税もされない）、それ以外の所得に累進税率で課税されるとしたら、どうだろう？　このほうが税の正義にかなうはずだ。

税の正義を損なっている要因としては、所得の種類によって異なる税率が適用され、多くの場合、富裕層が優遇される仕組みになっていることも挙げられる。社会正義を重んじるなら、あらゆる種類の所得に同じように課税すべきだ。少なくとも、労働による所得の税率が資産や投資による所得の税率より高くてはならない。しかし、ほとんどの国では、資産や投資による所得の税率のほうが大幅に低く抑えられている。

ベーシックインカムを導入すれば、このギャップを縮小する後押しができる。労働による所得に対する限界税率と平均税率が下がるうえ、不労所得に対する税率の引き上げがおこなわれる可能性も出てくるからだ。また、不労所得の税率を引き上げれば、ベーシックインカムの税源を確保しやすくなり、制度の実現可能性も高まる。

## 家族関係と正義

ベーシックインカムの導入は、男女の平等、異なる年齢層の間の平等、障がい者（や現代の市場経済で「障がい」と位置づけられるような弱さの持ち主）とそれ以外の人たちの平等を促進できるのか？　これらのテーマに関しては、多くの著作が発表されている。ここで詳しく内容を紹介することはしないが、一言で言えば、これらの面ではベーシックインカムだけで社会正義が実現することはない。しかし、正義の実現を助ける効果はある。とくに、差別撤廃のための措置や、弱者の（個人レベルと集団レベルでの）発言力を強める方策と組み合わされれば、効果は大きい。

そう言える理由の一つは、ベーシックインカムが個人単位で給付されるという点にある。「世帯主」や「家族の長」として指名されている人物や、そう自称している人物に給付されるわけではなく、世帯に対して給付されるわけでもない。ほとんどの場合、家族のメンバー間の力関係は対等でないので、世帯単位で給付すると、給付金が家族の間で公正に分配されない恐れがある。ベーシックインカムを導入するだけで、家族内に根を張った不平等を全面的に解消できるわけではないが、弱い立場の人が家族の誰かに経済的に依存する度合いを減らすことはできる。それに、給付金が世帯主に奪われていれば、ほかの家族にはすぐにわかる。一人ひとりの受給額は、誰もが知っているからだ。

もう一つの理由は、ベーシックインカムがあらゆる人に均等に給付されることだ（すべての成人に同じ金額が給付され、家族のメンバーの間でも金額の違いはない）。資力調査型の福祉給付の場合は、経済的に困窮している女性がいても、世帯所得が貧困ラインを上回っていれば給付を受けられない。障がい者や高齢者も、同様の状況に、多くの場合はさらに苛烈な状況に置かれる。

三つ目の理由は、ベーシックインカムが無条件で給付されることだ。受給者の行動に条件を課すことは、道義的に問題があるだけではない。条件に従うことがどのくらい困難かは人によって異なるため、不公正が生じる。この点は、中南米諸国などで採用されている「条件つき現金給付」の仕組みで浮き彫りになっている。子どもを学校に通わせ、健康診断を受けさせることを条件に、低所得の母親に現金を給付する場合が多い。この種の制度は、「リバタリアン・パターナリズム（リバタリアン的な父権的干渉主義）」の信奉者には評判がいい。このアプローチの核を成す「ナッジ（軽く肘で押す）」の手法は、とくにアメリカとイギリスの政策立案者に強い影響を与えている。しかし、条件つき現金給付で課される条件は、子どもに関する義務を女性にだけ押しつける結果を招く。男性にはそうした義務が課されない。つまり、理論上はともかく、現実問題としては、女性に対して不公正な負担を強いてしまう。女性ばかりが時間を奪われ、しかも心理的なストレスの大きい義務を背負い込むことになるのだ。

ほかの側面では賛否がわかれるとしても、少なくとも平等という面では、ベーシックインカムの利点は大きい。

## 地球環境の保護

気候変動の脅威により、人類と地球に環境面での破局が迫っている。すでに、種の絶滅や、南極と北極の氷床の縮小、海水面の上昇、砂漠の拡大、極端な雨季と乾季の到来、空前の破壊力をもった嵐やサイクロンやハリケーンの襲来などが起きはじめている。このほかにも、工業化と都市化にともなう環境汚染により、人々の健康と幸福が脅かされている。もし、未来の世代に対する正義を重んじ、美しい地球を守りたいと思うなら、わたしたちはいますぐに行動を起こさなくてはならない。

こうしたこととベーシックインカムの間に、どのような関係があるのか？　おそらく最も大きいのは、ベーシックインカムが実現すれば、人々の時間の使い方が変わることだ。天然資源の枯渇に拍車をかけるような労働に割く時間が減り、資源の保全につながる「再生産」の活動――ケア活動やボランティア活動など――に割く時間が増える。この点は第8章で詳しく論じるが、それは環境の正義にも関係してくる問題なのだ。

環境汚染は、貧困層ほど負担が重い、つまり逆進性の高い現象と言える。裕福な人は、空気や水の汚染、緑の減少などの悪影響を遮断するために金を使えるからだ。しかも、汚染は、裕福な人に恩恵をもたらす製品や活動によって生み出される面が大きい。航空機での移動、マイカー、エアコン、さまざまな消費財などのことだ。その点、ベーシックインカムは、環境汚染のコストを負わされる人たちに、コストの一部を補償する役割も担える。

ベーシックインカムは、環境汚染対策によって不利益をこうむる人たちへの補償の手段にもなりうる。環境汚染を生む活動を抑制するために課税すれば、貧困層の生計の手段が損なわれたり、物価が上昇して貧困層に打撃が及んだりといった逆進的な結果を招く場合がある。たとえば、重い炭素税を課せば、化石燃料の使用を抑制して気候変動を緩和できるし、大気汚染も改善できるが、炭鉱労働者や低所得層は経済的打撃をこうむる。しかし、税収をベーシックインカムとして分配すれば、政治的に炭素税の導入に踏み切りやすくなる。

化石燃料への補助金が存在する場合は、それを廃止するのと引き換えにベーシックインカムを導入すべき理由がとりわけ大きい。豊かな国でも貧しい国でも、低所得者を支援するために、補助金でガソリン価格を抑える政策を採用している場合が多い。しかし、この政策は、結果的に化石燃料の消費を増やしてきた。それに、ガソリン補助金は逆進的でもある。豊かな人ほどガソリンを多く消費するので、補助金から得る恩恵が多いのだ。それでも、有権者の反発を恐れる政府は、補助金の削減や廃止に腰が引けている。実際、ガソリン補助金の削減を目指した国の多くは、怒れる有権者のデモに遭遇して方針撤回に追い込まれてきた。

ベーシックインカムは、この袋小路の状態を解決できるかもしれない（第10章でイランの事例を紹介する）。化石燃料への補助金が廃止されれば、ガソリン価格は上昇する。しかし、補助金に莫大な予算を費やさなくなれば、それで浮いた金を財源に、すべての人に均等な金額の「緑の配当」を分配できる。これは、富裕層ほど負担が重く、低所得層ほど負担が軽い、つまり累進性の高い仕組みだ。ガソリンを多く使う人ほどガソリン代の出費が大きく、均一額の配当金がもつ重みは低所得層ほど大きい。さらに、経済学で言う「外部性」（大気汚染や水質汚濁による病気や死亡など、経済活動のコストが取引当事者以外に及ぶこと）の問題への対処策として化石燃料に課税すれば、その税収で配当金を上積みできる。化石燃料への課税とベーシックインカムの導入をあわせて実施すれば、低所得層の経済状態を改善できる。しかも、それにより化石燃料の使用を抑えられれば、環境汚染が減り、人々の健康と地球環境の未来が改善するなど、すべての人に恩恵が及ぶ。

この種のアイデアの提唱者のなかには、気候科学者のジェームズ・ハンセンのように、炭素税収入の全額を緑の配当（すべての国民に等しい金額を給付する）に回すべきだと主張する人たちもいる。[15] 一方、少なくともしばらくの間は、生産活動で化石燃料を用いている企業に税収の一部を分配すべきだと主張する論者もいる。生産活動のエネルギー源を転換するための時間的猶予を与えるためだ。いずれにせよ、炭素税はベーシックインカムの財源を強化する手段になりうるし、社会正義の原則に照らしても正当性がある。

この点は、ベーシックインカムが環境保護――それは未来の世代に対する社会正義の問題でもある――の有効な手段になりうるという主張の説得力を強める要因と言える。しかし、環境保護のためにベーシックインカムを導入すべき最大の理由はほかにある。誰もが一定額の現金を受け取るようになれば、家族やコミュニティの「再生産」と強化につながる働き方が後押しされると期待されるのだ。貧しい人たちも社会に参加できるようになる。ベーシックインカムは、イギリスの作家ジョン・バージャーの小説『ピッグ・アース』の表現を借りれば、消費と富の蓄積を追い求める「進歩の精神」ではなく、日常の生活を続けることを目指す「生存の精神」を実践するうえで、とりわけ魅力的な仕組みと言える。

## 市民精神の強化

社会の共有財産に基づく万人の権利としてベーシックインカムが導入されれば、人々の間に市民同士の仲間意識をはぐくむ効果もある。この点は、コミュタリアン（共同体主義者）的なベーシックインカム推進論につながっていく。人が互いに対して負っている道徳的義務を強調し、コミュニティの絆を強めることができる。

有力なコミュタリアンである社会学者のアミタイ・エツィオーニによれば、人は自分がコミュニティの一員だと強く感じるほど、富を分配し直すことに前向きになる。すべての国民に配られるベーシックインカムは、そうしたコミュニティ意識を強める役割を果たせる。

社会は、メンバーの社会的地位がほぼ平等の場合、民主性と寛容性が高まる傾向がある。ベーシックインカムは、そうした平等性を印象づけ、社会の絆を強化し、市民同士の仲間意識を醸成する。

## 宗教的根拠

宗教界は、ベーシックインカムについてどう考えているのか？　宗教の教えに基づくベーシックインカム推進論を、社会政策の「宗教化」、すなわち道徳主義的なアプローチと混同してはならない。宗教指導者たちは慈善活動を重んじる一方で、道徳主義に陥っている場合が非常に多い。慈善活動の受益者になるのに「ふさわしい」人物と「ふさわしくない」人物の間に線引きをし、受益者に勤労を義務づけたがる傾向があるのだ。幸い、この種の議論とは一線を画す宗教的議論もある。

第一次世界大戦後にベーシックインカム推進論が盛り上がったときに最も活躍が目立ったのは、若きクエーカー教徒たちだった。第1章で紹介したミルナー夫妻とバートラム・ピッカードなどがそうだ。彼らが重んじたのは、あらゆる人が「生活の根幹を成す必需品」を得る権利を等しく持っているという原則だった。

キリスト教思想に基づくベーシックインカム推進論を明快に展開している今日の論者としては、マルコム・トリーとトーステン・マイライスがいる。マイライスは、マルティン・ルターが唱えた「天職」の考え方を前提に、ベーシックインカムを導入すれば人々が天職を追求できるようになると主張している。(16)　キリスト教では、イエスの教えに従い、すべてのキリスト教徒が「神の国」にふさわしい社会を築くよう努めるべきだとされる。それを通じて、「神の国」の到来を願う気持ちを社会に反映させていくべきだというのだ。

この考え方によれば、ベーシックインカムは、万人に与えられる神の恩寵のようなものと位置づけられる。マルコム・トリーは、これを献血になぞらえる。献血は（多くの国では）無償で、提供者も受益者も互いのことを知らないままおこなわれる。対価は発生せず、双方とも相手がふさわしい人物かを調べたりはしない。その点ではベーシックインカムも同じというわけだ。また、キリスト教思想では、あらゆる富は神の贈り物であり、人類共通の利益のために用いるべきものとされている。多数の人を排除して一部の人だけが潤うために、富があるわけではない。現実には神が意図したようには富が分配されていないが、ベーシックインカムを導入すれば、多数の人たちが富を共有できるようになる。[17]

ローマ法王フランシスコは、世界のカトリック教会の司教たちに宛てた二〇一五年の回勅でこう書いている。「大地は人類共通の遺産である。大地が生み出す果実は、すべての人に恩恵をもたらすためにある」[18]。法王はさらに、未来の世代と現在の世代の平等も主張した。「いかなるコミュニティも、生きるために必要なものを大地の恵みから得ることが許される。しかし同時に、未来の世代のために、この大地を守り、その恵みが失われないようにする義務がある」

このキリスト教的な考え方は、二〇一三年に当時ロンドン市長だったボリス・ジョンソンが声高に叫んだような階級主義的な考え方とは対照的だ。ジョンソンは、コーンフレークの箱を激しく揺すると、形のいいフレークが上のほうに行くのと同じように、遺伝的に優れた資質の持ち主は多くの経済的報酬を手にする権利があると言ってのけた。それに対し、キリスト教的な考え方によれば、遺伝上の資質はあくまでも神の贈り物であり、それが等しく分配されていない状況では、最も恵まれている人たちに最も重い税を課し、最も恵まれていない人たちに補償をおこなうべきだとされる（左派リバタリアンも同様の主張をする。遺伝的才能を一種の「天然資源」とみなし、再分配の対象と考えるのだ）。

ほかの宗教でも、慈善は正義の行為と位置づけられている。ユダヤ教における「ツェダカ（慈善）」という言葉には、正しいおこないをする宗教的な義務という意味がある。イスラム教の五行の一つである「ザカート（宗教的義務としての喜捨）」は、貧困のない社会を築くことを信者に求めるものだ。イスラム教の聖典「コーラン」にも、無条件の喜捨を求める記述がある。儒教、仏教、道教も、すべての人が等しく尊重され、大切にされるべきだと説いている。

このように考えると、ベーシックインカムは宗教的にも正当化できる制度と言えるだろう。しかし、信仰を基準にして、誰に支援をおこない、褒美や罰を与えるかを決めたり、ベーシックインカムを受け取るのに「ふさわしい」人物と「ふさわしくない」人物の線引きをしたりすることがあってはならない。そんなことをすれば、宗教は倫理を踏みはずしてしまう。幸い、その危険を理解している宗教理論家たちは、神の恩寵と人類愛を強調している。

# まとめ

市民の政治参加を重んじる「ラディカル・デモクラシー」の考え方によれば、誰も国家に頼るしかない存在などではなく、すべての人が対等の立場で政治に参加できるようにするために、全員にベーシックインカムを給付すべきだとされる。既存の経済のルール（おのずと一部の人たちをほかの人たちより優遇することになる）を受け入れるのと引き換えに、すべての市民が経済的余剰のわけ前を受け取る資格があるというのだ。

ベーシックインカムには、国家による利他主義の実践という側面もある。利他的な行動が取られれば、その恩恵に浴した人たちも利他的な行動を取るものだが、国家が狭量な態度を取れば、国民も狭量な態度を取る。人は総じてフェアでありたいと思っている。国家が正義にかなう行動を取れば、国民にも同様の行動を促せる場合が多い。

これは、青臭い理想論とは違う。確かに、利他的な行動の恩恵に浴しても、同様の行動を取らない人もいる。しかし、道徳に基づく説得は、社会正義を実現するための「やわらかい影響力」の源泉になりうる。利他主義の精神を嘲笑とともに切り捨てるべきではない。資力や行動の調査、制裁、監視に基づく福祉制度の体系を築いてきた人たちは、利他主義の考え方をあざ笑うが、それらの制度は、不正義を拡散する以外に有意義な結果を生み出してきただろうか？

# 第3章

# ベーシックインカムと自由

政府が真に任うべき役割は、人々が道徳を実践できるような環境を確保することである。そして、道徳とは、人々が自らに課した義務を公平に遂行することを意味する。その点、パターナリスティックな国家ほど、道徳の実践を不可能にするものはない。人々が自ら義務を負い、公平に振る舞おうという意思を持つ余地を狭めてしまうからだ。

——T・H・グリーン（19世紀イギリスの哲学者）

ベーシックインカム推進派はほぼ例外なく、自由を拡大できるというメリットを挙げる。この点も、前章で論じた社会正義の実現とともに、ベーシックインカムを導入すべき主要な根拠とされている。しかし、自由とは何なのか？　とりあえず言えるのは、二〇世紀の左派が自由を自由をあまりに軽んじる一方で、右派が個人の自由をリバタリアン（自由至上主義）の考え方に引き寄せすぎ、「共和主義的自由」という重要な伝統をないがしろにしていたということだ。

標準的な自由主義およびリバタリアンの考え方によれば、自由には、制約からの自由（消極的な自由）と行動の自由（積極的な自由）があるとされる。この考え方は、多数派の幸せを増進することを目指す功利主義の政治思想と結びつきやすい（「最大多数の最大幸福」という言葉でしばしば表現される）。近年の中道右派と左派の政策は、この思想に席巻されてきた。しかし、この考え方には、少数派に悲惨な生活を強いることに政治家が無頓着になりやすいという落とし穴がついて回る。[1]

長い歴史を通じて、T・H・グリーンのような昔ながらの自由主義者もリバタリアンも、あらゆるパターナリズム（父権的干渉主義）に反対してきた。子どもや知的障がいのある人たちを保護する場合を別にすれば、国家によるパターナリズムにはとりわけ強く異を唱えた。しかし、現代の政治家は、左派か右派かを問わず、知的一貫性を大切にしているか疑わしい。多くの政治家は、暗黙に、あるいは明確に言葉に出して、「リバタリアン・パターナリズム」という危険なハイブリッド型の考え方を信奉している。これは、人々が「正しい選択」をするように「操作」しようという考え方だ。前述のように、「ナッジ（軽く肘で押す）」という言葉が用いられることもある。今日、この類のアプローチは、露骨な独裁以上に、自由に対する大きな脅威になっていると言えるかもしれない。それほどまでに人を不当に強く操作する可能性があるのだ。それが具体的にどのような結果をもたらすかは、あとで述べる。

ベーシックインカムは、自由主義の理念に基づいて自由を確保するうえで欠かせない基礎的経済権と位置づけることができる。それが約束する自由の上に、ほかのさまざまな自由（言論の自由、思想の自由、信教の自由、結社の自由など）が成り立つと考えられているのだ。しかし、リバタリアンと共和主義者では、ベーシックインカムと自由の関係について異なる考えを持っている。

## リバタリアンの視点

リバタリアンは「小さな政府」を主張する。国家（ここでは政府のこと）は個人の自由を侵害する、というのがその理由だ。この考え方の下、純粋なリバタリアンは、共産主義者やアナキスト（無政府主義者）と同様に、国家の「消失」を望む。政府は必然的に人々の生活に干渉し、税を徴収する。その結果、個人の自由が制約されると考えるのだ。

この点を前提にすると、多くのリバタリアンが政府支給のベーシックインカムを支持するのは奇妙に思えるかもしれない。しかし、リバタリアンたちは、次善の選択肢としてベーシックインカムを支持しているのだ。彼らの多くは、本来なら政府にいっさいの社会政策から手を引かせたいが、そのようなリバタリアンの理想郷に対しては政治的反対意見が強く、実現不可能だと知っている。このような主張をしている論者としては、右派ではロバート・ノージックやチャールズ・マレー、左派ではフィリップ・ヴァン・パリース（自らの立場を「真のリバタリアニズム」と呼ぶ）やカール・ワイダークイストなどがいる(2)。

ヴァン・パリースは、ベーシックインカムが導入されれば、人々が自分の好む行動を取れるようになると主張している。ただし、この考え方に対しては、核心的な自由が優先的に保障されない、ベーシックインカムがあっても自由を手にするのが難しい人たちもいる、責任をともなわない自由を助長する、といった批判がある。(3)一方、ワイダークイストは、「実効性のある自己決定力という意味での自由」を人々に与えられるという利点を主張する。他者（その人物も自由意思で行動する）と協力するか、それを拒むかを自由に選択できるようになるというのだ。

右派リバタリアンのなかで、近年ベーシックインカムを支持している論者としては、ケイトー研究所のマイケル・タナーや、マット・ズウォリンスキー（ノーベル経済学賞受賞者である故ジェームズ・ブキャナンの主張を土台にしている）といった人たちがいる。(4)しかし、最も目立っている存在は、チャールズ・マレーだろう。マレーは二〇一四年、リバタリアンの立場から、以下のように主張している。

豊かな社会は、「貧しい人を助けるために、何もするつもりはない」と傍観することをよしとしない。わたしもそれは理解する。気持ちはよくわかる。その考え方は受け入れよう。左派と右派は、大いなる妥協をすべきだと思う。わたしたち右派は、左派に対してこのように言う必要がある。「お望みどおり、政府の支出という面では途方もなく大きな政府を認めよう。その代わりに、政府が人々の生活に口を挟む能力という面では、小さな政府を認めてほしい」。具体的には、二一歳以上のすべての人の電子銀行口座に毎月お金を振り込み、各自がそれを自由に使えるようにする。ほかの人たちと協力し、お金を持ち寄って活用したいと思う人は、そうすればいい。いずれにせよ、人々は自分の判断で自分の人生を送る。こうして、人々に自分の人生を取り戻させることができる……このような仕組みを通じてわたしが本当に実現したいのは、市民社会に活気を取り戻すことだ。ある人物が毎月、お金を給付されるとしよう。その人はだらしない生活を送り、すべて酒に使ってしまう。次回の給付日の一〇日前に、お金が底を突き、友達や親戚や近所の人や救世軍に「助けてくれ」と頼み込む。おそらく、支援してもらえるだろう。けれども、ベーシックインカムが約束された社会では、自分を犠牲者と位置づけ、状況を打開する手立てがないと訴えるわけにはいかなくなる。周囲の人たちはこう言うだろう。「あなたが路頭に迷い、飢えることがないようにしよう。でも、今後は自分でちゃんとしないといけない。無理だとは言えないはずだ。あと数日先には、またお金が振り込まれるのだから」[5]

マレーは、「福祉国家は自壊に向かう性質がある」とも述べている。[6] マレーはとかく物議を醸す人物で、人種や文化などに関する不快な主張を理由に、多くの左派から嫌われている。しかし、この件に関する主張は、そうした人物評価とは切り離して考えるべきだろう。わたしが思うに、ベーシックインカムに関する主張でマレーが間違っているのは、不真面目な酒飲みやギャンブラーのイメージを持ち出して、一足飛びに、あらゆる福祉の廃止を主張していることだ。

もし、個人の自由を侵害するような福祉制度の廃止だけを訴えていれば、マレーのベーシックインカム論はもっと画期的な主張になっていただろう。現代の福祉制度のなかには、確かに個人の自由を侵害するものが少なくないからだ。しかも、多くの場合は意図して自由を踏みにじっている。そのような福祉制度をなくせば、自由が高まることは間違いない。しかし、自由を拡大する役割を果たしている公共サービスも多い。公的な医療サービスによって、病気や事故に見舞われた人たちは自由に行動する力を取り戻すことができる。障がい者への給付やサービスによってすべての人が等しく自由を享受できる社会を築く役に立っている。

右派リバタリアンの考え方によれば、ベーシックインカムは、それと引き換えに「既存の福祉制度をすべて解体できる」のなら理想的な制度だということになる。(7) 彼らが福祉制度の全廃を好ましいと考えるのは、一つには、税負担を減らしやすくなるからだ。二〇一六年アメリカ大統領選にリバタリアン党の候補者として臨んだゲイリー・ジョンソン元ニューメキシコ州知事は、「官僚機構のコスト」を節約できるという理由でベーシックインカムを支持した。(8)

右派リバタリアンは、ベーシックインカムの給付額と、それと引き換えに廃止される福祉制度の予算を天秤にかけて考える。しかし、ベーシックインカムは、本人の「自由な選択」の結果ではない不運や不利益を是正するための制度に取って代わるものではない。障がいのある人が、生活コストが多くかかったり、多くの支援を必要としたりすることを理由に責められるべきではない。支援を必要とする人たちのための現金給付や行政サービスはつねに維持すべきだ。

リバタリアンを自任するもう一人の論者、マット・ズウォリンスキーは、「ベーシックインカム保証（ＢＩＧ）」を提唱している。ズウォリンスキーによれば、アメリカの連邦レベルでは、少なくとも一二六種類の福祉制度に年間六六八〇億ドルを超す予算が拠出されている。このほかに、州レベルと自治体レベルでさらに二八四〇億ドルがつぎ込まれている。合計すると年間一兆ドル近く、貧困者一人当たりでは年間二万ドル以上に達している。[9] また、既存の福祉制度には、福祉を脱却して低賃金の職に就いた場合、限界税率がきわめて高くなるという問題がある。

「既存の福祉制度を温存したままでBIGを導入したいと考えるリバタリアンは一人もいない」と、ズウォリンスキーは言う。左派リバタリアンは不服かもしれないが、この言葉は少なくとも右派リバタリアンの主張を適切に言いあらわしている。彼らにとって、ベーシックインカムは、個人の人生に干渉する政府主導の福祉制度に代わり、自由を拡大させるための手段なのだ。

一方、非リバタリアンの左派の間では、リバタリアン的思想への嫌悪感が非常に強く、それゆえにベーシックインカムをいっさい受け入れようとしない人も多い。それを福祉国家解体の口実とみなして警戒しているのだ。確かに、リバタリアンのなかには、福祉国家の解体を意図している人も多い。しかし、左派がベーシックインカムに強い敵意をいだくのは、理性に基づく反応というより、感情的な反応という面が強い。今日のベーシックインカム推進派の大半は、公的な社会サービスと、支援が必要な人のための福祉給付の必要性を認めているからだ。

それでも、一部の有力なリバタリアンがベーシックインカムの導入と引き換えに福祉制度の全廃を主張していることを受けて、ベーシックインカム世界ネットワーク（ＢＩＥＮ）では活発な議論が交わされてきた。二〇一六年にソウルで開催されたＢＩＥＮの第一六回世界会議では、ベーシックインカムの導入によって福祉国家を危機に追いやるべきではないという決議を採択した。これは、ベーシックインカムがあらゆる問題を解決するかのように考えることの政治的危うさに、警鐘を鳴らすことが目的だった。

なかには、ベーシックインカムに反対するリバタリアンもいる。すべての福祉制度を代替し、しかも個人の基礎的なニーズを満たして弱者の自由を守ろうとすれば、高額の給付が必要となり、増税が避けられないと恐れているためだ。このような論者にしてみれば、増税は納税者の自由の侵害にほかならない。

ズウォリンスキーは、リバタリアンの思想から「必然的」にベーシックインカムが導き出されると主張しつつも、このようなトレードオフが存在することは認めている。「ベーシックインカムは、ある種の弱者の自由を守ることを意図している。しかし、その目的を果たせるだけの規模のベーシックインカムを導入すれば、増税によりほかの人たちの自由を損ないかねない。ここには、自由と自由の間にトレードオフの関係がある[10]」

このような理由に基づくベーシックインカム反対論に対しては、いくつもの反論が可能だ。最もシンプルな反論としては、以下の点を指摘できる。国家が弱者の基礎的な自由を守らなければ、弱者は自分たちを弱い立場に追いやっている人たちに反撃し、その人たちの自由を侵害する可能性が高い。リバタリアンたちが望みどおりに福祉を最小化することに成功すれば、希望を奪われた弱者たちが怒りをつのらせ、実力行使により正義を回復しようとしても不思議ではない。

## リバタリアン・パターナリズムの危険性

実際の言動を見ると、多くのリバタリアンは道徳主義的な保守派と大差ない。チャールズ・マレーがベーシックインカムによって「好ましい」行動を促し、「市民文化」を再興したいと言っているのは、その典型だ。こうした主張は、自由を推進するというより、パターナリスティックな介入を好むものと言わざるをえない。しかし、最近はもっと露骨な主張、すなわちリバタリアン・パターナリズムを唱える人たちも出てきている。この比較的新しい考え方は、行動経済学やナッジ理論を土台とし、政府が人々に「正しい選択」を促すという大きな役割をもつことを正当化する。このような論者の影響力はきわめて大きい。この分野の先駆的な著作である『実践 行動経済学』（邦訳・日経BP社）の共著者の一人であるキャス・サンスティーンは、アメリカのオバマ政権のホワイトハウスで規制政策の責任者を務め、もう一人のリチャード・セイラーはイギリス首相の顧問を務めた［二〇一七年にノーベル経済学賞受賞］[11]。

リバタリアン・パターナリズムは、グローバリゼーションの時代における主流の政策思考となっている。自由主義者を名乗る人たちも（イギリスのキャメロン連立政権に参加していたときの自由民主党などがそうだ）、社会民主主義者も、保守主義者も、この考え方を採用している。リバタリアン・パターナリズムにおける「善」と「悪」の考え方は、功利主義の政治思想、とくにイギリスの哲学者ジェレミー・ベンサム（一七四八〜一八三二年）の思想に基づいている。なかでも、ベンサムが唱えた「パノプティコン（一望監視施設）」の考え方の影響が色濃い。パノプティコンとは、囚人がつねに看守によって監視される設計の円形監獄のことだ。囚人に自由な選択を認めているかたちを取りつつ、もし「誤った」選択をすれば罰されるとわからせておく仕組みになっている。

『実践　行動経済学』の著者たちは、ベンサムの名前やパノプティコンという言葉にこそ触れていないが、著作の中でベンサムと同じ言葉を使っている。二人の著者が善意でこのような主張をしていることは間違いない。パターナリズムの信奉者の大半は善意の持ち主だ。しかし、今日の国家は、人々に特定の行動を取らせるための手段をかつてないほど多くもっている。人々の無意識の判断にはたらきかける手段もあれば、それ以外の手段もある。さまざまな奨励制度、制裁措置、行動に時間を要させるような障壁などがそのための手段になりうる。人々の行動に介入することを好むパターナリスティックな心理学者や行動経済学者たちの協力によって国家の力が強まっていることは、独裁者にとっては好ましいことに違いない。最近は、リバタリアン・パターナリズムの弊害を避けることも、ベーシックインカムの導入が望ましい重要な理由になっている。

自由とリバタリアン・パターナリズムは相容れない。もし人々が促された行動が（本人にとって、あるいは社会にとって）悪い結果を招いたら、どうなるのか？　その選択が生み出したコストは、誰が負担するのか？　本人が操作されていることに気づいていなかった場合は、とりわけこの点が大きな問題になる。

多くの国の年金制度は、この種の考え方が悪い結果をもたらす場合があるという典型例だ。最近では、二〇一六年に南米のチリで個人年金制度をめぐる大規模なデモが発生した。引退後に受け取る年金額は最終所得の七割という約束だったが、実際はその半分にとどまる場合が多いことが明らかになったためだ。そのような事態になったのは、掛け金があまりに低く設定されていたこと、基金を運用する会社の報酬が高すぎたこと、子育てや失業、非正規労働により掛け金を何年も納められなかった人が多いことなどが原因だった。年金制度が改革されても、すでに引退生活に入っている人の状況はほとんど好転しない。

あらゆるリバタリアン思想の土台には、乱暴な弱肉強食主義の考え方がある。その点は、リバタリアン・パターナリズムも克服できていない。リバタリアン思想は、弱者の自由をまったくと言っていいほど尊重しない考え方だ。しかし、大半の人は、人生のどこかの段階で「弱者」になる。リバタリアンたちがベーシックインカムに魅力を感じる理由はどうあれ、連帯の精神に基づく社会サービスを廃止する口実としてベーシックインカムを利用することは正当化できない。

## 共和主義的自由

いま主流の功利主義的な自由主義の考え方では、自由とは「干渉されないこと」だと考える。一方、共和主義の考え方に基づく自由は、「支配されないこと」を意味する。古代ギリシャの哲学者アリストテレスにまでさかのぼる共和主義的自由の考え方は、人物や組織、プロセスによる不当な支配を受けないだけでなく、そのような支配を受ける潜在的可能性もないことを要求する。[12] 力を持った人物や組織がその気になれば、個人の行動や思考（あるいは成長）に「恣意的に介入」できる状況では、共和主義的自由が守られているとは言えない。[13] この思想は、私有財産がそのような自由を破壊したり、傷つけたりする恐れがあるという考え方と深く結びついている。一握りの一族がすべての土地を所有していれば、「すべての国民が自由」だとは言えない。これは、一八世紀フランスの哲学者ジャン・ジャック・ルソーの思想を一つの源流とする考え方である。

すべての人が本人の望まない干渉を受けず、干渉を受けるのではないかという合理的不安もいだかずにすむ社会には、強力な共和主義的自由が存在すると言えるだろう。人が自由であるためには、他人の意思から自由であることが必要だ。誰かの怒りを買えば自由を失うかもしれないという不安がある状況では、その人は自由とは言えない。

リバタリアン思想が政府の活動すべてを自由の侵害とみなすのに対し、共和主義的自由は、政府を必要とし、政府に依存する。しかし、それは、有権者に対して民主的に責任を持ち、完全な自由を追求する政府でなくてはならない。ここで言う「完全な自由」とは、社会で最も弱い人たちが支配を受けずにすむ状態のことである。また、強者が自由を行使することにより、弱者の自由の行使が妨げられないようにすることも、政府には求められる。すべてが競争と「競争力」によって決まる社会では、おのずと自由は制約されてしまう。競争は必ず敗者を生むからだ。それも、大勢の敗者が生まれる。競争力のある個人に報いることだけで動いている社会は、自由な社会になりえない。

共和主義的自由を実現するためには、すべての人が十分なお金を持たなくてはならない。ほかの人たちがどのような意向や意見を持っているかに影響されずに、自分にとって理にかなった選択をしようと思えば、ある程度のお金が必要だからだ。完全な自由は、誰もが他人の自由を認め、憐れみや侮蔑の目で見ないときにはじめて成り立つことも忘れてはならない。自由とは、個人の意思決定が誰の介入も受けない状況であるべきだ。手の込んだ仕組みをつくり上げ、不透明なかたちで人々を規範に従わせることがあってはならない。その点は、それがどんなに善良な意図に基づくものだったとしても同じことだ。このように考えると、国から給付を受ける人を「物乞い」扱いするのは危険な発想であり、給付を申請する人に屈辱を味わわせるべきではない。こうした意味で、ベーシックインカムの必要性は明らかだ。

二〇世紀ドイツの哲学者ハンナ・アーレントなども信奉していた共和主義の思想は、「結社の自由」も強調する場合がある。人々が集団として足並みをそろえて行動する能力と機会を持つことが重要だというわけだ。ところが、新自由主義の国では、結社の自由が激しい攻撃にさらされ続けている。理由は単純だ。「結社」は、市場の力とぶつかり合い、市場の力学を歪める存在とみなされかねないのだ。同等の自信を持っていて、生存を脅かされることへの不安を感じていない人たちが結束できるとき、はじめて共和主義の社会が可能になる。これは、ドイツの政党・左翼党のリーダー、カトヤ・キッピングの主張でもある。(14)

共和主義の考え方によれば、自由は、人々が一緒に考えて行動するときに姿をあらわす、もっと言えば掘り起こされる。そのためには、人々が尊厳を持って平等な立場で参加できることが不可欠だ。これは、一九世紀フランスの思想家アレクシ・ド・トクヴィルが初期のアメリカ民主主義の特徴として挙げた要素だが、残念ながらいまのアメリカからは失われてしまっている。

古典的な自由主義において、自由は基本的に個人単位で完結する。消費者としての選択の自由と言ってもいい。要するに、どの商品を買うか、どの職に就くか、どの政治家を選ぶかを好きに決められる自由だ。共和主義者の考える自由はこの範囲にとどまらない。自由とは、人々が一致結束して政治的に行動できることをも意味する。このような自由を持つことは、リバタリアン思想、とりわけその現代型の変種であるリバタリアン・パターナリズムが猛威を振るっている状況に立ち向かうための有効な足場になる。(15)

これまであまり関心が払われてこなかったが、共和主義と結社の自由には、もう一つ大きな意義がある。それは、強者の力を抑制できるという点だ。富裕層やエリート層がメディアをコントロールするなどして人々の判断を操作し、社会的な議論や意思決定を動かすことを許せば、自由が脅かされる。

自由についてどのような考え方を信奉するにせよ、ベーシックインカムはその自由を強化する。自由主義の考え方に立つなら、人々の基礎的ニーズを満たせる水準のベーシックインカムを導入すれば、それだけで必要にして十分ということになる。それに対し、共和主義の考え方に立つなら、ベーシックインカムは必要だが、それだけでは十分でない。自由を促進するためには、そのほかの制度や政策も必要とされる。

いずれにせよ、ベーシックインカムは、以下の現実的な自由を強化できる。

*困難だったり、退屈だったり、薄給だったり、不快だったりする仕事に就かない自由
*経済的に困窮している状況では選べないような仕事に就く自由
*賃金が減ったり、不安定化したりしても、いまの仕事を続ける自由
*ハイリスク・ハイリターンの小規模なベンチャー事業を始める自由
*経済的事情で長時間の有給労働をせざるをえない場合には難しい、家族や友人のためのケアワークやコミュニティのボランティア活動に携わる自由

*創造的な活動や仕事に取り組む自由
*新しいスキルや技能を学ぶことに時間を費やすというリスクを負う自由
*官僚機構から干渉、監視、強制されない自由
*経済的な安全を欠く相手と交際し、その人と「家庭」を築く自由
*愛情を感じられなくなったり、虐待されたりする相手との関係を終わらせる自由
*子どもを持つ自由
*ときどき怠惰に過ごす自由（この自由の価値は非常に大きい。詳しくは後述する）

ベーシックインカム以外の社会政策によって、これらの目的を果たせるだろうか？　社会的保護のための政策は、少なくとも個人の行動の自由に関して中立的であるべきだ。特定の道徳を押しつけたり、行動を指図したり、何かを強制したり、それに従わない人を処罰したりするものであってはならない。世界の国々では、資力調査に基づく福祉制度に移行する傾向が目立つが、それは自由の概念に完全に逆行している。ベーシックインカムはそれとは正反対の制度だ。

## 社会政策が満たすべき原則

あらゆる社会政策は、次の二つの原則を満たさなくてはならない。これは、ベーシックインカム以外の選択肢として提案される制度にも問われるべきことだ。

### パターナリズム・テストの原則

いかなる社会政策も、一部の集団に対し、その社会で最も自由な集団には課されていないコントロールを課す場合は、不公正と言わざるをえない。

個人になんらかの行動を指図したり、法律違反ではないのに特定の行動を禁じたり、特定の行動を取るように仕向けたりする政策は、明らかにこの原則に反している。ところが、自由を重んじていると主張する政治家のなかには、「貧乏人」が取るべき行動や取るべきでない行動を指図するような政策を支持する人が多い。今日の社会政策の骨格には、民主的なプロセスを経ることなしに、そうしたリバタリアン・パターナリズムの発想が組み込まれている。このアプローチを正当化する論者によれば、人々が特定の選択肢を選ぶように「ナッジ（軽く肘で押す）」することが「本人のためになる」と言う。

しかし、この主張は道徳に反する。ナッジ論者たちは、自分の言葉に責任を持たないからだ。

自分たちが人々に取らせようとする行動が最善だと主張するのなら、それが悪い結果をもたらした場合は、操作された人たちではなく、操作した人たちが責任を取らなくてはおかしい。ナッジされた福祉受給者たちは、悪い結果になった場合に国家から補償を受けてしかるべきだ。しかし、実際はそうなっていない。

## 「慈善ではなく権利」の原則

社会政策が公正と言えるためには、給付する側の権力や裁量ではなく、受給者や対象者の権利と自由を拡大するものでなくてはならない。

ベーシックインカムはこの原則を満たしているが、受給者や申請者に一定の行動を要求する制度はそれを満たしていない。政治家や役人が受給条件を決めれば、それはどうしても恣意的な側面をもつ。解釈が何通りも可能な場合がほとんどだ。その結果、自治体の現場レベルの役人が恣意的に受給の可否を決める力を持つことになり、困窮している人たちはおのずと「懇願」する立場に立たされてしまう。

## 権利を持つ権利

自分が世界の市民だと思っている人は、どこの市民でもない。

——テリーザ・メイ（イギリス首相、二〇一六年一〇月）

権利を持つ権利は誰にあるのか？　一般に、市民とは、権利を有している人のことと定義される。これは、コミュニティの規模に関係なく言えることだ。一九四八年の世界人権宣言と一九六六年の社会権規約（経済的、社会的、及び文化的権利に関する国際規約）は、あらゆる土地のあらゆる人が権利を持っていると明記している。その精神に従えば、前掲のテリーザ・メイの発言は根本的に間違っている。世界の市民として、わたしたちは誰もが人権を持っているのだ。

しかし、人権にいくつかの階層があることも事実だ。万人が持っている普遍的な権利もあれば、国家により国の中で樹立された権利もあるし、特定の地域や団体のメンバーに与えられる権利もある。国家のレベルでは、権利の名に値する権利はすべて、国家に対する要求として誕生した。そして、多くの権利は「請求権」というかたちで出発した。つまり、社会に対して、何かを避けることではなく、何かを目指すことを求めるものなのだ。ベーシックインカムもそうした請求権の一種だ。

重要な問いは、「誰がベーシックインカムの受給権を持つべきか？」というものだろう。これは倫理上の問題であると同時に、実務上の問題でもある。理想の世界、まだ実現していないユートピアにおいては、どこで暮らしていようと、すべての人が受給権を持つべきだという話になる。しかし現状では、国単位でものを考えざるをえない。社会政策は、国単位で立案され、実施されているからだ。

大原則として、ある国のすべての市民がベーシックインカムの権利を持つべきだと言われることが多い。しかし、国外在住の市民にもこの権利を認めるのか？　ベーシックインカム推進派の大半は、通常その国に居住している市民を給付対象とすべきだと考えている。では、「通常」とは、具体的にどの程度のことなのか？　実務の指針となる明快なルールをつくる必要がある。たとえば、その国を恒久的な居住地とみなしていることや、一年の半分以上居住していることを条件とする、といった具合だ。完璧なルールはありえない。どのような基準を設けても、恣意的な要素を完全に排除することはできない。

もっと難しいのは、通常その国に居住している非市民の扱いだ。合法的な居住者を除外するのは公正でないとしても、現実的な基準を決める必要がある。たとえば、最低二年以上合法的に居住していることや、永住権を取得することなどを条件にしてもいいかもしれない。

ベーシックインカムの権利は、恒久的な権利として憲法に記されるのが理想である。しかし、いったん導入されたあとは廃止できないようにすべきだと主張すれば、それが導入への政治的障壁になりかねない。試験プロジェクトを実施したり、とりあえず地域を限定するなど、小規模に導入し、その結果を見て受給資格や給付水準などのルールを見直したりする道が閉ざされてしまう。最初は、民主的な政治プロセスに判断を委ねたり、たとえば五年など期間を限定して導入したりする余地を残したほうがいい。期限つきでは権利と呼べないと、純粋主義者は反発するかもしれない。しかし、期限つきでも、その期間内は「権利」として存在する。期間内は、誰も恣意的に受給権を奪われないからだ。もちろん、本来は、国家が恒久的な制度として導入し、民主的な政治プロセスを通じて調整していくに越したことはない。

また、前述したように、権利と呼ぶからには剥奪不能であるべきだ。法律上の適正な手続きなしに、権利を奪われることがあってはならない。ベーシックインカムをめぐる議論ではあまり強調されていないが、債務を回収するための差し押さえを許すべきではない。この点で一部の資力調査型の給付とは異なる。既存の給付は、国に対する債務を支払わせるために減額される場合があるのだ。

## 人を解放するという価値

ほんの少し超過するだけで、途方もなく多すぎる！　ほんの少し足りないだけで、途方もなく少なすぎる！

——ロバート・ブラウニング（イギリスの詩人）

わたしは二〇一〇～一三年、インド中部のマディヤ・プラデシュ州でベーシックインカムの大規模な試験プロジェクトに関わったことがある。九つの村の六〇〇〇人の住民全員に、少額のベーシックインカムを配るプロジェクトだ。[16]その影響を明らかにするための比較グループとして、ほかの似たような村も観察した。すると、すぐに見えてきたのは、少額だったにもかかわらず、予想をはるかに上回る好影響があるということだった。その大きな理由は、それらのコミュニティや家庭で現金がきわめて不足していたことにあった。

過少なものや取得困難なものは、たいてい価値が高くなる。所得や貯蓄が少ない人は、日々の出費をまかなったり、医療費など不慮の支出に対応したりするために、しばしば急な借金をしなくてはならない。多くの場合はきわめて高い金利を支払う羽目になる。また、このような人たちは、えてして経済的な安全を欠いている。それに、利回りの高い長期の貯蓄をすることもできない。手持ちのわずかな現金は日々の出費や急な支出のために手元に置いておく必要があるからだ。

しかし、ベーシックインカムが導入されて、誰もが必ず現金を受け取れるようになれば、人々は債務不履行に陥る心配がなくなる。そうなれば、金貸しや隣人などから借金をするときの金利が低くてすむ。モノやサービスの現物給付（インドの貧困層支援は主としてこのアプローチを採用している）や、資力や行動に条件を課した給付の場合、こうした効果は生まれない。受給資格が認められなかったり、撤回されたりする可能性があるし、そもそもすべての人には給付されないからだ。そうした制度と異なり、確実に（あるいは、ほぼ確実に）給付されるベーシックインカムは、受給者の生活コストを下げることができる。また、誰かが苦境に陥っているときに助け合える余地が大きくなるため、コミュニティの生活コストも下げられる。給付額が同じだとしても、ベーシックインカムは、資力基準をともなう制度より価値が大きいのだ。

わたしが関わったインドの試験プロジェクトでは、ベーシックインカムを受給した人たちは、そうでない人たちより債務を減らすケースが多かった。まだ債務が残っている場合でも貯蓄をする人が多かった。これは、現金を持っておくことの価値を理解したためだ[17]。現金を手にした人たちは、より戦略的な意思決定も可能になった。以前より低い金利で金を借り、必要な農具や種子、肥料などを買う人たちもあらわれた。

ベーシックインカムが人を解放する効果を発揮したのは、以上の点だけではなかった。地主と金貸し（多くの場合は同じ人物が兼ねている）は、資金不足につけ込んで、貧しい村人たちを

「債務奴隷」の状態に置いてきた。長期にわたって滞納している債務を現金で返済する代わりに、地主の望むときに労働力を提供させるのだ。このような労働に駆り出されると、零細農家は収穫期に自分の畑で作業する時間が足りなくなり、ますます貧しくなってしまう。しかし、ベーシックインカムが配られるようになると、「債務奴隷」だった人たちが自分や家族、友人のベーシックインカムを少しずつ集めて、自由を買えるようになった。

ベーシックインカムは、お金の面以外でも人々を解放した。ある村では、試験プロジェクトが始まった当時、若い女性は誰もがベールで顔を覆っていた。ベーシックインカムを受給するための身分証明書用の写真も、男性を締め出した小屋の中で撮影しなくてはならなかった。しかし数カ月後、私が調査チームの同僚と一緒に村を訪れると、ベールをかぶっている若い女性は一人もいなかった。ある女性が理由を説明してくれた。以前は年長者の言うことを聞くしかなかったが、自分のお金が手に入るようになったので、自分の意思に従って行動できるようになったのだ。

この村では、ベーシックインカムがある種の文化的支配を突き崩し、女性たちを勇気づけ、文化的権利を強化する役割を果たしたのだ。自らの意思でベールを脱いだことで、女性たちはそれまでより自由に村の生活に参加できるようになった。いまなら、相手の意思に屈しない姿勢を貫くために、相手をにらみ続けることだってできる。こうしたことは、共和主義的自由を守るうえできわめて大きな意味を持つ。

## 発言力の必要性

前述したように、共和主義的自由を守るためには、ベーシックインカムは必要条件ではあっても十分条件ではない。人を解放する力を持ってはいるが、魔法の杖ではないのだ。自己決定の力、発言力を持つことの重要性も見落とせない。人が保障されるべき二つの最も重要な要素はベーシックインカムの保障と発言力の保障だと、わたしは長年主張してきた。個人レベルと集団レベルで自分の主張を政治に反映できなければ、せっかくベーシックインカムを受け取っていても、意に反して他者に支配される危険がある。これでは、共和主義的自由は守られない。発言力の保障においては、富裕層や支配層の力を制約することも不可欠だ。そうしなければ、すべての人に基礎的保障を提供することはできない。

こうした点に照らして考えると、二〇世紀のベーシックインカム論議でとりわけ奇妙だった点の一つは、労働組合指導者たちが反ベーシックインカムの急先鋒だったことだ。のちに一部の労働組合系の思想家が賛意を表明するようになったが、組合運動ぐるみの激しい敵意はいまも解消されていない。少なくとも表向きは、企業に賃下げを許しかねないというのが反対論の一つの理由だ。

この点については別の章で詳しく論じるが、これとは別にもっと気がかりな反対理由もあるようだ。何人かの労働組合指導者が密かに打ち明けてくれた話によると、ベーシックインカムを受け取るようになると、労働者が労働組合に加入しなくなってしまうと恐れているのだという。労働組合指導者たちが組合の存在意義についてこんなにも自信を喪失していることは、残念と言うほかない。心理学の研究結果によれば、基礎的な安全が確保されている人ほど、自らの利害を代弁する組織に加わる傾向が強まることが明らかになっているのだが……。

最後に、ベーシックインカムには、民主主義を進展させる手立てという側面もある。民主主義の下、権利を意味あるものにするためには、すべての市民が経済的資源を得られなくてはならないからだ。[18] ベーシックインカムは、個人の自己決定を可能にし、誰もが等しく自信をいだけるようにできる。民主主義を唱えた初期の論者たちは、すべての人が自由、平等、独立を享受できるようになることを民主化と考えていた。独立を重んじるのは、イギリスの哲学者ジョン・ロックが提唱した「自然的自由」の考え方に基づく発想だ。人が自由であると言えるためには、他人に害を及ぼしさえしなければ、誰かの同意を得たり、報復を恐れたりすることなく行動できる必要がある。

このような意味での独立——それは人間の解放に不可欠な要素だ——を実現するためには、最低限の生活を送る権利を持っていなくてはならない。アメリカ合衆国憲法の起草者の一人であるアレクサンダー・ハミルトンは、一七八八年にこう述べている。「人の生計の手立てを支配することは、その人の意思を支配するのに等しい」

ベーシックインカムは真の自由の実現を後押しできるが、共和主義的自由、言い換えれば完全な自由を確保するためには、人々が自己決定できなくてはならない。そして、人々が自己決定の力を持つうえでは、人々が個人レベルと集団レベルで発言力を持てるようにする制度や仕組みが不可欠だ。人が厳しい状況に置かれていたり、困窮していたりするときは、とくにこの点が重要な意味をもつ。つまり、ベーシックインカムさえあれば、完全な自由を実現できるわけではない。しかし、ベーシックインカムなしに完全な自由を実現できないことも忘れてはならない。

# 第4章

# 貧困、不平等、不安定の緩和

人は誰でも、衣食住と医療、社会サービスなどの面で、自らと家族の健康と幸福を確保できる水準の生活を送る権利がある。また、失業、病気、障がい、配偶者の死亡、高齢など、本人にはどうすることもできない理由により生計を立てられないときは、生活の保障を受ける権利もある。

——世界人権宣言第25条1項

ベーシックインカムを導入すべき根拠として最もよく言われるのは、貧困を削減するための最も有効な方法だから、というものだ。最も直接的で透明性が高く、行政コストも比較的少なくてすむという主張である。これと関連するが異なる主張に、経済面での基礎的な安全を保障するのに適しているから、というものがある。後者の主張には重要な意味がある。市場指向が強い今日のグローバル資本主義の下では、経済的な安全を脅かす最大の要因は不確実性だが、不確実性はリスクと違って、旧来の保険型のシステムによっては適切に対処できないからだ。

忘れてはならないのは、ベーシックインカムの設計や実施に問題があれば、既存の社会的保護の仕組み以上に、人々の状況を悪化させかねないということだ。しかし、それはベーシックインカムという制度自体の問題ではない。

## 貧困

グローバリゼーションの進行にともない、世界全体の絶対的貧困は改善している。新興国の生活水準が向上してきたからだ。しかし、多くの国では、国内の貧困率（貧困状態にある人の割合）が上昇している。そのうえ、グローバリゼーションと、二〇〇七〜〇八年の金融危機以降に多くの国で採用された財政緊縮策の影響により、先進国で何百万人もの人たちが絶対的貧困の状態に落ち込んでしまった。

世界の最富裕国であるはずのアメリカでは、家族一人当たりの所得が一日につき二ドルに満たない世帯が一五〇万世帯に上り、そうした世帯に暮らす子どもの数は三〇〇万人に達している。(1) ノーベル経済学賞受賞者のアンガス・ディートンとアン・ケースによれば、アメリカでは「絶望による死」が増加しているという。自殺、薬品や違法薬物の過剰摂取、過剰飲酒などによる死のことだ。(2) ヨーロッパや日本も、アメリカほどではないにせよ状況は似ている。

世界は過去になく豊かになったが、短期的・中期的に所得面の貧困が解消される兆候はない。豊かな国と位置づけられている国々でも、二一世紀に入って絶対的貧困と相対的貧困が改善するどころか、深刻化している。ホームレスの数も空前の数字に達している。このような事態を招いた各国政府の責任は大きい。

グローバリゼーションが進行したこと、市場の柔軟性を高めるための政策が導入されたこと、そしてテクノロジーが飛躍的に進歩したこと（この現象は、グローバリゼーションにより促進されたり、グローバリゼーションと結びついていたりする）にともない、プレカリアートも増加している。つねに経済的な安全を欠き、権利をことごとく奪われている人たちのことだ。あらゆる先進国に、そうした人たちが大勢いる。③仮に経済が再び急成長しはじめたとしても（その可能性は乏しいように思える）、彼らが恩恵に浴することはないだろう。

少なくともこの二〇年間、プレカリアートたちの経済的状況が改善していないことは間違いない。むしろ相対的には、経済が成長すると彼らはほぼ確実に負け組になる。今日の世界で経済成長が実現する場合、その果実は、富裕層やエリート層や給与所得者層が独占するとは言わないまでも、これらの層に集中する傾向があるからだ。④

問題はそれだけではない。雇用創出により貧困を解決するという昔ながらの戦略（「雇用は貧困からの最良の脱出路」という考え方）は、次第に通用しなくなっており、逆効果にすらなりつつある。政府が労働者保護を弱めれば、労働市場の柔軟性が高まり、雇用の数は増えるが、経済的な安全が弱まる人も増えてしまう。その状況に怒りをつのらせる人が増えると、労働市場の改革を推し進めた政治家たちに怒りの矛先が向けられるようになる。

多くの国では、新たに生まれる雇用が貧困からの脱出路として機能しなくなりつつある。先進国では、どこでもそのような状況だ。物価上昇率を考慮に入れた実質賃金は、先進国ではこの三〇年間伸びておらず、この傾向は今後も続く可能性が高い。プレカリアートに限って言えば、実質賃金は下落し、雇用はますます不安定化している。たった一つの不運、たった一つのミス、たった一つの不慮の出来事に見舞われただけで、真の貧困状態に滑り落ちてしまう。

相対的貧困の状態にあり、経済的な安全を欠いている人たちの多くは、どんなに努力してもそこから抜け出せない。給付型税額控除が拡大され、最低賃金が引き上げられてはいるが、この傾向に歯止めをかけられていない。所得分配のシステムそのものが破綻しているからだ。

## 普遍主義と透明性

ベーシックインカムがほかの大半の制度と違うのは、受給者の尊厳を損なうことなく貧困を緩和できる点だ。受給者を「物乞い」のような立場に置かずにすむのである。多くの研究が明らかにしているように、資力調査に基づいて一部の人にだけ給付される制度の場合、本当に支援を必要としている人たちが申請しないケースが多い。プライドや恐怖心が原因だったり、制度自体を知らないことが原因だったりする。このような制度上の欠陥が明白なのに、政治家たちがこの種の制度を支持し続けるのは、恥ずべきことと言わざるをえない。

誰もが受給できる制度とこのような制度の違いは、一九七〇年代にカナダのマニトバ州にあるドーフィンという町で実施された「ＭＩＮＣＯＭＥ」という実験（第11章参照）が浮き彫りにしている。[5] この町の失業者や低所得者の多くは、恥の意識により旧来型の「福祉」制度の受給を申請しようとしなかったが、無条件で全員に給付される最低所得給付は喜んで受け取った。この制度の下では、低賃金労働者と失業者と福祉受給者の境界線が曖昧になったからだ。

受給者たちはこの給付制度を歓迎した。自分のことを自分で決められていると思えるからとか、職に就いても受け取れるからとか、私的なことがらに土足で踏み込まれるような屈辱的な手続き(資力調査に基づく福祉制度にはつきものだ)を要求されないからといったことが理由だった。既存の福祉を申請したら「一家の体面が汚れる」と、ある男性は言っている。それに対し、別の男性の言葉を借りれば、MINCOMEは「市民を信頼し、人々の誇りを奪わない」と感じられたのだ。

すべての人が無条件で受け取れるベーシックインカムなら、支援を受けるのに「ふさわしい」貧困者と「ふさわしくない」貧困者を線引きするという、功利主義的な仕組みを設けずにすむ。道徳を押しつけたがる政治家たちはそのような手法を好むが、線引きは恣意的で不平等にならざるをえず、馬鹿馬鹿しいくらい多くのコストがかかる。

受給者が恥辱感を味わわないようにすることを重要な目標と位置づけるべきだ。福祉支出を減らすために、わざと受給者に恥辱感をいだかせて、困窮している人に申請を思いとどまらせるようなことは許されない。また、社会政策を立案する人たちは、給付に「ふさわしい」人と「ふさわしくない」人を区別することはやめるべきだ。

## 「貧困の罠」と「不安定の罠」

ベーシックインカムが貧困解消の最も有効な方法である理由の一つは、いわゆる「貧困の罠」を克服し、「不安定の罠」を緩和できることにある。イギリスでは、福祉受給者が低所得労働者に移行した場合の限界税率（所得の増加分のうち、税や社会保険料で差し引かれる割合）が八〇%を超す。しかも、この数字には仕事に就くことにともなうコスト（通勤の交通費や託児サービスの費用）が含まれていない。こうした現実が福祉受給者の就労を阻害する原因になっている。それが「貧困の罠」である。

デンマーク、フィンランド、ドイツなどの大陸ヨーロッパ諸国では、こうしたケースでの限界税率はさらに高い。もし、中流層がこれほど高い限界税率を突きつけられれば、暴動が起きても不思議はない。また、高所得者は、税負担が所得の四〇%を超えると節税や脱税を模索しはじめるというのが定説になっている。ところが、評論家たちは、職に就けば四〇%どころか八〇%の税負担が生じかねない状況で「福祉にとどまり」続ける困窮者のことを「たかり屋」呼ばわりしたり、もっとひどい言葉を投げつけたりしているのだ。

それに対し、左右のリバタリアン（自由至上主義者）は、就労状況やほかの所得の多寡に関係なく一律にベーシックインカムを給付すれば、既存の福祉制度について回る「貧困の罠」を取り除けると考えている。たとえ低賃金でも職に就いたり、リスクをともなう経済活動に踏み出したりすることを促せるというわけだ。

問題は、「貧困の罠」だけではない。受給資格者に戻った場合にすんなり給付が再開されないと思えば、福祉受給者は短期の仕事に就くことに尻込みする。この現象は、「不安定の罠」という言葉で説明されている。資力などの条件つきの福祉給付は、制度が複雑化しており、迅速に給付が開始されるケースはほとんどない。しかも、自分に受給資格があるか確信を持てない場合も多い。申請するときは、多くの時間とエネルギーを費やし、乏しい自信を振り絞り、長たらしい書類に記入し、担当者のぶしつけな質問にも答えなくてはならない。屈辱的な受給条件を満たしていると実証し続ける必要もある。

さまざまな落とし穴や恥辱感など、申請を断念させる要因が相まって、福祉の捕捉率（受給資格者数に占める実際の受給者の割合）は低い水準にとどまっている（申請しない人は福祉を必要としていないと、既存の福祉制度を擁護する論者の一部は決めつけたがるのだが）。そして同様の要因により、福祉受給者は、職に就くことにより受給資格を失い、再び困窮した場合にまたゼロからすべてやり直す羽目になることを恐れて、職に就くことを思いとどまる場合が多いのである。

障がい者手当を受給しているイギリス人男性が次のように述べている。

だいぶ昔の話だが、どういうわけか健康状態が改善したことがあった。そのとき、わたしの中の半分は、人生を満喫するために、すぐにでも仕事の世界に入りたいと思った。けれども、もう半分は、恐怖におののいていた。福祉制度には、数々の官僚主義的な問題がはびこっているからだ。そのせいで、当時のわたしのような状況の人間は、生活していくために欠かせない給付金を放棄し、それを埋め合わせられるだけの収入を得られるよう祈るか、労働年金省に嘘をついて受給を続けるかの選択を迫られる。わたしはたまたま職に就けたけれど、長続きしなかった。給付を失った分を埋め合わせようと無理しすぎて、再び健康が悪化してしまった。その後、今日にいたるまでまったく回復していない[6]。

ベーシックインカムが権利として認められれば、深刻な「貧困の罠」をなくし、「不安定の罠」も解消できる。受給者が福祉制度を意識して、本来取りたい行動（たとえば職に就くこと）を取らないケースは、だいぶ少なくなる。受給者がヤミ経済や地下経済の世界に入っていく危険も減らせる。既存の福祉制度と違って、納税をともなう合法的な仕事に就くことを思いとどまらせる要因がほとんどないからだ。

では、ベーシックインカムは、貧困を〝根絶〟する手段になりうるのか？　導入時の現実的な給付水準では、そこまでの効果は期待できない。貧困根絶を目指して高額の給付をしようとすれば、国家財政への影響が大きく、有権者や政治家の支持を得られないだろう。

それでも、適切に制度を設計すれば、相対的貧困の状態にある人の数を減らし、貧困ラインより下、あるいはその周辺で生活している人の貧困を和らげる効果はある。ベーシックインカムによって貧困が撲滅されることはない。そもそも、その目標を単独で達成できる制度などない。しかし、貧困に滑り落ちそうな人たちが直面している危険を和らげることはできるのだ。

イギリスのシンクタンク「コンパス」は、二〇一五～一六年のイギリスで全国民にベーシックインカムを配った場合の効果を計算している。具体的には、既存の福祉制度の大半を残したまま、成人に週七一ポンド、年金生活者に五一ポンド（これとは別に、基礎的な年金制度は維持する）、子どもに五九ポンドを給付するものとした。その場合、所得階層下位二〇％の人の六割は、所得が二割以上増える。子どもの貧困も半分近く減るという。(7) もちろん、これはあくまでも机上の計算にすぎないが、ささやかな金額のベーシックインカムを配るだけでも、大きな貧困削減効果があることを浮き彫りにしている。

## 給付金は浪費されるか？

反対派がよく主張することの一つに、低所得層は給付金を無駄遣いする可能性が高いというものがある。知識不足や、意志の弱さ（悪い習慣や依存症的な状態がその原因とされる）、あるいは「悪い人格」のせいで、好ましくないものへの浪費に走ってしまうというのだ。なかには、福祉による支援を必要としていること自体がこれらの悪しき資質を持っている証拠だと主張する論者までいる。しかし、データが示している内容は正反対だ。

現金給付プログラムやベーシックインカムの試験プロジェクトの結果を見る限り、給付金は、子どものための食料、医療、教育など、有意義な目的に用いられる場合が多い。しかも、よくある思い込みに反して、違法薬物やアルコール、タバコへの支出は減る。これらのものには、過酷で希望のない状況がもたらす苦痛を和らげるための「癒し」や「埋め合わせ」の手段という性格があるのかもしれない。

四つの事例を紹介しよう。まず、アフリカのリベリアの実例。アルコールや薬物の常用者、軽い犯罪をおかした人たちをスラム地区から選び、一人につき米ドル換算で二〇〇ドル相当を配った。お金の使い道には、とくに条件をつけなかった。三年後、その人たちに聞き取り調査をおこない、二〇〇ドルの使い道を尋ねた。主な答えは、食料、衣服、医療だった。ある研究者が述べているように、このような人たちがお金を浪費しないなら、無駄遣いする人などいないのではないかと思える。(8)

次は、エコノミスト誌が紹介しているイギリスの実例だ。ロンドン中心部のシティ地区には、夜になると「大勢のホームレスが姿をあらわす」(9)。慈善団体の「ブロードウェイ」は、三三八人のホームレスを確認した。ほとんどは、一年以上にわたり路上生活を送っている人たちだった。同団体は、とくにホームレス歴が長い人たち(路上生活が四年以上の人たち)を選び、自分の人生を変えるために何が必要だと思うかを尋ね、それを提供した。一人当たりの平均費用は七九四ポンドだった。一三人の対象者のうち、一一人は一年経たないうちに路上生活を脱した。アルコールや薬物、ギャンブルのための金を求めた人は、一人もいなかった。一部の参加者によれば、実験への参加を決めたのは、施設に押し込めず、自分の人生をコントロールさせてくれたからだという。イギリスでは、医療、警察、刑務所など、ホームレス一人に対して年間に推定二万六〇〇〇ポンドが費やされている。それに比べると、この実験に要した資金は微々たるものだ。

三つ目は、アメリカの実例である。低所得層の未就学児童に対する早期教育を支援する政府プログラム「ヘッドスタート」は高く評価されているが、ある研究によれば、親への現金給付のほうが教育面の効果は、さらに大きいという。[10] 現金給付は、親にのしかかる重圧を軽減するという点できわめて大きな効果があった。お金の心配から解放された親たちは、子どもと一緒に過ごす時間を増やし、読み聞かせをしたり、美術館などに連れて行ったりするようになった。

これもアメリカでの実例だが、保守的な土地柄で知られるユタ州で、ホームレスに恒久的な住居を提供するという画期的な政策が実施された。それまでは、一時収容施設に迎えるのが一般的だった。新しいやり方は、最初にかかるコストは大きいが、長い目で見れば大幅な節約になった。恒久的な住居を得ることで生活の安定を手にした元ホームレスは、再び社会の一員として生きられるようになった。その結果、依存症や鬱病を治療するための医療費など、多くの公的支出を減らすことができたのだ。いままでは、アメリカの何百もの都市で同様の政策が採用されている。全米ホームレス協会の理事長はこう述べている。「直感的に納得がいく政策だ。人は、安定しているときのほうが、好ましい行動を取れるものだから[11]」

批評家やその他の人たちは、貧しい人たちが愚かで、非理性的で、合理的判断力を欠いていると決めつけがちだ。しかし、いくつかの画期的な実験が明らかにしているように、貧しい人たちが取る行動の多くは、単にお金がないことが原因だ。受給者を信頼しても、期待を裏切られる場合はある。しかし、社会政策は、市民を信頼することを原則とすべきだ。それに、わたしたちは誰でも、ときにお粗末な（ただし、破滅にはつながらない程度の）判断ミスをする自由もあったほうがいい。「失敗」する自由があってはじめて、人は自分の人生を自分でコントロールする方法を学んでいける。

## 不平等と公平

巨大な所得・資産格差は、社会にも経済にも悪影響を及ぼす。とりわけ、格差の底辺近くの人たちへの悪影響が大きい。多くの国ではこの数十年、不平等が拡大している。統計開始以来、最も不平等が広がっているという国も多い。不平等が大きく、しかも拡大し続けている国では、経済成長と持続可能な開発が阻害されるという強力なデータもある（経済が拡大するペースが緩やかになるのは必ずしも悪いこととは限らないが、一般には好ましくないことと考えられている）。

すべての人にベーシックインカムを給付すれば、所得の不平等が緩和されるのか？　当然そうなるようにも思える。全員に同じ金額が配られる場合、そのお金の重みは、所得が少ない人ほど大きいからだ。しかし、ベーシックインカムが格差にどのような影響を及ぼすかは、具体的にどのような制度になり、どのように予算がまかなわれるかに大きく左右される。

一部の有力経済学者は、ベーシックインカムが導入されれば、不平等がむしろ悪化すると主張する。アメリカのバラク・オバマ政権で経済諮問委員長を務めたジェーソン・ファーマンは、次のように述べている。

既存の貧困対策に代えて、現実的な制度設計の下でUBI（ユニバーサル・ベーシックインカム）を導入すれば、所得分配の状況は改善するどころか、悪化するだろう。現行の税制と福祉制度は、主として所得階層の下位半分に属する人たちのためにある。貧困を緩和し、所得の不平等を軽減する役割を果たしているのだ。そうした制度の一部、または全部を廃止して、所得の多寡に関係なく、すべての人に現金を給付する制度を導入すれば、最下層の人たちに向けられる予算が減ってしまう。その結果、所得の不平等は縮小せず、拡大する。[12]

ファーマンの主張は、いくつかの点で間違っている。第一に、ベーシックインカムを導入しても、既存の貧困対策を廃止することは必須ではない。ベーシックインカム推進派のほとんどは、既存の制度の全部もしくは大半の廃止、とりわけ障がいや病気などにより特別な支援が必要な人たちのための制度の廃止は訴えていない。第二に、仮に既存の制度が「主として」貧困層のためのものだという主張を受け入れるとしても（この主張自体が疑わしいのだが）、ファーマン自身も「主として」という言葉を使っているように、そうとは言えない制度も多い。第三に、資力や行動を基準に給付対象を限定することには弊害がある。受給者が自らの最善の利益に反する行動を取ることを促したり、強いたりしてしまう。もっと有意義なことに時間を使えるのに、無意味な職業訓練や求職活動に時間を費やす羽目になったりする。

そもそも、ほかの多くの国もそうだが、アメリカでも社会政策の予算が適切な対象に向けられているとは言えない。しかもその一方で、貧困層を支援するどころか、主に富裕層を潤わせる税控除やその他の補助金に莫大な支出がなされている。なぜ、大統領経済諮問委員長たる人物が、そうした制度の一部を廃止してベーシックインカムを導入しようという発想を持てないのか？ファーマンは、ベーシックインカムの考え方をねじ曲げて批判していると言わざるをえない。

今日の不平等の問題を考えるうえでは、二〇世紀型の所得分配システムが破綻しているという前提に立つべきだ。国民所得のうち労働者に分配される割合は大幅に下落しており、その割合が再び上昇することは考えにくい。貧困に滑り落ちず、生活水準を高めていけるような収入を得られる職は、少なくなる一方だ。グローバリゼーションとテクノロジーの進歩により、このような状況が生まれたのだ。そのような時代に適した所得分配のシステムが必要とされている。その新しいシステムのなかで重要な役割を果たすべきなのがベーシックインカムなのである。

次の引用を読んでほしい。

経済のパイは拡大している。しかし、市場にすべてを委ねていては、すべての人がその恩恵に浴せるとは限らない。少なくとも、全員が恩恵に浴することはできないように思える。そこで、新しい所得再分配の仕組みをつくる必要がある。市場の恩恵を受ける人たちから、市場に取り残される人たちへの再分配政策を実施すべきだ。すべての人に最低所得を約束するのも一つの方法だろう。実を言うと、わたしはそのアイデアに強く心惹かれている。問題は、どうやって、市場の下層部にいる人たちの働く意欲を奪うことなく、その仕組みを導入するかだ。(13)

これは、二〇一〇年のノーベル経済学賞受賞者であるクリストファー・ピサリデスの言葉だ。ベーシックインカムを導入すべき理由を的確に説明している。ただし、「分配」ではなく「再分配」という言葉を使っていること、そして「働く意欲」に関して懸念を述べていることだけは同意できない。「貧困の罠」と「不安定の罠」により働く意欲を奪っているのは、既存の資力調査に基づく福祉制度のほうだ。ベーシックインカムは、むしろ働く意欲を高める効果がある。

## 人と人の間の公正

直接または間接の差別により、ある特性の持ち主が一貫して不利益をこうむる場合、その状況は不公正と言わざるをえない。世界の多くの国では、所得・資産の格差が広がっている半面、アイデンティティに基づく不平等は縮小していると言っていいだろう。法制度や人々の考え方が変わって、障がい、人種や民族、性別、性的指向、家族形態などによる差別は、昔に比べて減少した。しかし、これらのすべての面で完全な平等を実現するまでの道のりは遠い。

ベーシックインカムを土台にしたシステムは、この手強い目標を達成する助けになる。全員に同じ金額が配られた場合、そのお金の重みは、稼ぐ機会が少ない人ほど大きくなるからだ。ただし、ベーシックインカムだけで終わりにせず、多層型のシステムを築くのが妥当だろう。ほかの人より生活コストがかかる人や収入を得る機会が少ない人に追加の給付をおこない、市場が生み出す不平等を是正すべきだ。

## 主要な「資産」に関する不平等

ベーシックインカムと不平等の関係については、頭に入れるべき視点がもう一つある。今日の世界に存在する不平等は、所得の不平等だけではない。よい人生を送るために欠かせない、そのほかの主要な「資産」にも不平等が存在する。物理的な安全と経済的な安全、充実した時間、質の高い空間、教育と知識、金融資本などのことである。(14)

物理的な安全と経済的な安全は、よい人生の核を成す要素だが、従来の意味での所得や富以上に格差は大きいかもしれない。富裕層は、物理的な安全を得るための経済力を持っているし、経済的な安全もほぼ全面的に手にしている。それに対し、プレカリアートの人たちや、所得が少なかったり不安定だったりする人たちは、物理的な安全と経済的な安全をまったくと言っていいほど持っていない。ベーシックインカムには、そうした慢性的な不平等を是正する効果がある。

時間をどのくらいコントロールできるかという点にも、きわめて大きな不平等が存在する。所得・資産分布の上位層は、自分の時間をコントロールしやすい。自分がやりたくない作業は、金を払って他人にやらせることができる。一方、プレカリアートたちは、時間に対するコントロールをほとんど、もしくはまったく行使できない。ベーシックインカムは、この問題を完全に、あるいは適切に解決できるとは言わないまでも、人々が時間の使い方をコントロールする力を拡大できる。たとえば、ベーシックインカムにより経済的なプレッシャーが弱まれば、家族や地域コミュニティとの時間を犠牲にして長時間働いたり、社会生活の妨げになるような時間帯に働いたりせずにすむようになる。時間の使い方に関する格差は、すべての人にとって重大な問題だ。

## 経済的な安全——不確実な生活という脅威

安全を欠くことは、貧困より悪い。

——孔子

ベーシックインカムを実現させるべきもう一つの大きな理由は、それにより基礎的な安全を保障できるという点にある。それも、ほかの方法よりも質の高い保障を継続的に提供できる。古代ギリシャの哲学者アリストテレスは、安全を欠いていなければ自由とは言えないと述べた。確かに、あまりに安全すぎると、人は軽率に行動したり、怠惰になったりしかねない。しかしその半面、基礎的な安全の保障がなければ、人は合理的な行動を取れない。少なくとも、人にそのような行動を期待するのは無理がある。孔子とアリストテレスは、安全の欠如に言及したとき、念頭に置いていた欠如の度合いがそれぞれ違ったようだ。

それはともかく、ベーシックインカムを支持する論拠としては、貧困の根絶より、経済的な安全の保障のほうが重要だろう。マーチン・ルーサー・キング牧師は、一九六七年の著書『黒人の進む道』（邦訳・明石書店）で、経済的な安全のいくつかの側面について明晰に述べている。

多くの人が経済的な安全を得られるようになれば、必然的にさまざまな好ましい心理的変化が生まれる。人が自らの人生について自分で決めることができ、安定して収入を得られると安心でき、自己改善を目指すことが可能だと思えるとき、その人の尊厳が花開く。人間の価値が金銭で測られるという不正義に終止符が打たれれば、夫婦や親子のいさかいも解消する。(15)

二〇世紀型の福祉国家は、国民が保険料を拠出する社会保険制度により、人々の安全を脅かす特定のリスクを減らそうとしてきた。工業中心の経済では、病気、職場での事故、失業、障がいなどのいわゆる「偶発的リスク」の発生確率を保険的手法により推計できる。そのため、多くの人にとってまずまず機能する社会保険制度を設計することができた。

しかし、第三次産業中心の経済では、そうはいかない。有期のパートタイムの職を転々とし、就業時間外や職場外で仕事に関連することをしばしば無給でおこなう人が増えた結果、旧来の福祉国家的な方法では基礎的な安全を保障できなくなった。保険料を負担できる人が減り、給付の対象になる人も減っている。しかも、この種の制度につきものの不正受給（福祉受給のために所得を隠したり、そのほかの受給条件について嘘偽を報告したりする人は必ずいる）に対する世論の反発を受けて、政府は受給者の私的なことがらへの介入を拡大し、不正受給への制裁も強めてきた。

しかし、社会保険モデルが機能しなくなりつつある最大の理由は、人々の経済的な安全を脅かす要因が二〇世紀半ばとは根本から変わったことにある。今日の社会で広がっている慢性的な不安定は、リスクではなく、不確実性がその原因になっている。経済学者がよく言うように、不確実性はリスクとは違う。不確実性とは、「知らないことを知らない」状態のことだ。

不確実性は、「レジリエンス」を蝕む。レジリエンスとは、人生で経験するショック（本人が選択したわけではない過酷な出来事）やハザード（結婚や出産、死など、コストとリスクをもたらす、通常のライフサイクル上の出来事）に対処し、そのダメージを埋め合わせ、そこから立ち直る力のことだ。人はこのようなショックやハザードに関して、何が自分にとって好ましく、好ましい結果を得るためにどうすればいいかわからない。また、悪い結果が降りかかったときに、どのように行動するのが最善なのかもわからない。おそらく、「最善」と呼ぶに値する状況がそもそも存在しないからだ。リスクは、数値化できるので保険によって対処できるが、不確実性は、そうした方法では対処できない。ベーシックインカムは、ある程度の安全をあらかじめ提供することにより、不確実性の重圧を和らげ、ショックやハザードが経済的危機に発展する確率を減らすことができる。

アメリカの中央銀行である連邦準備制度理事会（ＦＲＢ）によれば、アメリカの家庭の半分近くは、非常事態に見舞われたとき、借金をするなり財産を売り払うなりしなければ、四〇〇ドルのお金も確保できない、もしくは、どう頑張ってもそれだけの金額を調達できない。[16]この状況が具体的に何を意味するかは、次の文章を読めばよくわかる。

自動車のタイヤ交換は、わたしにとっては別に難しいことではない。近くの業者まで行って、そこで交換してもらえばいい。しかし、ジェイリーンは貯金をする余裕がなく、一一〇ドルの蓄えもなかった。タイヤ交換ができず、出勤できなかったジェイリーンは、解雇されてしまう。そして、収入を失い、家賃を支払えなくなって、ほどなく路上生活をするようになった。すべては、必要なときに一一〇ドルを用意できなかったせいだ。わたしは貧困者向けの炊き出しのボランティアをしていたとき、ジェイリーンからこの話を聞いた。それが決め手になって、わたしはベーシックインカムを支持するようになった。(17)

ベーシックインカムは、すべての人に安全を保障する手段として考えた場合、ウィリアム・ベヴァリッジ(第二次世界大戦後のイギリス)やオットー・ファン・ビスマルク(一九世紀ドイツ)の系譜に連なる社会保険型の制度より優れている。今日、社会保険からこぼれ落ちる人は増える一方だ。プレカリアートやそれに近い状態の人たちは、収入が安定せず、社会保険料を十分に納付できない場合が多いからだ。また、ベーシックインカムは、資力調査をともなう(つまり貧困者のみを給付対象とする)既存の福祉制度よりも人々に安全をもたらすことができる。資力調査型の福祉制度は、制度自体に不確実性があるため、事前に安全を提供することができない。具体的に言うと、受給資格が剝奪されるケースが非常に多く、捕捉率も低い。福祉受給にともなう恥辱感が原因で、資格があっても申請しない人もいる。

福祉国家が最盛期だった頃に比べると、今日の経済では、経済的な安全の喪失がシステムに深く根を張っている。福祉国家が機能していた頃の経済は、国内で完結する面が比較的大きく、テクノロジーの変化は漸進的で、製造業の雇用が多かった。それに対し、グローバリゼーションが進んだ経済では、世界のどこかでくだされる予想外の決定による影響を免れられない。自分たちがコントロールできない決定により、雇用や地域の生産活動が直接的な打撃をこうむる場合もある。グローバリゼーションの影響に加えて、テクノロジーの変化が加速したことにより、社会と経済が土台から揺さぶられるようになった。そのうえ、労働市場で雇用主に柔軟性を与えるために、雇用の安定を意識的に犠牲にするような労働政策も採用されはじめた。

このような変化の結果、悪いことが起きた場合のリスクとコストがますます労働者や一般市民に押しつけられるようになった。しかも、低賃金労働がまかり通っている状況では、持続不可能な重い債務を負っている人も多く、そのような人たちはショックやハザードへの対処能力が低く、その打撃から立ち直ることも昔より難しくなった。労働市場の変化とグローバリゼーション、テクノロジーの進化により社会階層の固定化が進んでいるためだ。

この二〇年ほど推し進められてきた社会政策改革は、人々の経済的な安全を高めず、逆に状況を深刻化させてきた。不確実性を拡大させ、人々のレジリエンスを弱めてしまったのだ。資力や行動の調査をおこなう福祉制度への移行、不正受給に対する制裁の強化、給付手続きに要する時間の長期化などにより、人々がさらされる不確実性が増大している。ほとんどの人は、自分では受給資格があると思っていても、実際に受給できるのか、受給し続けられるのか確信が持てない。新しいアプローチが必要だ。

全員に無条件の給付が約束されるベーシックインカムは、資力や行動の調査をともなう制度より、人々に心理的な安心感を与えられる。人は安心できれば、精神が安定する。親の精神の安定は子どもたちの精神を安定させ、子どもたちの精神の安定は友人たちの精神の安定につながる。

## リスク、レジリエンス、精神の「帯域幅」

新自由主義者とリバタリアン（自由至上主義者）は、国が基礎的な安全を保障することにほとんど関心を示さない。しかし、それは人間にとって欠かせないものだ。最近の研究によれば、基礎的な安全が確保されていないとき、肉体のみならず、精神の健康も蝕まれる。さまざまな心理的問題の引き金が引かれたり、知的判断力が弱まって、いわば「精神の周波数帯域」が狭まってしまう。[18] お金や食べ物など、生きていくために不可欠なものを確保できなかったり、確保できないのではないかと心配したりすると、日々を生き抜くための奮闘に精神的エネルギーの多くが消費される。その結果、問題解決能力が低下し、意志決定の質が落ちる。また、安全を欠いている人は自尊心が弱まり、本人や周囲の人たちがその人に対していだく期待も小さくなる。[19]

人は、慢性的に安全を欠いている場合、賢明な行動を取ったり、合理的で適切な選択をしたりできない可能性がある。その傾向は、戦略や長期計画に関してとりわけ強くあらわれる。この点を考えると、責任ある行動や「適切な」行動を取れる人だけが福祉給付や支援を受ける資格があるという主張は、本末転倒と言わざるをえない。

ベーシックインカムが精神の健康に及ぼす影響のなかには、対人関係面の効果も含まれる。経済的なストレスが軽減されれば、対人関係のバランスが取れるようになり、緊張が弱まるのだ。アメリカ先住民のチェロキー族の子どもたちを対象にした研究によると、先住民保留地のカジノの売り上げから定期的にお金を受け取っている家庭では、お金の問題などでの夫婦喧嘩が少なく、子どもたちも不安や行動障害に悩まされることなく、学校の成績もよく、犯罪に走る割合も低かった。[20]

ベーシックインカムは、レジリエンスを強める効果もある。ナシーム・ニコラス・タレブは、めったに起きない出来事（「ブラック・スワン」と呼んでいる）によるショックへの対処に関して「反脆弱性」という考え方を提唱している。[21] 要するに、ショックを避けようとしすぎるのは誤りだというのだ。経済システムを機能させるために必要なのは（主にテクノロジーの変化による）、穏やかな不安定と混乱、そして、人々がショックに対処できるようにするためのメカニズムだと、タレブは主張している。

たとえば、大企業の安定した職に就いているように見える人は、現在の職への依存心をいだきやすい。そのような人が職を突然失えば、大きなショックに見舞われかねず、心理面と経済面の打撃は計り知れない。それに対し、皮肉な話だが、安定の乏しい職に就いている人は、同様の経験をしたときの打撃が比較的小さい。穏やかな不安定は、人々にショックへの準備をさせ、対応力を持たせることができるのだ。しかし、その不安定は、あくまでも「穏やか」なものでなくてはならない。その意味で、基礎的な安全を保障することには、人々のレジリエンスを強化する効果がある。

基礎的な安全を保障することには、人々に集団行動を促す効果もある。[22] たとえば、基礎的な安全が保障されている人は、「労働組合に加入するな」という脅しに屈する必要がない。[23] この点は、誰もが納得できるだろう。ベーシックインカムは、真の労働組合運動を活性化できるのかもしれない。それは、賃金の上昇にもつながるはずだ。政治的右派はこの可能性に神経を尖らせるかもしれないが、経済的な安全を感じている人物は、交渉相手として合理的な判断を期待できるという利点もある。

自己決定の力と基礎的な所得の保障は、互いに支え合う関係にある。片方が欠ければ、もう片方も実現しない。現状では、このいずれも持っていない人があまりにも多い。

## 「よい社会」への道

権力、地位、資産の面で甚だしい不平等が存在しているときに、あたかも平等が確保されているかのような建前が主張されれば、激しい怒りの土壌が生まれる。無力感、屈辱、嫉妬、疎外感、無関心は、不健全な政治的衝動を生み出し、「時計の針を戻す」と約束する政治家への支持に火をつける。経済的勝者たちがこのような現象に大騒ぎするのは白々しい。彼らはこれまで、所有権の強化、自分たちを潤わせる補助金の劇的な拡大、資本と利益と不労所得への減税などを支持し続けてきたのだから。

しかし、ベーシックインカムを導入したり、導入を目指すと約束したりすれば、人々の経済的な安全を高め、貧困と不平等を緩和できる可能性に現実味が感じられるようになる。「勝者総取り」の社会に終止符が打たれたというメッセージを発信できるのだ。

ただし、ベーシックインカムによって貧困を根絶できると考えるのは楽観的すぎる。大きな前進を果たせることは確かだが、効果を過大評価せず、ほかの政策をあわせて実践することにより、もっと大きな成果を目指すことを忘れてはならない。貧困と不平等を緩和するためには、ベーシックインカムを適切に設計し、実施することに加えて、障がい者のように、生活のコストが高くならざるをえない人たちへの追加の支援などの社会政策と組み合わせることがとくに効果的だ。

ベーシックインカムが経済的な安全の問題をすべて解決できるではない。それでも、基礎的な安全の保障とコミュニティへの帰属意識を持つ人を大幅に増やせる可能性がある。この点は、「よい社会」を築くうえで重要なことだ。

所得面の貧困を根絶するというのは素晴らしい目標だが、ベーシックインカムはそれを目指すものではない。この政策は、ほかの価値ある目標、すなわち、社会正義、自由、平等、安全の保障を実現することを目的としている。ベーシックインカムを導入すれば、これらのすべての面で前進できる。給付額が少なくても効果はあるが、金額が多いほど効果も大きい。

ベーシックインカムが実現すれば、人々の基本的な考え方が変わる。安全を手にした人は、自分や家族、コミュニティの生活を向上させたいという欲求と、自然界の豊穣と美を守る必要性の間のバランスを取れるようになる。基礎的な安全が保障されることの価値は、きわめて大きい。特権を握る支配層がほかの人たちの安全を奪うことによって利益を得ることを許さず、「よい社会」を築きたいと願うなら、すべての人に安全が約束される社会を築くべきだ。自分が欲しいものを他人が持つことを願うのは勇気のいることだが、ベーシックインカムはそのような制度である。

# 第5章

# 経済的議論

ベーシックインカムを導入すべき主たる理由は社会正義と自由と安全だと、わたしは考えているが、経済面での利点も多い。経済成長を後押しし、持続させられること、景気循環の波を小さくできること、テクノロジーの激変により大規模失業が発生した場合に失業者を保護できることなどである。

## 経済成長

ベーシックインカムは、経済成長にどのような影響を及ぼすのか？　経済成長は必ずしも好ましい側面ばかりではないが、すべての人にベーシックインカムが給付されれば、経済成長にいくつかの好影響が及ぶ。経済に流れ込む金が増える結果、総需要が増加し、（深刻な供給制約がない限り）

経済成長が加速する。たとえベーシックインカムがほかの政府支出の削減によってすべてまかなわれ、政府支出の総額が変わらないとしても、需要を拡大させる効果がある。ベーシックインカムは、低所得層の購買力を高めるからだ。低所得層は高所得層に比べて、受け取った金を消費に回す傾向が強い。

同じ理由により、ベーシックインカムによる成長は、総需要を刺激する政策にしばしばついて回る「国際収支の天井」を回避できる。高所得層は輸入品や海外旅行などにお金を使う傾向があるのに対し、低所得層は「贅沢」な輸入品よりも地元の製品やサービスにお金を使うので、経済成長とともに国際収支の赤字が持続不可能な水準まで積み上がる危険が比較的小さいのだ。

ベーシックインカムが導入されて、経済に流れ込む金が増えれば、インフレが起きるという指摘がある。詳しくは次章で改めて論じるが、そうした主張は一面的と言わざるをえない。資金量が増えて需要が刺激されれば、おそらくモノやサービスの供給も増えるからだ。供給が増えれば、雇用が増える可能性がある。そうなれば、所得が増えて人々の支出力が高まり、乗数効果を通じてさらに生産が拡大するかもしれない。

人々の支出力を高めることは、先進諸国の大きな関心事になっている。人々の所得の伸びが生産力の伸びに追いついていないからだ。昔は、生産性が向上すれば実質賃金（インフレ調整済みの賃金）が上昇し、総需要（要するに消費の量）が拡大した。しかし、今日の経済ではこの図式が当てはまらない。生産性が向上しても賃金が上昇せず、成長が鈍化しているのだ[1]。

今日の開放経済の下では、昔のような生産性交渉を通じた所得政策がきわめて難しくなっている。そもそも、そのような取り組みが盛んにおこなわれていた一九六〇年代当時も、成果が上がる場合ばかりではなかった。一方、今日は昔よりも、賃金の停滞や下落に苦しむ家庭が借金をしやすい。その結果、債務バブルが発生して、やがてそのバブルが弾けて大打撃が生じる危険も大きくなっている。二〇〇七〜〇八年の世界金融危機の引き金を引いたのも、そうした現象だった。今後、再び同じことが起きても不思議はない。その点、ベーシックインカムは、高い水準の総需要を維持しつつ、経済の脆弱性を軽減できる。

見落とされがちだが、ベーシックインカムが中小企業や起業家にも好ましい影響を及ぼすことは間違いない。[2] 経済的な安全が確保されれば、人はリスクをともなう起業に前向きになる。失敗した場合にも、当てにできる収入があると思えることの効果は大きい。途上国では、ベーシックインカムと現金給付が起業を後押しすることがわかっている。[3] インドのマディヤ・プラデシュ州でおこなわれた実験でも、ベーシックインカムと起業の間に強い関連が見られている。[4] 先進国では、起業の夢を持っている人だけでなく、不本意ながら自営業やフリーランスで働いている人にも安全を提供できる。さらには、人々が仕事のためのトレーニングを受けたり、就職先を決めたりするときに、「食い扶持」を稼げる可能性が高い分野よりも、自分の適性や意欲に合う分野を選びやすい状況をつくり出せる。そうなれば、人材が適切な職に振り向けられ、人々の仕事に対する熱意も高まって、生産性が向上する。アメリカでは、従業員のやる気不足による生産性低下

が原因で、推定約五〇〇〇億ドルが失われているという。(5)

ベーシックインカムは、賃金労働から、それ以外のさまざまな活動への移行も後押しできる。具体的には、子どもやお年寄りの世話をしたり、ボランティア活動や地域コミュニティの活動に参加したり、自己啓発のために時間を割いたりしやすくなる。また、雇用拡大のためだけに新規雇用を創出する必要性も減る。雇用対策のために、資源を枯渇させたり、地球環境を汚したりする業種の仕事をつくらなくてすむのだ。この二つの点において、ベーシックインカムは、環境面と社会面でより持続可能性の高い経済成長を促すと言える。

## 自動安定化装置としての役割

伝統的なケインズ経済学では、福祉国家の仕組み、とくに社会保険制度は、景気循環の波を小さくするための安定化装置の役割を果たしていた。景気がよく、インフレ圧力が高まってくると、支援の必要な失業者が減る結果、たいてい福祉給付のための公的支出が減り、景気の過熱にブレーキがかかった。逆に、景気後退期には、失業手当やその他の福祉給付が増え、需要が刺激され、雇用回復が後押しされた。

しかし、既存の福祉制度は、マクロ経済の自動安定化装置としての力が弱まっている。資力調査など条件つきの支援への移行が容赦なく推し進められるにつれて、社会保険の規模が縮小しているためだ。しかも、新自由主義思想に基づく財政緊縮策、すなわち財政均衡と政府債務削減のために歳出削減を目指す政策により、政府は景気後退期にも意識的に支出を減らすようになった。その点、シンプルなベーシックインカムを導入するだけでも、ある程度の自動安定化装置になる。景気後退期の人々の支出力を高められるからだ。

わたしは以前、重層型のベーシックインカムを提案したことがある。[6] ささやかな固定額のベーシックインカムに加えて、「安定化」のための給付金を上乗せして給付するというアイデアだ。上乗せ部分の金額は、経済の状態によって変える。具体的な金額は、独立した委員会に決めさせるのが好ましいだろう。これは、中央銀行の政策金利決定のための委員会と同じような位置づけと考えればいい。

この仕組みは公正性も高い。雇用が多いときは、高所得の職に就く機会が比較的多いので、給付金を少なく抑えることが理屈に合う。一方、景気後退期に給付金を増額することは、「機会所得」の減少を埋め合わせる効果がある。

それに対し、既存の社会的扶助の仕組みは、雇用が少ない景気後退期に、失業者に職探しを要求する。しかし、まじめに職探しを続けていることを証明するよう求めれば、実質的に受給者の所得を減らしてしまう。職探しは時間とお金とやる気を消耗するし、雇用の少ない状況で職探しに励んでも報われない可能性が高いからだ。

求職活動の証拠を要求しない安定化給付金制度には、三つの利点がある。経済の自動安定化装置の役割を果たせること、政府が受給者の私的なことがらに介入せず、受給の可否が恣意的に決められないこと、そしてもう一つは、政府の予算を節約できることだ。弱者である受給申請者を審査したり、制裁を加えたりするために、予算を費やさずにすむ。

興味深い例がある。二〇〇七〜〇八年の金融危機のとき、オーストラリア政府は、年金生活者、ケア提供者、低所得世帯の子どもを対象に、一〇〇〇オーストラリア・ドルを超える一回限りの給付をおこなった。世帯消費を増やすための戦略の一環だった。この政策は実を結び、オーストラリアは大半の先進国と異なり、金融危機後に景気後退を免れることができた。この給付金は一部の人だけを対象とするもので、ベーシックインカムそのものではないが、何百万人もの人に現金を配ることが景気刺激策として有効であることを実証している。(7)

## 金融機関のための量的緩和から、人々のための量的緩和へ

二〇〇七〜〇八年の金融危機後の景気後退を受けて、日本を皮切りに、多くの国でデフレ脱却を目指す金融政策が導入された。量的緩和策（ＱＥ）である。しかしこの時期は、とりあえず短期間でもベーシックインカムを導入するチャンスだった。アメリカの連邦準備制度理事会（ＦＲ

B)、日本銀行、イングランド銀行、欧州中央銀行(ECB)などの中央銀行は、量的緩和策の下、莫大な量のドルや円やポンドやユーロを金融市場に流し込んできたが、経済成長を促進するという目的が十分に達成されているとは言えない。

その莫大な資金のごく一部でもベーシックインカムに振り向けていれば、もっと経済成長を促進できただろう。この政策は、貧困層より富裕層を潤すという心配も少なく、予算面でも明らかに実現可能性があった。さまざまな経済学者がそのような選択肢を提案していた。[8] アメリカのFRBが量的緩和につぎ込んだ四兆五〇〇〇億ドルがあれば、アメリカのすべての世帯に五万六〇〇〇ドルずつ配布できた。イギリスでは、イングランド銀行が費やした三七五〇億ポンドがあれば、合法的居住者全員に、週五〇ポンドのベーシックインカムを二年間配れた。しかし実際は、量的緩和策が実行されて大口投資家が潤い、所得格差が拡大し、年金制度の資金不足に拍車がかかっただけだった。[9]

経済成長を促すために人々に直接お金を配るというアイデアは、アメリカの経済学者ミルトン・フリードマンが一九六九年の論文で提案していた。[10] フリードマンはその考え方をわかりやすく説明するために、ヘリコプターからドル紙幣をばらまき、人々に拾わせるという比喩を用いた。お札を刷って国民にばらまく「ヘリコプター・マネー」は、アメリカの債券投資家ビル・グロスや経済ジャーナリストのマーティン・ウルフなども提唱している。

しかし、ヘリコプター・マネーという言葉は、空から降ってくるドル札を手に入れようと人々がひしめき合い、速くて強い人ほど多くを手に入れるというイメージを与えてしまう。このような弱肉強食的な状況を想像して平然としていられるのは、リバタリアン（自由至上主義者）くらいだろう。すべての人が平等に持つ権利としてベーシックインカムを導入し、ささやかな金額を定期的に給付するほうが、公正で効率がいい。

## ユーロ配当

欧州連合（ＥＵ）諸国で関心を集めている斬新な提案がある。哲学者のフィリップ・ヴァン・パリースが唱えている「ユーロ配当」だ。すべてのＥＵ住民（合法的居住者を念頭に置いているようだ）に月額二〇〇ユーロを配るという提案である。(11) 財源は、二〇％の付加価値税を財源にするという。給付の総額は、ＥＵのＧＤＰの約一〇％に相当する。

ＥＵは現在、アメリカには少なくともある程度存在している二種類の経済安定化メカニズムを欠いている。一つは、地域によって経済発展の度合いに違いがあるとき、労働者が容易に移動できること。ＥＵでは、加盟国の増加にともない、越境移住が増えてはいるものの、一部の政治家や批評家の大げさな主張とは異なり、越境移住は言語やその他の障壁によって阻害されているのが現状だ。もう一つの安定化メカニズムは、地域間で半自動的に資金が移動することだ。アメリカでは、ある州の景気が冷え込めば、福祉給付というかたちで連邦政府からその州に流れ込む資金が増加し、逆にその州から連邦政府に流れる税収が減少する。これが安定化の仕組みとして機能しているのだ。

ユーロ配当は、後者の安定化メカニズムをつくり出し、低所得地域からの人口流出を抑制できる。そして、この給付金が導入されれば、ヨーロッパ統合がもたらす恩恵のわかりやすい象徴にもなる。単一市場と官僚主義的規制がＥＵのすべてではないという重要なメッセージを発信できるだろう。

## ＡＩロボット時代への準備

近年、ベーシックインカムへの関心が高まっている一因は、（どのくらいその考え方が妥当かはさておき）遠くない将来、ＩＴ革命とオートメーションとロボティクスの影響により、人間の雇用の多くが失われ、大規模な「テクノロジー失業」が発生するという見方が広がっていることにある。マーティン・フォード、ニック・スルニチェクとアレックス・ウィリアムズ、ポール・メイソンといった論者は近年の著作で、雇用なき未来にはベーシックインカムが不可欠になると主張している。(12) シリコンバレーの実力者やテクノロジー業界の大物たちが続々とベーシックインカム推進派になっているのも、この点を案じているからだ。

大物債券投資家のビル・グロスも、ロボットによる「仕事の終焉」に備えるためにベーシックインカムが必要だと主張している(13)。二〇一六年七月には、フェイスブックの動画配信「フェイスブック・ライブ」の討論会がホワイトハウスで開かれ、オートメーションとベーシックインカムについて話し合われた。しかし、大統領経済諮問委員会はこの年の一二月に発表した報告書で、ベーシックインカムのアイデアを退けている。おそらく、その半年前に同委員会の委員長が否定的な発言をしたこと(第4章参照)を受けてのことだろう(14)。

テクノロジー失業論を主張する論者の一人であるサービス従業員国際労働組合(SEIU)のアンディ・スターン前議長は、労働組合の有力指導者のなかでベーシックインカム支持を表明した最初の人物と言えるだろう(15)。アメリカを中心に大きな話題を呼んだ二〇一六年の著書では、株主価値重視の風潮の下、すべての雇用の五八%がいずれ自動化されるとの予測を示した。アメリカのメディアグループ、ブルームバーグの取材に対して、スターンはこう述べている。「自動車産業や鉄鋼業が凋落したときとは話が違う。一つの産業が打撃をこうむるだけではなく、影響はもっと広い範囲に及ぶ。もはや嵐という比喩では足りない。大洪水に襲われるような経験が待っている(16)」

しかし、雇用のない未来、もっと言えば、仕事をする必要のない未来がやって来るという予測は鵜呑みにできない。この種の考え方は、「労働塊の誤謬」と呼ばれる誤解の最新版と見ることができる。要するに、労働や仕事の総量は一定であり、ＡＩロボットによって自動化される仕事が増えれば、その分だけ人間の労働者が職にあぶれる、という思い込みをしているのだ。実際には、全面的に自動化される仕事はごく一部にすぎない。アメリカの雇用の半分近くが自動化により消滅するという研究報告はよく知られているが[17]、この主張には異論も多い。たとえば、経済協力開発機構（ＯＥＣＤ）によれば、自動化により消滅する「リスクにさらされている」職は、先進国の場合、全体の九％にとどまるという[18]。

そうは言っても、仕事の性格が変わることは避けられない。しかも、変化はきわめて急速に進む。雇用のない未来、ましてや仕事をする必要のない未来が訪れる可能性は小さいとしても、テクノロジー革命が不平等をいっそう深刻化させていることは事実だ。強力な企業とその所有者たちがテクノロジーの恩恵の多くを手にし、所得分配の面で富裕層の取り分がいっそう増える逆進的な結果が生まれている。この点を考えると、新しい所得分配システムの必要性はひときわ大きい。その新しいシステムの土台を成すのはベーシックインカムであるべきだと、わたしは考えている。この点については、第12章で再び論じたい。

テクノロジーの飛躍的な進化が呼び寄せる「第四次産業革命」の激震は、これまでに起きた経済の地殻変動――主に低スキルの肉体労働者が打撃を受けた――より広い範囲に及ぶように見える[19]。あらゆるレベルの雇用と職種が影響を受けつつあり、不確実性が広がり、経済的な安全を得られない人が大きく増えはじめている。この点もベーシックインカムを導入すべき理由の一つだ。

社会がなんらかのかたちで不確実性をコントロールし、経済的な安全を取り戻そうとする場合、これ以外に実現可能な手立ては考えられない。

エコノミスト誌によれば、大規模なテクノロジー失業が起きればベーシックインカムが必要になるかもしれないが、まだそのような段階は訪れていないという。「ベーシックインカムが必要とされるような問題は、まだ現実化していない」というのだ。[20] これはベーシックインカムの最大の意義をテクノロジー失業対策とみなす主張だが、すでに述べたように、推進派のほとんどは別の理由でこの制度の導入を求めている。経済的な安全や社会正義や自由が欠如している状況を(完全にとは言わないまでも）是正する役割を期待しているのだ。

多くの意見が一致するのは、テクノロジーの変化による大量失業が必ず起きるとは言えないが、いずれそうなる可能性を完全には排除できない、という点だろう。それに、テクノロジーの変化により不平等がさらに拡大し、予想もつかないような激変が起きることはほぼ確実だ。その結果として、まったく落ち度のない大勢の人が打撃をこうむるだろう。いまベーシックインカムを導入することは、予想される不平等と破壊への公正な対応策を早目に整えておく方策として理にかなっている。

新興企業を育成するインキュベーター企業、Yコンビネーターは、ベーシックインカムの試験プロジェクト（第11章で詳しく紹介する）に資金を拠出している。同社のサム・アルトマン社長によれば、雇用なき未来が訪れた時代にベーシックインカムが給付された場合、人々がどのような反応を示すかを明らかにすることが狙いだという。ブルームバーグの取材に対して、こう述べている。「テクノロジーが旧来の雇用を奪い続ける一方で、莫大な富が新たに築かれるなか、いずれ全米規模でなんらかのベーシックインカムが導入される日が来ると、わたしは確信している」[21]。別のインタビューでは、その時期は「二〇年以上先」だが、「一〇〇年はかからない」との見通しも示している。[22]

とはいえ、差し当たり問題なのは、人間の仕事が突如消滅することよりも、所得分配に深刻な不平等が存在していることだ。いま起きているテクノロジーの変化は、有給の労働に大きな打撃を与え、一部の職を消滅させつつあるが、歴史上はじめて人間のすべき仕事を増やしているテクノロジー革命と言えるかもしれない。[23] しかし、テクノロジーの変化が所得の不平等を拡大させていることは否めない。インターネットのワールド・ワイド・ウェブ（ＷＷＷ）の生みの親であるティム・バーナーズ＝リーは、テクノロジーがもたらす大規模な不平等を是正する手段としてベーシックインカムを支持すると述べている。[24] 著名な物理学者・天文学者のスティーブン・ホーキングも、同様の理由でベーシックインカムを提唱している一人だ。[25] 国際通貨基金（ＩＭＦ）のシニアエコノミストたちも、テクノロジーが原因の不平等が拡大すれば、「資本課税を財源にベーシックインカムを導入する利点が明白になる」と結論づけている。[26] ベーシックインカムは、テクノロジーの進歩がもたらす恩恵をすべての人に行き渡らせるための手立てにもなりうるのだ。

## 経済面のフィードバック効果

ベーシックインカムは、きわめて大きな経済面のフィードバック効果を生む可能性もある。その点を考慮に入れると、この制度の実質的なコストは大幅に下がる。たとえば、現金給付プログラムやベーシックインカムの試験プロジェクトのデータによれば、現金を配るプログラムには、子どもや赤ちゃん、そして病人や障がい者（家計のやりくりの際に支出の優先順位が低くなりがちな人たちだ）の栄養状態と健康を改善する効果がある。カナダで高齢者への年間所得保証プログラムの影響を七年間にわたって調べた研究では、受給者が食料を確保できる確実性が高まり、健康状態も改善していることが明らかになった。[27] アメリカ政府が実施した最初の福祉プログラムである「母親年金」（一九一一～三五年）の申請者の子どもたちを追跡調査した研究でも、同様の結果が得られている。申請が認められた母親の子どもは、却下された母親の子どもに比べて、早死にせず、充実した教育を受け、発育不良になる確率が低く、成人後の所得も多かったのだ。[28]

精神の健康に好ましい影響が及ぶという強力な証拠もある。カナダの実験（厳密に言えば、ベーシックインカムそのものではなく、それに類似した試みだった。詳しくは第11章参照）では、事故やけがに加えて精神疾患による入院件数を減らす効果が見られた。[29] 第4章で述べたように、アメリカ先住民のチェロキー族では、定期的にお金を配られた家庭の子どもたちは情緒面と行動面の問題が少なく、親たちもパートナーの薬物・アルコール使用の問題を報告するケースが少なかった。[30] こうした好影響は、医療や刑事司法、社会的支援にかかる費用など、ベーシックインカム以外の公的支出を減らす場合が多い。

不平等や経済的な安全の欠如に関して十分に指摘されていない問題の一つは、心身の健康に及ぶ悪影響だ。それは、本人にも社会にも大きなコストを生み出す。ベーシックインカムは、そのコストを劇的にとは言わないまでも、確実に減らすことができる。

# 第6章

# よくある批判

激しく吠え続ける狂犬のようなアイデアだ。
――ジョン・キー（ニュージーランド首相、2015年2月）

これほど荒唐無稽なアイデアは、ほかにほとんど聞いたことがない。
――ビャルニ・ベネディクッツォン（アイスランド財務・経済相、2016年9月）

昔から、ベーシックインカムに対して唱えられる批判のパターンは決まっている。それらの批判は、根拠を示して反論しても繰り返し主張されてきた。そのうち、財源の問題については次章で、労働力供給と仕事にまつわる問題については第8章で詳しく論じる。本章では、主にそれ以外の批判を順不同で見ていきたい。

## ハーシュマンの三つの法則

偉大な政治経済学者のアルバート・ハーシュマンは、著書『反動のレトリック』（邦訳・法政大学出版局）で次のように指摘している。大がかりで新しい、少なくともその時点で新しいとみなされる社会政策が提案されると、最初は三つの理由による反対論が唱えられるというのだ。その三つの反対理由とは、不毛（うまくいかない）、逆効果（思いがけない悪い結果を招く）、危険（ほかの重要な目標を損なう）である。[1]

アメリカで二〇世紀初頭に失業給付が提案されたときも、一九三〇年代に家族給付と公的年金が提案されたときも、この三つの理由による反対論が持ち上がった。しかし、いずれの場合も、制度が導入されて数年も経つと、批判は消え去り、当然の制度だと考えられるようになった。ベーシックインカムに対する以下のような批判も、いずれ同じ運命をたどるのではないか。

## 「現実離れしている。前例がない」

これまでどこでも導入された例がないということは、「根本的な欠陥がある」に違いないと主張する論者もいる。エコノミスト誌もそうした趣旨のことを書いている。しかし、それを言うなら、過去に採用された新しい政策はすべて、それまで前例がなかった。この一点をもってしても、「前例がないから、欠陥があるに違いない」という主張は理屈に合わない。

ベーシックインカムに関して言えば、この種の批判には二つの反論が可能だ。まず、人々に経済的な安全を保障するための方策は、ベーシックインカム以外すべて二〇世紀に試されたが、いずれも期待されたような成果を上げられていない。それに、これまではベーシックインカムを導入するための制度上・技術上の条件が整っていなかったのだ。

## 「予算面で実現不可能だ」

これは最もよくある批判だが、複雑な議論になるので章を改めて詳しく論じたい。もし、本当に予算面で実現不可能だとすれば、このアイデアについて考えても意味がない。しかし、十分な検討なしにこの種の批判に飛びつき、推進派の知性を疑う発言をしたり、「簡単な算数もできない」というレッテルを張ったりしている論者があまりにも多い。

予算面で実現不可能だと主張する人たちには、次の問いを投げかけたい——もし、予算面で実現可能性があると立証されれば、あなたはベーシックインカムを支持しますか？　財源を理由に挙げて反対している人たちは、本当はもっと別の理由で、もしかすると堂々と胸を張れないような理由で反対しているのかもしれない。

## 「福祉国家の解体につながる」

これは、政治的左派や、パターナリスティック（父権的干渉主義）な社会民主主義的福祉国家を守りたい人たちがよく主張する批判だ。もう一度確認しておこう。ベーシックインカムを導入したからといって、必然的に公共サービスの解体や既存の福祉給付の廃止が求められるわけではない。一部のリバタリアン（自由至上主義者）の推進派がそのような主張をしているだけだ。ベーシックインカムは、新しい所得分配システムの土台として、ほかの必要な公共サービスや福祉給付と併存させればいい。

イギリス労働党がロンドンのある自治区の区長候補に指名している人物（本稿執筆時点）は、「市民所得トラスト（CIT）」のメンバーの質問に対して、ベーシックインカムについての考えを述べている。その内容は、にべもないものだった。

興味深いが、本質的には保守党的なアイデアだ。福祉国家の機構を取り除くことを目指しており、それが実現すれば、経済の需要を牽引している公共部門の雇用が削減されることになる。もう一つ気がかりなのは、インフレを引き起こす点だ。安定した職に就いている人は所得の上乗せを受けられるという利点があるが、インフレが起きれば、貧困層の状況は結局変わらない。(2)

インフレについてはあとで論じるとして、もう一つの懸念材料である「公共部門の雇用」とは、どのような職のことなのか？　この区長候補者が言いたいのは、福祉給付の審査をおこなう低賃金の公務員たちの雇用のことなのだろう。それは、申請者の私生活に踏み込み、資力基準に照らして給付に「ふさわしい」人物かを審査したり、給付条件どおりに行動していることを立証するための屈辱的な面談に五分遅刻しただけで処罰したりしている人たちだ。こうした公務員たちは、自分たちの時間やエネルギー、スキルをもっと有意義なことに使うべきではないのか？　この区長候補者のような政治家は、庶民への福祉給付を否定しようとする人たちの雇用を守るために、庶民に基礎的な保障を提供することを拒んでいるに等しい。

福祉国家の解体につながるという理由でベーシックインカムに反対する人たちは、なんらかの社会保険制度を支持している場合が多い。これはなんとも皮肉な話だ。思い出してほしい。社会保険制度を最初に導入した人物は、福祉国家の支持者が信奉する政治イデオロギーに強硬に反対していた政治指導者だった。その人物とは、一九世紀にドイツ帝国の首相を務めたオットー・フォン・ビスマルクである。ビスマルクは社会主義者を弾圧し、その指導者たちを都市から追放させた。ベーシックインカム推進派を社会主義の敵と決めつけ、それを理由にベーシックインカムに反対するのなら、その人たちは福祉国家の根幹を成す制度にも反対しなければ筋が通らない。それらの制度も、社会主義の敵が推進した制度なのだから。

第4章で述べたように、ビスマルクやウィリアム・ベヴァリッジが確立した社会保険モデルは、柔軟性の高い開放経済、つまりプレカリアートの数が多く、しかも増え続けている経済では機能しない。しかし、ここでは、提唱者に対する好き嫌いにより、ある政策への賛否を決めるべきではないという点を強調しておきたい。

## 「完全雇用など、ほかの進歩的政策の実現がおろそかになる」

これは、前出のハーシュマンが挙げた三つ目のタイプの批判だ。この批判には、いくつもの反論ができる。第一に、今日の社会に、「ほかの進歩的政策」を推進する機運などあるだろうか？不平等はかつてなく深刻化し、格差が拡大するペースも過去になく加速している。経済的な不安定に苦しんでいる人は数知れない。「完全雇用」の定義も、失業率約五％未満まで緩和されてしまった。しかも、失業率の数字には、意に反してパートタイムの職に就いている多くの人たちが含まれておらず、雇用の実態を適切に描き出しているとは言い難い。増加する一方のプレカリアートたちは、主流派の政治家たちから無視されているのが現実なのだ。

第二に、「完全雇用」の実現は、本当に進歩的な政策なのか？　できるだけ多くの人を「職」に就かせることのどこが望ましいのか？　職に就くということは、上司や経営者に従属することを意味する。多くの、いや、もしかしたら大半の職は、退屈で、刺激が乏しく、屈辱的で、孤独で、ひどい場合は危険ですらある。その点、ベーシックインカムは、雇用の質を高める後押しができる。いやな仕事を拒んだり、もっと高い賃金を求めたりできる立場の人が増えるからだ。

第三に、どうして、ベーシックインカムが導入されると、ほかの進歩的政策がおろそかになると考えるのか？　むしろ人々の意欲が強まり、進歩的政策の実現につながる可能性のほうがはるかに高い。それに、「完全雇用」のように、これまで進歩的とみなされてきた政策を詳細に検討すると、実は進歩的と言うにはほど遠い場合もある。ベーシックインカムより好ましいものとしてよく提案されている政策については第9章で論じるが、ベーシックインカムを導入すればほかの政策を追求できなくなると決めつけるべき理由はない。

## 「お金を配れば問題が解決するという発想は単純すぎる」

反対派はしばしば、推進派の考え方が単純すぎると批判する。一部の反対派は、推進派は金を与えさえすれば貧困者の問題がすべて解決すると思っていると言う。たとえば、次のような主張をする人がいる。

> 進歩派とリバタリアンが認めたがらないのは、貧困者や失業者の多くに欠けているものが金だけではないという事実だ。貧困者や失業者は、薬物やアルコールに依存していたり、精神疾患の問題があったり、犯罪歴があったり、複雑な社会で生きていく能力を欠いていたりする。金は確かに必要かもしれないが、金を与えてもこれらの問題は解決しない。(3)

お金がすべての問題を解決するわけではない、という指摘は正しい。少なくとも分別のある推進派は、そんなことは思っていない。ベーシックインカムは、社会の問題をすべて解決する魔法の杖ではない。特定の社会政策にそんなことを期待するのは間違っている。第4章で述べたように、ベーシックインカムは、とくに子どもの精神の健康を改善する場合がある。お金の不安が精神を蝕むケースが少なくないからだ。しかし、病気の人や弱者が直面している問題には、貧困層への社会的保護の制度ではなく、そのための公共サービスによって対処すべきだ。わたしたちは誰もが、人生のいずれかの段階でそのような支援を必要とする可能性があることを忘れてはならない。

## 「金持ちにも金を配るのは馬鹿げている」

ベーシックインカムに対する脊髄反射的な反対論の典型は、どうして金持ちにもお金を配るのかというものだ。「不平等を縮小したいのなら、(全員に同じ金額を配るのではなく)お金をあまり持っていない人に多く配ったほうがいい」というわけだ。(4) さらに反対派の多くは、すべての人に給付しようと思えば、費用がかかりすぎて実現の可能性がないと主張する。この種の批判には、三つの反論ができる。

第一に、ベーシックインカムに「社会配当」の性格があるとすれば、社会共通の遺産の分け前を受け取る権利はすべての市民が持つべきだ。そうでなければ権利とは言えない。それに、全員に同じ金額が給付される場合、そのお金がもつ重みは低所得者層ほど大きくなる。

第二に、行政実務の面では、全員に等しい金額のベーシックインカムを配り、富裕層から税としてお金を取り戻す制度のほうが簡単でコストもかからない(次章の囲み記事「ある大学教授の難問」を参照)。これは、一九六〇年代のイギリスで「家族手当」が導入された際に用いられた方法だ。このやり方なら、受給資格認定の複雑なルールが不要になり、恣意的な審査も排除できる。その結果、行政コストが減り、申請者が味わう不幸も少なくなる。

資力調査は、どうしても複雑なものにならざるをえない。行政コストは馬鹿にならないし、本来なら給付すべき人を却下してしまったり、給付すべきでない人の申請を認めてしまったりするエラーが避けられない。知識不足や恥辱感により、申請しない人も多い。また、資力調査をともなう制度には、前述の「貧困の罠」と「不安定の罠」がついて回る。

第三に、貧困層に対象を絞り込んだ制度を導入しても、貧困の削減と不平等の緩和につながるとは限らない。それは、捕捉率、税の累進性の度合い、行政機関の仕事ぶりに左右される。貧困層に限定した福祉制度は、不平等を深刻化させる場合が多いという指摘もある。(5) こうしたデータが国際的に蓄積されていることを考えると、この種の制度の存続を主張する人たちの真の狙いは、受給者の数を減らすことにあると考えずにいられない。

## 「ただで何かを与えることになる」

この種の批判は、二一世紀初頭に「第三の道」を唱えた政治家や学者を筆頭に、思想の左右を問わず、道徳主義者がよく主張するものだ。この主張は、貢献していない人物に権利はない、責任を果たしていることが実証されなければ権利は認められない、という相互主義の考え方と密接に結びついている。この考え方に従えば、福祉給付を受けるためには、つねに職探しを続けることや職に就くことにより、相互主義の原則が満たされていることを証明しなくてはならない。福祉受給者に就労を義務づける考え方は、「ワークフェア」と呼ばれる。

こうした主張には明白な矛盾がある。相互主義を理由にベーシックインカムに反対する人は、富の相続など、生産活動に由来しない所得にはすべて反対しなければ理屈が合わない。

この種の論者は、国際的な著作権保護制度にも反対すべきだ。現在の制度では、著作者が死去したあと七〇年もの間、遺族に著作権収入が認められる。主に富裕層を潤わせている税控除制度や補助金制度にも反対すべきだ。こうした制度の受益者たちは、その恩恵を受けるのにふさわしい行動など取っていない。租税回避を可能にする仕組みにも反対しないとおかしい。富裕層がコストを負担せずに公共サービスを利用することを可能にするものだからだ。そのほか、資産を所有しているだけで得られる不労所得も否定すべきだろう。(6) ベーシックインカム反対派が租税回避や補助金や遺産相続にすべて反対し、自らもそうしたことを実践していないのでなければ、「ただで何かを与える」という批判は論理的な整合性を欠く。

## 「浪費を助長する」

困窮している人に現金を配れば、子どものためや、食料、衣服、暖房などの生活必需品のためではなく、アルコールやタバコなどに浪費されるだけだという批判もある。この種の論者は、貧困者への支援は、フードスタンプ（食料クーポン）などのバウチャー（利用券）やプリペイドカードのように、指定された目的以外には使えないかたちで実施すべきだと主張する。

きわめてパターナリスティックな発想だ。お金の好ましい使い方と好ましくない使い方の境界線は、どこに引くべきなのか？　金持ちには、官僚たちが好ましくないと考えるものを消費する自由が認められるのに、どうして貧しい人たちにはそれが許されないのか？　政府は、人々にとって何が好ましく、何が好ましくないかを本当に判断できるのか？　その判断は容易ではない。なにしろ、ある時代には好ましいと考えられていたものが、のちに好ましくないと認定される場合もある。法律や規制は、すべての人に等しく適用されなくてはならない。

さらには、貧しい人たち、とくに福祉受給者は、最低限の生活必需品以外に金を使うべきではない、という道徳論がある。このような主張をする人たちは、貧しい人たちに、日々の過酷さを少しでも忘れさせてくれるようなささやかな「贅沢」も認めない。カール・マルクスが一八四四年に述べた言葉を借りれば、「労働者の贅沢はすべて許し難いものとみなされ、最も基本的なニーズ以外の出費はすべて贅沢とみなされる」のだ。(7)

低所得者など、国の支援を必要とする人たちだけに適用されるパターナリズムはおそらく、すべての人に適用されるパターナリズム以上に問題がある。もしルールに問題があっても、少数派は民主主義のプロセスを通じてそれを変更できないからだ。パターナリズムのルールに従う必要のない多数派は、低い税率という恩恵に浴し続けられる限り、少数派の自由が踏みにじられても関心を示さなかったり、その種のルールを支持したりするだろう。

給付金の使い道を限定することを正当化する根拠として、納税者には「自分たちの税金」の使われ方を決める「権利」があるという主張も聞かれる。しかし、現実には、そのような権利が認められているとはとうてい言えない。イギリスでは、多くの納税者の反発を顧みずに、核兵器の整備に税金が使われている。自動車税をすべて道路整備に用いるべきだと主張し、税金の使い道を厳しく監視している団体もあるが、その運動も成功を収めていない。それなのに、どうして社会的保護のための政策についてだけ、納税者の意見が尊重されたり、ましてや納税者が特別な決定権を持っていたりすると思うのか?

それに、浪費につながるという理由での反対論は、実際のデータにも反する。ベーシックインカムの試験プロジェクトや現金給付プログラムの結果が圧倒的に示しているように、受給者は有意義な目的にお金を使う場合が多い。たとえば、インドとナミビアで実施された試験プロジェクトの受給者は、非受給者に比べて、好ましくないとされる用途に使うお金が少なかった。同様の傾向は、アフリカ、とくにケニアの現金給付プログラムでも見られている[8]。その理由は推測の域を出ないが、インドのマディヤ・プラデシュ州での試験プロジェクトを通じて見えてきた一つの仮説によれば、男たちが畑や家の近くで働くケースが増え、アルコールを消費する機会の多い都市部で就職する必要が減ったからなのかもしれない[9]。

## 「人々が働かなくなる」

この批判については、第8章で詳しく論じる。ここでは、この主張はデータの裏づけを欠いており、ベーシックインカムと人々の仕事量の関係は一般に思われているよりずっと複雑だという点だけ指摘しておく。この懸念を理由にベーシックインカムに反対する人たちには、こう問いかけたい——人々が働き続けるという説得力ある根拠とデータを示されれば、あなたは賛成に回るのか?

## 「賃金の下落を招く」

ベーシックインカムは、賃金にどのような影響を及ぼすのか? そもそも、なんらかの影響を及ぼすのか? 一部の反対派、とりわけ労働組合関係者は、賃金の下落を招くと主張する。「ベーシックインカムがあるのだから、もっと賃金が少なくてもいいはずだ」と雇用主に言われてしまう、という理屈だ。しかし、わたしたち推進派は正反対の主張をしている。ベーシックインカムを受け取っている人たちは、搾取的な低賃金の職を拒み、強気に賃金交渉ができるはずだ。ベーシックインカムは、弱い立場にあった人たちが思い切り「ノー!」と言いやすい状況をつくり出せるのだ。

この反対論を主張する人たちは、ベーシックインカムが賃金をおぎなう補助金として機能し、その結果として賃金を押し下げてしまうことを恐れている。そのように考えるのなら、就労と結びつけられた給付型税額控除にも反対しなくてはおかしい。この制度は、まさしく賃金をおぎなう補助金として設けられたものだからだ。アメリカの勤労所得税額控除(EITC)や、イギリス、カナダなどの同種の制度は、低賃金の職に就いていることが受給条件となっている。そのため、労働者は賃金の引き上げを求めようとしない。せっかく賃上げを勝ち取っても、給付型税額控除の削減により、多くが相殺されてしまうからだ。

それに対し、ベーシックインカムはすべての人に給付される。雇用されているかどうか、所得が少ないかどうかは関係がなく、賃金が上昇しても打ち切られない。そのため、労働者の賃金交渉力が強くなる。雇用主は、魅力的でない職に就く働き手を確保したければ、高い賃金やその他の好条件を提示せざるをえなくなるだろう（可能ならば、オートメーションへの投資を増やすという選択肢もありうるが）。その一方で、ベーシックインカムが給付されれば、働き手自身があえて低賃金の職や無給の職を選ぶ自由も広がる。

## 「インフレを起こす」

すべての人にベーシックインカムが給付されれば、経済に流れ込む金の量が大幅に増加する。そうなると、物価が跳ね上がってインフレが進行し、人々の暮らし向きは改善しない、という批判がある。この点は、ミルトン・フリードマンが一九六二年の著書『資本主義と自由』（邦訳・日経BP社）で提案した「負の所得税」（詳しくは第9章参照）に対して、経済学者のハイマン・ミンスキーが展開した批判の中心的主張でもあった。[10]

第5章でも述べたように、この種の批判は一面的と言わざるをえない。人々の支出力が高まれば、モノやサービスの供給にも影響が及ぶことを無視しているからだ。途上国や、先進国の低所得地域では、基礎的なモノやサービスの価格がむしろ下がる可能性がある。インドにおけるベーシックインカムの試験プロジェクトでは、村人の支出力が高まったことを受けて、地元の農家がコメや麦の栽培量、肥料の購入量、耕作する土地面積を増やした。[11] その結果、農家の収入は増え、その一方で農作物の価格は下落した。衣料品でも同じことが起きた。数人の女性たちが需要の増加を見て取り、ミシンと生地を買って服をつくろうと考えたのだ。それまで存在しなかった市場が生まれたのである。もっとビジネスをおこない、もっと稼ぎたいと思う人たちがいて、もっとモノやサービスを購入し、もっと豊かな生活を送りたいと思う人たちがいるコミュニティでは、どこでもこうした現象が起こりうる。

ベーシックインカムは低所得層に最も恩恵をもたらす制度なので、経済の総需要のなかで基礎的なモノやサービスが占める割合を増やす可能性がある。経済学的に言うと、基礎的なモノやサービスは「供給の弾力性」が高い。需要が増えたときに、価格が上昇するより、供給が増える傾向があるのだ。また、基礎的なモノやサービスの需要が高まれば、地元のモノやサービスへの需要が増加し、成長と雇用が後押しされる。高所得層への増税で財源をまかなってベーシックインカムを導入すれば、基礎的なモノやサービスが総需要に占める割合をいっそう高められる。その結果として、物価を引き下げ、持続可能な経済成長も実現できるかもしれない。

政府支出を増やさずに、既存の支出項目をベーシックインカムに振り向けて財源を確保する場合、インフレ効果はきわめて限定的だ。ジェフ・クロッカーが指摘しているように、インフレが起きるのは、総支出力がＧＤＰを上回る場合に限られる。[12] ベーシックインカムがインフレを起こすという主張が成り立つのは、経済が「完全雇用」に近い場合だけだが、そのような国は今日存在しない。そもそも、労働市場は昔よりずっとオープンになっており、ある国で労働力需要が高まった場合は、その国に流れ込む労働力が増えるか、（こちらの可能性のほうが高いが）雇用の国外への流出が進む。その結果、賃金と物価の上昇にはブレーキがかかる。

また、もう一つ見落とせないのは、近年、多くの国の政府と中央銀行が物価下落（デフレ）からの脱却に躍起になり、インフレを起こそうとしていることだ。これまでのところ、莫大な資金がつぎ込まれているにもかかわらず、効果は上がっていない。それればかりか逆進的な結果を生み出しており、要するに失敗と言っていい。その点、ベーシックインカムによる需要増が物価下落を防ぎ、緩やかな物価上昇の背中を押せるなら、悪い話ではないはずだ。

## 「移民の流入が加速する」

移民の増加と近年のヨーロッパ難民危機を背景に力を増しているのは、ベーシックインカムが導入されると、低所得国からの移民の大量流入を招くという主張だ。「福祉ツーリズム」（手厚い福祉給付を受けることを目的とする移住）をめぐる偏見に満ちた政治的レトリックが、この種の主張にいっそう勢いを与えている。

二〇一六年六月、スイスでベーシックインカム導入の是非について国民投票が実施された際、スイス政府などの反対派は、このような主張を前面に押し出して国民の不安を煽った。それが国民投票の否決につながったという見方もある。

このような慎重論には、いくつかの反論ができる。最も重要なのは、既存の社会的扶助の仕組みこそ、社会に摩擦を生み出しているという点だ。福祉給付や公共住宅の提供は、権利として万人を対象にするのではなく、ニーズが認められた人物を対象とするようになっている。その結果、古くからの国民は、新参者たちが「割り込み」をしているように感じる。新しい移民はたいてい社会の最貧困層なので、移住先の国にやって来て早々に福祉を受給するからだ。そのコミュニティで長く暮らし、長年にわたり、あるいは何世代にもわたり、福祉の受給資格を得るためにこつこつとコミュニティに貢献してきた人たちが反発を感じるのは無理もない。ある研究は、ロンドン東部における社会的摩擦と反移民感情の激しさをありありと描き出している。(13)

ベーシックインカムは、このような状況を改善できるかもしれない。大半の人が公正だと納得できる現実的なルールをつくることは可能だろう。たとえば、合法的な居住期間を基準に給付の優先順位を決めてもいい。また、永住権を取得するなり、一定期間以上(たとえば二年など)居住するなりしなければ、受給資格を得られないようにしてもいいだろう(一方、既存の社会的扶助は、必要であればすべての移住者に提供すべきだ)。このようなルールをつくって周知徹底させれば、公正な方法で移民の流入に歯止めをかけられるうえ、移住者が合法的に入国し、社会に溶け込むよう促すことができる。要するに、ベーシックインカムは既存の資力調査型の制度よりも、反移民感情を和らげられる可能性が高いのだ。

あるアメリカの論者は、皮肉なことに、「移民流入を絶やす」という理由でベーシックインカムに反対している。[14] この予想が現実化するとは考えにくいが、長期の居住や、永住権や市民権の取得を受給条件にすれば、既存の社会的保護の仕組みの大半よりも公正な制度をつくれる。また、ベーシックインカムにより人々の経済的な安全が高まれば、経済をゼロサムゲームのように考える傾向を弱められる。限りある資源を移民と奪い合うという発想ではなく、より寛容で利他的な姿勢をはぐくめるのだ。

## 「政府が選挙の人気取りに利用しかねない」

この批判は興味深い。政府がベーシックインカムの給付額を選挙前に引き上げて、事実上、有権者を「買収」しようとしかねない、というわけだ。確かに、給付額を増やせば、少なくとも経済の状態が良好だという印象を有権者に与えられる。このようなことは現実に起こりうるが、乗り越えられない障害ではない。

一つの方法は、国民所得の変動に応じて自動的に給付額が決まるようにするというものだ。サービス従業員国際労働組合（ＳＥＩＵ）のアンディ・スターン前議長がこの案を唱えている。[15] わたしの案は、すでに述べたように「ベーシックインカム独立委員会（ＩＢＩＣ）」とでも呼ぶべき機関をつくるというものだ。中央銀行の政策金利決定のための委員会をお手本にすればいい。委員は議会に指名させ、任期は五年で再任禁止とする。[16]

ＩＢＩＣは、明確な委任内容に従って行動し、国民所得や経済状況の変化に応じて給付額を調整する。最終章では、ベーシックインカムを固定部分と変動部分の重層型にするというアイデアにも触れる。ここでは、ベーシックインカムがポピュリスト（大衆迎合主義）の政治家に利用されかねないという問題は、比較的容易に克服できることを知ってもらいたい。

ベーシックインカムに対して投げかけられる批判は、以上に挙げたものがすべてではないが、とくによく見かけるものを本章では取り上げた。このなかに説得力のある批判があるかを検討し、その批判を理由にベーシックインカムを否定すべきかを判断してほしい。あらゆる政策は、利点と弊害のバランスを考えて採否を考えるべきだ。ベーシックインカム推進派は、社会正義と自由を拡大し、人々の経済的な安全を高め、不平等を緩和できるという利点に、批判されている点を上回る価値があると考えている。批判のほとんどは、細かく検討すると説得力を欠くものだからだ。しかし、とくに強く主張されている二つの批判、すなわち、財源の問題、そして雇用と仕事への影響については、章を改めて詳しく検討したい。

# 第7章

# 財源の問題

ベーシックインカムに対する最もよくある批判は、財源を確保できないというものだ。本章では、その批判が当たらないことを示したい。これは非常に複雑なテーマであり、できるだけ冷静に検討する必要がある。議論の際は、ベーシックインカムにはさまざまな給付水準があってもいいという点、段階的に導入してもいいという点、そして、財源確保の方法はいろいろあるという点を頭に入れるべきだ。

## 大ざっぱな試算

ベーシックインカムが財源の面で実現不可能だと主張する論者はたいてい、所得の中央値の五〇～六〇%程度の給付水準を想定し、それに人口を掛けて必要な総額を算出し、その金額を現行の福祉予算と比較するというアプローチを取る。エコノミストのティム・ハーフォードはフィナンシャル・タイムズ紙に寄せた論考で、イギリスにベーシックインカムを導入する場合、金額は一日当たり一〇ポンドくらいになるだろうと述べている。ハーフォードはその給付額を前提に、次のような計算を披露した。「六四〇〇万人全員にこの金額を配るとすれば、年間に二三四〇億ポンドかかる。この予算をまかなうためには、年間予算二一七〇億ポンドの既存の社会保障をすべて廃止しなくてはならない(1)」

ジョン・ケイもフィナンシャル・タイムズのコラムで、こう記している。

この種の仕組みが機能しないことは、簡単な算数をすればすぐわかる。まず、ベーシックインカムの給付額として、どのくらいの金額が妥当かを決める。平均所得の三〇％では少なすぎるかもしれない。五〇％くらいが妥当だろうか？　この数字は、国民所得のうち、ベーシックインカムの予算に回る金額の割合ということになる……この政策を実現するために必要な平均税率を知るためには、この割合に、教育、医療、国防、輸送など、公共部門のほかの活動への予算が国民所得に占める割合を足せばいい。そのように考えると、ベーシックインカムの給付水準を途方もなく低く抑えるか、そうでなければ、財政上の負担が途方もなく重くなるかのどちらかにならざるをえない(2)。

ケイは、ベーシックインカム推進派の大半が「退屈な計算」を怠っているとも述べている。この指摘は、しっかり財源を検討している多くの推進派を侮辱するものと言わざるをえない。

それに加えて、この種の反対論には内容的にも難がある。ケイがコラムを寄稿したフィナンシャル・タイムズのジャーナリストであるマーティン・サンドブも指摘しているように、ベーシックインカムの給付水準を決める基準となる「平均所得」には、国民所得もしくはGDP（大ざっぱに言えば、その国の経済で生産されるモノとサービスの総額）を用いるべきではない。その基準としては、可処分所得、すなわち、税金と社会保険料を差し引いたあとの自由に使える金額を用いるべきだ。[3] 可処分所得の総額は国民所得の三分の二に満たない。ケイは国民所得の半分がベーシックインカムに吸い上げられるという挑発的な数字を示したが、実際には、その割合は国民所得の三三%程度にとどまるのだ。

エコノミスト誌は、経済協力開発機構（OECD）の加盟国すべてを対象に、もっと精密な試算を示している。[4] これは、医療以外の福祉をすべてベーシックインカムに切り替え、そのほかの政府支出と税収はいじらないものとした場合、どれくらいの金額のベーシックインカムを給付できるかを算出したものだ。それによると、予算規模を抑えた試算であるにもかかわらず、西欧の七カ国では一人当たり年間一万ドルを超す給付が可能だという結果が出ている。

この数字は、アメリカでは六三〇〇ドル、イギリスでは五八〇〇ドル相当となっている。一方、ほとんどの国では、増税をおこなわず、既存の福祉予算を振り向けるだけの場合、給付可能な金額はもっと低い（二二〇〇ドルの韓国や九〇〇ドルのメキシコなど、最低水準の国は、税収と福祉支出が元々少ないため、この試算方法では給付額が多くならないという事情がある）。

エコノミスト誌のウェブサイトでは、それぞれの国である金額のベーシックインカムを給付するために、どのくらいの増税が必要かを計算することもできる。イギリスの場合、一人当たりGDPの三分の一程度のベーシックインカムを給付しようと思えば、一五パーセンテージポイントの増税を実施しなくてはならない。この計算自体の妥当性も問われるべきだが、この種の「大ざっぱな計算」はすべてもっと根本的な欠陥を抱えている。

第一に、高所得層からベーシックインカム相当分を税で取り戻す可能性を考慮していない。これは、富裕層に新たな負担を強いず、国家財政にも負担をかけずにできることだ。税率と控除の水準を調整し、高所得者の増税額とベーシックインカムの給付額が等しくなるようにすればいい。

第二に、資力や行動の調査が不要になることで行政コストが軽減される点も無視している。イギリスの労働年金省の二〇一三〜一四年予算一七二〇億ポンドのうち、行政コストが八〇億ポンドを占めている。そのかなりの部分は、地域の職業安定所で受給申請者の監視と制裁をおこなう職員の人件費だ。このほかに、障がい者の稼働能力調査の外注先である民間企業に数億ポンドが支出されている。この調査により、社会で最も弱い人たちの一部が福祉受給を拒まれている。

第三に、社会保障以外の政府支出を減らさないものと決めつけている。しかし、政府がその気になれば、支出の優先順位は変えられる。たとえば、イギリス政府は、戦略核ミサイル「トライデント」を搭載する原子力潜水艦を更新する計画を取りやめることにより、推定二〇〇〇億ポンドを超す予算を浮かせることができる。大企業や富裕層がもっぱら受益している補助金を打ち切れば、さらに莫大な予算を捻出できる。

イギリスでは、企業への助成策に費やされている予算が推定で年間九三〇億ポンドを上回る。(5)アメリカでは、右派のケイトー研究所の推計によれば、企業に流れている連邦補助金が年間一〇〇〇億ドルに達するという。(6)企業への補助金のほかにも、大規模土地所有者がほとんどを受け取っている農業補助金や、地球を汚す化石燃料への補助金など、見直しの余地がある補助金の類はいくらでもある。ほとんどの補助金は富裕層を潤わせる逆進的なもので、道徳的に正当化できず、経済成長を促進する効果もない。(7)補助金の見直しにより、具体的にいくら捻出できるかは細かい検討が必要だが、この点は考慮に入れるべきだ。予算の使い道を変えれば、政府支出を増やさなくてもベーシックインカムの財源の一部を確保できるのだ。

ところが、反対派はたいてい、逆進性の高い補助金に費やされている莫大な予算には目もくれず、国民に人気の高い公共サービスの打ち切りが避けられないと主張する。ガーディアン紙の社説も、「その金をNHS(国民保健サービス)や学校や託児施設に使ったほうがいいのではないか?」と書いている。(8)これは意図的に誤解を生み出す主張であり、公正な議論とは言えない。

第四に、近代国家の財政システムの特徴である数々の免税措置や控除制度を無視している。イギリスでは、二〇一六年の個人所得税の基礎控除は一万一〇〇〇ポンド。この控除により、税収が年間一〇〇〇億ポンド近く減っている。国民保険の保険料免除により国庫に入っていない金額も五〇〇億ポンドに上る。イギリスのGDPの約一〇%に相当する歳入が失われている計算だが、これらの制度はきわめて逆進性が高い(9)。

一般には、個人所得税の基礎控除を引き上げることは、低所得層を救う効果があると言われることが多い。しかし実際には、高所得層がほとんどの恩恵を得ている。非課税所得が増えるうえ、所得税率が低くなる可能性が高まるからだ。一方、所得税を課税されていない人たちはなんの得もしない。

基礎控除を引き上げれば、所得税を納める人の数が減ることも見落とせない。イギリスの成人の半分近くは、所得税をいっさい納めていない。アメリカでも、連邦所得税を納めていない世帯が全体の半分近くに上る。さまざまな研究によると、税金を納めていない人は政治に参加する意欲が乏しく、選挙で投票しない場合が多い(10)。この点を考えても、所得税の基礎控除を縮小し、浮いたお金をベーシックインカムの財源に回すことが望ましい。

このほかに、イギリス政府が把握しているだけでも、一部の人だけが対象の税控除によって失われている税収は年間一一七〇億ポンドを超す。この金額はNHSの予算を上回る(11)。しかも、このほかに、コストが算出されておらず、どの程度の効果を発揮しているか(税控除により奨励しようとしている行動をどのくらい後押しできているか)も計算されていない税控除が二一八種類もある。アメリカにも、一部の人だけを対象とする税控除が二〇〇種類以上ある。二〇一三年のデータによると、このうち規模の大きい一〇種類だけでも、連邦政府のコストは九〇〇〇億ドルを超す。これは、GDPの六％近い金額だ。上位三種類の税控除——州税・地方税控除、住宅ローン金利控除、慈善寄付控除——のコストは、合わせて年間一八五〇億ドルに上る。[12] その全部、せめて一部を振り向ければ、ささやかなベーシックインカムの財源をかなりの部分まかなえる。

## イギリスの場合

ほかの支出項目の廃止や縮小、ほかの財源の確保についてはあとで論じるとして、以下では、ベーシックインカムの財源問題に関する最近のいくつかの研究を紹介したい。いずれもイギリスを舞台にした研究で、さまざまな制度設計と給付水準における財政上の実現可能性を詳細に検討したものだ。これらの研究はほぼすべて、マルコム・トリーが言うところの「厳格な歳入中立性」を前提にしている。つまり、個人所得税の税率と税控除制度の修正、および社会保障支出の削減により捻出する予算だけで財源を調達しようというのだ。これは、ベーシックインカムの財源論として昔から標準的だったアプローチだ。ミミ・パーカーなどの初期の論者もこれに従っていた。[13] イギリス保守党員だったパーカーは、後援者だった保守党議員のブランドン・リズ＝ウィリアムズと緊密に協力して活動した。リズ＝ウィリアムズは、母ジュリエットから引き継いだべーシックインカムのバトンを一九八〇年代まで守り続けた人物である。

以下で紹介する研究は、ベーシックインカムのコストだけでなく、さまざまな家族形態や所得レベルの世帯に及ぶ影響も計算している。大ざっぱな計算に基づいてベーシックインカムに反対する人たちは、既存の福祉予算を国民全体でわけ合うようになれば、多くの低所得者は生活が苦しくなると主張することが多い。低所得者が現行制度の下で受け取っている給付金と税控除を合わせた金額より、ベーシックインカムの給付金のほうが少なくなるというのだ。

この問題を解決する方法は、論理的に考えて二つある。一つは、低所得者の損失を最低限に抑えるようなベーシックインカム制度を設計するという方法。もう一つは、過渡的な措置として、ベーシックインカムと現行福祉制度の下を併存させるという方法だ。以下ではさまざまな研究結果を紹介していくが、頭に入れておくべきことが一つある。それは、いずれのモデルでも、人々が現行制度で受給資格のある福祉をすべて受給していると仮定していることだ。しかし、資力と行動の調査をともなう制度の場合、そんなことは現実にありえない。

政治シンクタンク「コンパス」は、過渡的な併存型の制度を導入する場合のコストをシミュレーションしている。具体的には、比較的高額のベーシックインカムを給付し（二五歳以上の成人に週六一ポンド、それより若い人や子ども、年金生活者にはそれより少ない金額）、年金や住宅手当など、既存の福祉給付はほぼすべて残すものとした。ただし、子ども手当だけは廃止すると仮定した。[14] ベーシックインカムは、既存の福祉制度で資力調査をおこなう際に所得とみなすものとした。それらの制度の受給世帯を減らし、コストを抑えることが狙いだ。このシミュレーションでは、個人所得税の基礎控除を廃止し、高所得者の国民保険料率を低く抑える措置をやめて、すべての課税区分で所得税率を三％引き上げれば、国の新たな支出を年間七億ポンドにとどめられるという。所得税と国民保険料を合わせた負担は、所得額に応じて、所得の三五％（二〇一六年時点での現行の数字は三二％）、五五％（現行は四二％）、六〇％（現行は四七％）の三段階となる。

マーティン・サンドブが述べているように、これにより、所得階層の上位二〇％の層は大幅な増税になるが、一部はベーシックインカムで返ってくる。[15] それに、現行制度では、低所得層が給付型税額控除と資力調査型の給付を失うことで八〇％を超す限界税率に直面しているだけでなく、高所得層も子ども手当の受給資格を失い、さらには所得税の基礎控除を失う結果、六〇％を超す限界税率に直面している。

「コンパス」は、併存型のベーシックインカムの給付額をさらに増やした場合のシミュレーションもおこなっている。やはり既存の福祉制度を存続させつつ、給付額を週当たり一〇ポンド増やすと、すべての課税区分の所得税率をさらに二％引き上げ、国の支出を八〇億ポンド増やす必要があるという。シミュレーションで検討された二つの案は、いずれも不平等を緩和し、貧困対策に目覚ましい効果を発揮する。子どもの貧困は、最初の案では推定三八％、二つ目の案では推定四五％減る。二つ目の案が実施された場合、所得階層の下位二〇％に属する人の六割は、手にするお金が一・二倍以上に増える（この再分配は上位二〇％の人たちの負担で実現する）。一方、下位二〇％の人たちのうち、手にするお金が五％以上減る人は三％に満たない。

市民所得トラスト（ＣＩＴ）のマルコム・トリー事務局長は、併存型でもう少し控えめの給付をおこなう場合のシミュレーションをしてみた。[16] 二五～六四歳の人に「市民所得」を週五〇ポンド、一六～二四歳の人に「ヤングアダルト市民所得」を週四〇ポンド、六五歳以上の人に「市民年金」を週三〇ポンド給付するという内容だ。世帯ごとの税と福祉給付に関するモデルは、コンパスのシミュレーションとはやや異なるものを用いた（データは二〇一二～一三年のもの）。

このシミュレーションでは、既存の福祉給付の大半を維持するものとした（ただし、資力調査をおこなう場合は、この市民所得の給付金も所得とみなす）。トリーによれば、所得税と社会保険料についてコンパスのシミュレーションと同様の変更をおこなう場合、国の支出は現行制度に比べて年間約二八億ポンド減るという（トリーはこのほかに、一六歳の人にだけベーシックインカムを給付する場合のコストも計算している。これは、その後、次第にほかの年齢層にも対象を拡大していこうという斬新なアイデアだ）。

この案では、導入時に、所得階層下位四〇％の世帯のうち、三％の世帯が五％以上の減収、一・五％の世帯が一〇％以上の減収になる。しかし、一時的な経過措置として、約二八億ポンドの節約分を使って低所得層の損失を埋め合わせてもいいだろう。一方、高所得層は、損をこうむる人がもっと多い。富の再分配をおこない、不平等を縮小するための措置を実施する以上、それは

**図7・1　トリーのシミュレーションによる再分配効果**

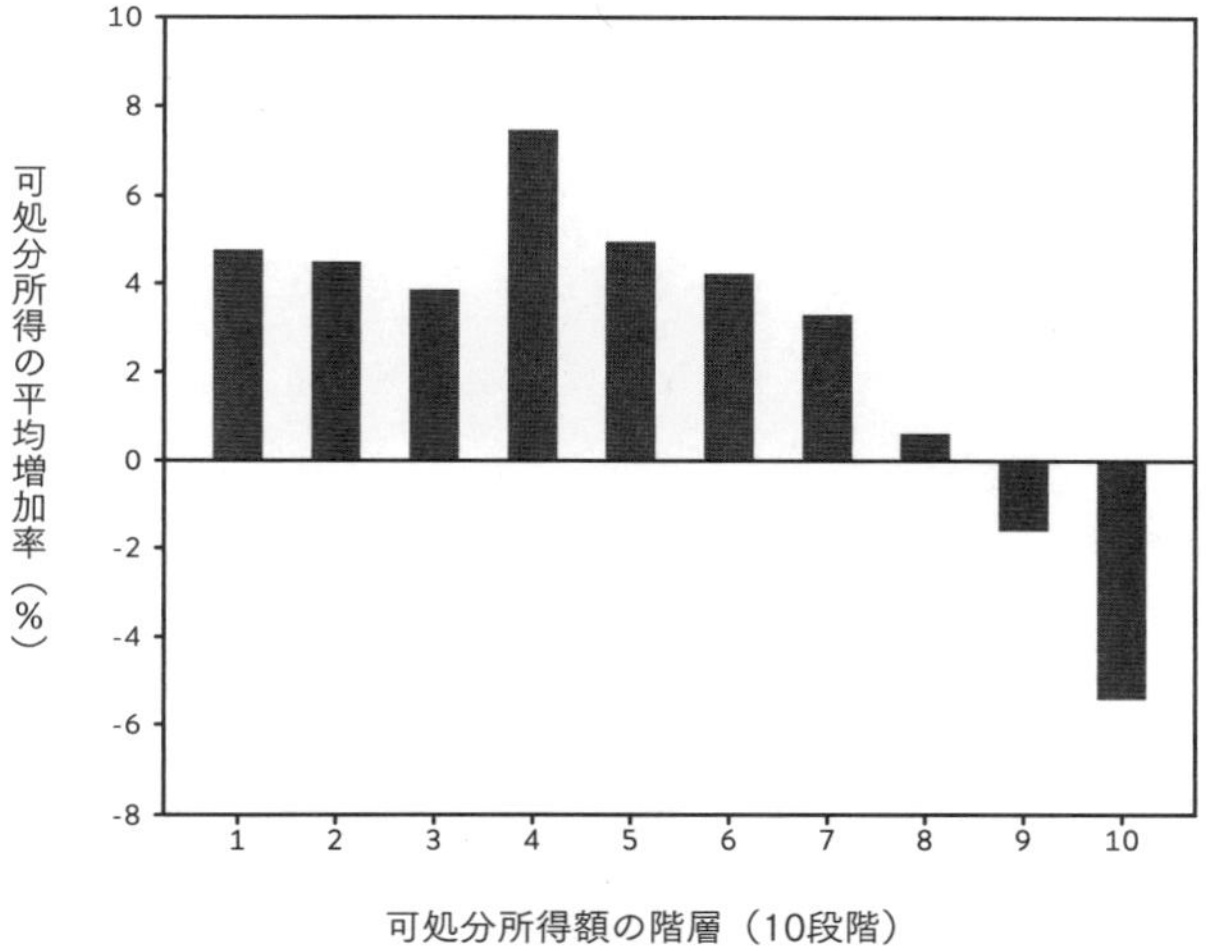


出典：M. Torry (2016), 'An evaluation of a strictly revenue neutral Citizen's Income scheme.' Euromod Working Paper Series EM 5/16

避けられないが、損失は耐え難いほどのものではない（図7・1参照）。

これにより、子どもの貧困は三分の一減る。トリーによれば、「無理なく、有効に、富裕層から貧困層への再分配をおこなえる。いわゆる『苦しむ中流層』の恩恵がとくに大きい」という。

イギリス王立技芸協会（RSA）は、トリーのモデルを使い、既存の福祉給付の大半をベーシックインカムに置き換える場合について独自の試算をおこなった[17]。給付額は、二五〜六四歳が週七一ポンド、六五歳以上が週一四三ポンド、五〜二四歳が週五六ポンド、〇〜五歳の子どもは、第一子が週八二・五ポンド、第二子以降が週六五ポンド。これらの金額は、既存の失業手当、年金、子ども手当、そのほか低所得層向けの子ども支援の金額にほぼ相当する。一方、障がい者手当と住宅手当は継続する前提で計算した（資力調査に基づく給付である住宅手当については、別個の改革案が提案されている）。

このシミュレーションでは、個人所得税の基礎控除と社会保険料の免除制度を廃止し、ベーシックインカム以外の所得にはすべて課税するものとした。限界税率は、三二％（最低税率二〇％と社会保険料率一二％）から始まり、所得一五万ポンド以上の層の五二％まで段階的に引き上げる。図7・2は、この制度を導入した場合の税率と、二〇一二〜一三年の実際の税率を所得階層ごとに比較したものだ。この試算では「厳格な歳入中立性」を放棄し、高所得層には年金掛け金の控除を認めないものとし、年間一〇〇億ポンドの財源を捻出している。この場合、国が新たに負担する金額は、年間九八億〜一六四億ポンドと推計されている。

ＲＳＡの報告書の執筆責任者であるアンソニー・ペインターは、次のように記している。

このような改革を実行に移す場合、個人所得税の基礎控除を廃止したとしても、政府の負担増はGDPの一％相当に上る。莫大な金額だと思うかもしれない。しかし、この金額は、（労働党政権の財務相時代に）ゴードン・ブラウンが実施した税控除制度の変更による税収減ほどではなく、（二〇一〇〜一六年に保守党政権で財務相を務めた）ジョージ・オズボーンが緊縮財政のなかで相次いで実施した基礎控除、付加価値税、相続税、法人税の変更による税収減に比べればずっと少

**図7・2　RSAのシミュレーションと2012-13年の税制の比較**

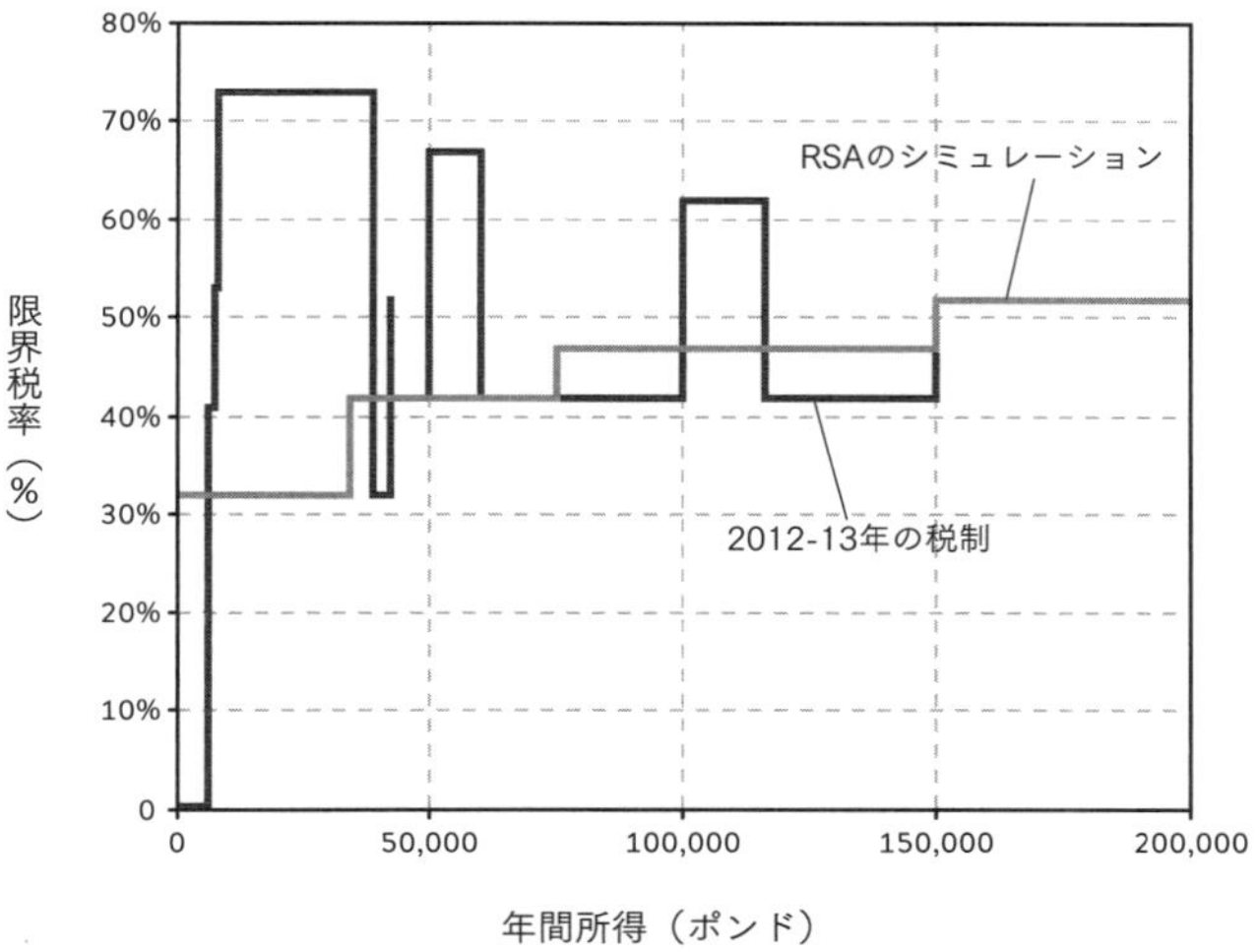


出典：王立技芸協会（RSA）

ない。⑱

RSAは、イギリスで二〇一六年に導入された「全国生活賃金（NLW）」（既存の法定最低賃金を増額）と、低所得者・失業者向けの新しい給付制度「ユニバーサル・クレジット」（従来のさまざまな給付の一本化を目指したもの）がベーシックインカムに及ぼす影響も検討している。シミュレーションによると、NLWに従って賃金が支払われた場合、雇用主に勤務時間を減らされなければ、低所得世帯はすぐに、ベーシックインカムの導入により損をしかねない所得区分から抜け出せる。この点を考えると、ベーシックインカムの魅力がいっそう高まる。

RSAのシミュレーションでは、国内に居住するすべての国民を給付対象としている。

欧州連合（EU）と欧州自由貿易連合（EFTA）の加盟国の国民は、五年間の居住ののちに永住権を取得した人がイギリスで居住・就労していれば、受給資格を与えるものとした（RSAの報告書が作成されたのは、二〇一六年にイギリスのEU離脱国民投票が実施される前だった）。それ以外の国からの移民には、受給資格を認めていない。また、一八歳以上の人には、有権者登録を受給条件とした。市民としての当事者意識を強化することが狙いだ。

「コンパス」は、併存型の制度のほかに、資力調査型の給付のほとんどを廃止する場合のコストも計算している[19]。それによると、ベーシックインカムの給付額や、既存の給付の削減と増税の組み合わせ方により、財政への影響はまちまちだった。年間四三〇億ポンドの支出増になるパターンもあれば、年間五三〇億ポンドの支出減になるパターンまであった。この両極端のシミュレーションは、想定する給付額はいずれも同じだ。成人は週七三・一〇ポンド、六五歳以上は週一五一・二〇ポンド、一八歳までは週四四・三〇ポンドを給付する。両者の大きな違いを生み出した要因は、個人所得税の基礎控除を廃止するかどうかだった。いずれにせよ、コンパスの計算によれば、所得税の基本税率を三〇％、高所得層の税率を五〇％まで引き上げる必要があるという（税率はこの二段階としている）。しかしこれでも、一九八〇年代にサッチャー政権の下で立て続けに減税がおこなわれる前の税率に比べればだいぶ低い。

ただし、この案では、多くの低所得者世帯が減収になる。最大の理由は、子どもへのベーシックインカムの給付額が既存の給付の廃止分を下回ることだ。コンパスの研究では、イギリスで既存の福祉給付のほぼすべてをベーシックインカムに置き換え、所得階層下位三〇～四〇%の層で減収になる人をなくす、もしくはほぼなくすことは、政治的に不可能に近いと結論づけている。そのためには、一五〇億～二〇〇億ポンド、イギリスのGDPの約一%に相当するコストがかかり、税率をさらに引き上げなくてはならない、というのが理由だ。

一方、RSAは、ベーシックインカムの導入で減収になる低所得世帯を減らすために、就学前の子どもがいる世帯への再分配をおこなう場合のシミュレーションをしている。しかし、その場合でも、とくに学齢期の子どもがいる片親の世帯など、減収になるケースが出てくることは認めている。こうした問題はあるにせよ、コンパスの研究では、いずれ全面的なベーシックインカムに移行するための現実的な一歩として、併存型は有効な選択肢だと指摘している。

以上に紹介したシミュレーションはあくまでも例示的なものにすぎないが、ベーシックインカムが実現可能で、財源も確保できることを実証している。しかも、これらのシミュレーションによれば、「厳格な歳入中立性」(前述のように、個人所得税の増税と既存の福祉予算の削減だけで財源を調達するという考え方)を前提にするとしても、税率の引き上げを無理のない範囲に抑え、ベーシックインカムの導入により減収になる低所得者を最小限にとどめ、あるいは減収分の埋め合わせをすることも可能だ。そして、所得階層下位二〇%に属する人の大多数は増収になり、所得の不平等もある程度緩和されると期待できる。

しかし、逆進性の高い補助金や一部の人だけが対象の税控除など、福祉以外の支出を削減してベーシックインカムの財源に回せば、税率の引き上げはもっと小規模ですむかもしれない。まったく引き上げずにすむ可能性もある。政府系ファンドの運用益や、炭素税、金融取引税など、新たな財源を確保できれば、状況はさらに改善する。

## 住宅手当の問題

イギリスにおけるシミュレーションの大半は、困窮している障がい者への支援を積極的に継続すべきものとしている半面、住宅手当については、不本意ながら、引き続き独立した制度として残さざるをえないと結論づけている。第二次世界大戦後のイギリスで福祉国家青写真を描いたウィリアム・ベヴァリッジは一九四二年、社会保険制度の給付水準を決めるに当たり、「家賃の問題」を解決できなかったと打ち明けている。もし、すべての人に一律の住宅手当を給付すれば、家賃相場の高い地域に住む人は家賃をまかなえず、家賃相場の安い地域に住む人はお金が余る。そうかといって、それぞれの人の支払っている家賃に応じて手当を給付すれば、人々は引退して年金受給資格を得たあと、家賃の高い住宅に引っ越そうと思うだろう。結局、イギリス政府は、実際の家賃に応じた手当を給付することにしたが、保険料の納付歴に基づく給付額を上回る支援を求める申請者には資力調査を課すものとした。

こうした「家賃の問題」は、今日いっそう深刻化している。福祉国家が確立された初期は、人口の六〇％が厳格な家賃統制下の民間賃貸住宅に住んでおり、公営住宅の建設も野心的に推し進められていた。今日、家賃相場の地域格差は当時よりはるかに拡大しており、民間賃貸住宅の家賃は高騰し、公営住宅が格安価格で売却されたことにより安価な住宅が大幅に不足している。このような状況の下、資力調査に基づいて給付される住宅手当のコストは年間約二五〇億ポンドに膨れ上がっている。

イギリスの住宅危機に対処するには、安価な住宅の供給を増やすための緊急の措置が不可欠だが、この問題は社会的保護の仕組みを設計するうえでも難しい課題を突きつけているのだ。その点、ここまで紹介してきたシミュレーションはすべて、少なくとも差し当たりは、資力調査に基づく住宅手当をおおむね現状のまま維持せざるをえないとしている。せめてもの好材料は、ベーシックインカムが導入されて、資力調査の際にそれが所得として扱われるようになれば、住宅手当――複雑で、莫大な行政コストを要し、所得が増えると一挙に給付が削減される制度――に頼って生活する人が減ることだ。

RSAは、「家賃の問題」の解決策として、ベーシックインカムの原則との整合性が高い三種類の案を示している（ただし、コストは計算していない）。一つは、所得が増えても住宅手当が急激に削減されない仕組みをつくるという案。具体的には、住宅手当の受給者にベーシックインカム以外の所得があった場合も、住宅手当の削減と納税額の増加により、最も所得が高い層を上回る限界税率に直面しないようにする。もう一つは、住宅支援関連の予算をすべて地方自治体に委ねるという案。そうすれば、自治体が地域の実情に応じて、建物、家賃、給付に関する政策を調整できる。三つ目は、持ち家ではなく賃貸住宅に住んでいる全員を対象に、「ベーシック・レンタル・インカム（基本家賃所得）」を給付するという案。財源は土地税を充てるという。

もちろん、これはイギリスだけの問題ではない。大都市で安価な住宅が不足していること、地域間（とくに都市と地方の間）で住宅コストに大きな開きがあることは、多くの国に共通する問題だ。しかし、ドイツ、スウェーデン、フランスなど、北部ヨーロッパ諸国の多くは、所得に応じて給付される社会保険がもっと充実しており、ほとんどの人がそれで家賃を支払えている。ある研究によると、住宅手当と失業手当と所得補助の合計額の対平均所得比では、イギリスは一〇カ国中九位だった。[20] ほかの国ではイギリスほど、「家賃の問題」がベーシックインカムの設計上大きな問題にならないのかもしれない。

## ほかの国々の財源問題

オランダ政府のシンクタンク「政府政策学術評議会」は一九八五年の時点ですでに、部分的なベーシックインカム制度を提案し、予算面でも実現可能であると指摘していた。導入するための財政上のコストの試算は、ベルギー、カナダ、フランス、ドイツ、アイルランド、スペイン、南アフリカでもおこなわれている。エコノミストのギャレス・モーガンとスーザン・ガスリーによれば、ニュージーランドの場合、一律三〇％の税を課せば、成人に年間一万一〇〇〇ニュージーランド・ドル、一八～二〇歳に年間八五〇〇ニュージーランド・ドルを給付できるという。[21]

アメリカでは、サービス従業員国際労働組合（SEIU）のアンディ・スターン前議長が、すべての成人（二億三四〇〇万人）に月額一〇〇〇ドルのベーシックインカムを給付すべきだと主張している。月額一〇〇〇ドルというのは、アメリカ連邦政府が定める貧困ラインとほぼ同水準の金額だ。試算によれば、そのために必要なコストは年間二兆七〇〇〇億ドル、GDPの一五％相当に上るという。スターンは、この予算をまかなうために、既存の貧困対策プログラムのほとんどを廃止して年間約一兆ドルを浮かせるよう提案している。フードスタンプ（七六〇億ドル）、住宅支援（四九〇億ドル）、給付型税額控除（八二〇億ドル）なども廃止対象だ。[22]さらに、国防費を削減し、さまざまな税控除制度（総額で年間一兆二〇〇〇億ドル）の大半も段階的に廃止すべきだという。また、連邦消費税、金融取引税（本書執筆時点でEUの一〇カ国が導入に向けて動いている）、そしておそらくは資産税も導入すべきだと、スターンは考えている。

ベーシックインカムの財源問題は、煎じ詰めれば二つの選択に行き着く。一つは、給付額をどの程度にするか。そしてもう一つは、社会として財政支出の優先順位をどう考えるかだ。現行の税制はけっして完璧なものではない。ほとんどの場合、過度に複雑で、過度に逆進性が高い。しかも、節税や脱税により国庫に入らない税収が莫大な金額に上る。

ある論者が述べたように、二〇一六年に暴露された秘密文書「パナマ文書」は、アメリカにベーシックインカムを導入する余裕があることを浮き彫りにした。租税回避行為により、富裕層がいかに多くの税金を逃れているかが白日の下にさらされたからだ。[23] 租税回避問題に取り組む国際NGO「タックス・ジャスティス・ネットワーク」の推計によれば、世界の支配層が税率ゼロ、もしくはきわめて税率の低い国に隠している資産は、二一兆〜三二兆ドルに上る。それにより世界の国々が失っている税収は、一九〇〇億〜二八〇〇億ドルに達するという。[24] その一方で、支配層は多くの「ただ乗り」をしている。公共インフラや行政サービス、そして政府や国際機関に認められた財産権の恩恵に浴しているのだ。また、国際通貨基金（IMF）の推計によれば、多国籍企業が利益をタックスヘイブン（租税回避地）に移していることで、各国政府は年間に総額六〇〇〇億ドルの税収を失っているという。

**ある大学教授の難問**

ハーバード大学のグレゴリー・マンキュー教授（経済学）は、「ユニバーサル・ベーシックインカムに関する短いメモ」と題したブログ記事で、次の難問を投げかけている。[25]

平均所得が五万ドルで、所得の不平等が大きい国があるとしよう。社会のセーフティネットをつくるために、二つの政策が提案されている。あなたは、どちらを支持するだろう?

A案　すべての人に年間一万ドルを給付。財源は一律二〇%の所得税。

B案　資力調査で認められた人に対して、年間で最大一万ドルを給付。所得がまったくない人は一万ドル満額の給付を受けられるが、所得が増えるにつれて給付額が減らされていく。所得一ドルごとに、給付額が二〇セント減らされる。財源は、所得五万ドル以上の人に対する二〇%の所得税。

聡明な人たちが以下のような主張をするのを、私はたびたび目の当たりにしてきた。「A案は常軌を逸している。なぜ、ビル・ゲイツみたいな大富豪に政府がお金を配るのか? 必要ない人に給付するために、B案より税率を高くしなくてはならない。B案のほうが累進的だ。本当に支援を必要としている人だけを給付対象とし、平均以上の所得がある人だけに課税して財源をまかなっている」

しかし、このような主張をする人たちが見落としていることがある。実は、二つの案の中身はまったく同じだ。納税額と受給額の差額は、すべての人がA案でもB案でも変わりがない。違いは、制度の表現の仕方だけだ。

マンキューの主張は、紙の上では正しい。しかし現実には、二つの案は異なる結果をもたらす。資力調査をおこなえば、政府に行政コストがかかるだけでなく、受給者も申請時に大きな負担を強いられる。資力調査をともなう給付には、不確実性と不安定性もついて回る。給付の可否は所得を基準に判断され、所得がいくらになるかは不確実で不安定だからだ。つまり、仮に政府にとっての負担がまったく同じだとしても、受給者にとっての価値は同じではない。この点を考えても、資力調査をせずに全員にお金を配り、高所得者からは税によってお金を取り戻すという仕組みには、大きな利点がある。

## 経済に及ぼす好影響

大ざっぱな試算とシミュレーションに共通する根本的な欠陥の一つは、ベーシックインカムが経済に動的な影響を及ぼす可能性を無視していることだ。たとえば、前述したように、ベーシックインカムを導入すれば、「貧困の罠」や「不安定の罠」の悪影響を取り除ける。これらの「罠」は、資力調査に基づく福祉の受給者が低賃金の職に就いたり、働く時間を増やしたり、賃上げを交渉したりする意欲を奪っている。要するに、その人が本来望むような行動を思いとどまらせてしまうのだ。この問題は三種類のコストを生み出す。第一は、低所得者がわずかな給付金に依存する状態を継続させること。第二は、経済生産が失われること。第三は、国庫に入る税収と社会保険料収入が失われることだ。

資力調査に基づく福祉制度には、人々を非道徳的な行動に走らせるという大きな弊害もある。プレカリアートやそれに近い状態の人たちは、受給資格を失い、税金や社会保険料の負担がのしかかることを避けるために、ヤミ経済で働きたいという誘惑にかられる。それに対し、ベーシックインカムは職に就いても剝奪されないので、所得を隠す必要性が乏しい。その結果、政府の税収も増える。経済活動が活性化することにより経済に生じる好影響、そして、低所得者の限界税率が大幅に下がることによる税収増の利点は、高所得者の税負担が緩やかに増えることにともなう弊害——本当に弊害が生じるかは疑わしいが——を上回る可能性がある。ロンドン・スクール・オブ・エコノミクスの「経済パフォーマンス・センター」の研究が指摘しているように、「理論的に考えても、データに照らして見ても、高所得者がどのくらい仕事をするかは、税率の影響をほとんど受けない」からだ。[26]

ベーシックインカムが生むフィードバック効果は、これだけではない。第5章で述べたように、心身の健康に好影響が及び、医療サービスや社会サービスへの需要が減る。それにより節約される政府予算は、ベーシックインカムの財源に充てることもできるし、ほかの公共サービスの充実に回すこともできる。

## そのほかの財源

多くの論者が主張している魅力的なアイデアとして、炭素税の税収をベーシックインカムの財源に回すというものがある。炭素税は、気候変動の原因となる温室効果ガスの排出を減らすために課す税金だ。[27] 環境保護団体「シティズンズ・クライメット・ロビー」の計算によると、アメリカの場合、排出量一トンにつき一五ドルの炭素税を課せば、年間に一一七〇億ドルの税収が得られる。このお金を使えば、諸経費を差し引いても一世帯当たり年間八一一ドル（一人当たり三二三ドル）の配当金を給付できる。[28] アメリカの半数以上の世帯は、この制度により恩恵を受ける。炭素税の導入にともなう物価上昇がもたらす損失よりも、受け取る配当金のほうが多いのだ。この仕組みは、累進性もきわめて高い。対所得金額比で見ると、低所得世帯が受ける経済的な恩恵が大きい。高所得層は平均して損失をこうむるが、所得金額に比べれば微々たるものだ。

もっと古くから唱えられているのは、土地税を、財源にするという案だ。前述したように、トマス・ペインは、自らが提案する給付金の財源として、土地所有者から徴収する「地代」を念頭に置いていた。ヘンリー・ジョージも、土地税を財源とするベーシックインカムの導入を主張した。土地税は、累進性が高い税金だ。土地所有者は、所得と資産の面で豊かな人たちの場合が多いのである。土地税には、莫大な税収を確保しやすいという利点もある。エコノミスト誌で紹介された推計によると、アメリカのすべての土地に五％の土地税を課すと、税収は一兆ドルを超す。これをすべてベーシックインカムに回せば、全国民に年間三五〇〇ドルを給付できる計算だ。[29]土地税を強化してベーシックインカムをまかなうというアイデアには大きな魅力がある。ほとんどの国では、土地税があまりに貧弱で、しばしばアイデアには大きな逆進性が高い状況が生まれているのが現状だからだ。しかし、そのような改革を妨げる政治的障害はきわめて大きい。

資産税、相続税、金融取引税、ロボット税なども、ベーシックインカムの財源として提案されている。ユーザーのデータを利用して利益の多くを上げているグーグルやフェイスブックのような企業に、現在ユーザーが無料で提供しているデータの利用料を支払わせ、それをベーシックインカムとして分配するという案も唱えられている。[30]

デンマークでは、ベンチャーキャピタリストのセーレン・エーケルントが運営するシンクタンクの「社会思想研究所」が独創的な財源確保の方法を提案している。[31]それは、「ソーシャル・ベンチャーファンド」とでも呼ぶべきアプローチだ。政府が企業に投資して、企業との間で利益分配の合意を結び、その分配金を基にすべての人にベーシックインカムを給付するという。非常に複雑な仕組みだが、さまざまな独創的なアイデアがありうることはよくわかる。

## 政府系ファンドと社会配当

わたしが好ましいと思うのは、「アラスカ永久基金」や「ノルウェー政府年金基金」のような政府系ファンドを創設して財源をまかなうという案だ。これは、ノーベル経済学賞受賞者のジェームズ・ミードが著書『アガソトピア』で唱えた考え方に基づいている。国が基金を設立し、長年かけてその基金を増やし、ベーシックインカム、もしくは社会配当の財源にする。[32]このように社会の共有財産から配当を配るというのは、政治的にはきわめて魅力的なアプローチと言える。既存の福祉制度を解体したり、所得に対する税金を引き上げたりする必要がないからだ。

アラスカ永久基金は、一九七四年の知事選でアラスカ州知事に当選したジェイ・ハモンド（共和党）の発案によるものだ。一九七六年に創設されて以降、州の石油収入の八分の一がこの基金に回されている。すべての合法的な住民に対する「配当」の支払いは、一九八二年から始まった。このモデルはベーシックインカム世界ネットワーク（ＢＩＥＮ）のメンバーの間で評判がよく、ベーシックキャピタルやベーシックインカムの財源として政府系ファンドを活用した草わけと位置づけられている。[33]

政府系ファンド型のアプローチを好む論者の一人に、「スカイ・トラスト」というアイデアを提唱するピーター・バーンズがいる。これはアラスカ永久基金を手本にした考え方で、「万人の財産」を利用している企業から利用料を徴収して、その金で基金をつくるというものだ。ここで言う「万人の財産」には、空気や水や鉱物資源などの天然資源に加えて、知的財産権制度や法的インフラや金融インフラなど、社会的に築かれた「財産」も含まれる。バーンズの推計によれば、環境汚染税、天然資源採掘税、電波周波数帯使用料、金融取引税、知的財産権所得税などにより、アメリカでは一人当たり年間五〇〇〇ドルの配当を給付できるという[34]。

イギリスでは、スチュワート・ランズリーが「ソーシャル・ウェルス・ファンド」を提案している。株式保有に対する税金を財源に、ベーシックインカムを実現しようというのだ[35]。イギリスの株式市場に上場する上位一〇〇社の株式を保有している人に、株価の〇・五％の税を毎年課せば、年間に八〇億ポンドを超す税収が得られる。税率を一％にすれば、税収は二倍になる。この金額の半分以上は、イギリス国外の投資家が負担することになるという[36]。一方、わたしは、あらゆるタイプの資産（物的資産、金融資産、知的財産のすべてを含む）の私有と利用から生じる不労所得に課税し、その税収で基金をつくる方法を支持している[37]。

こうした基金は、民主的な統治システムにより、倫理を重んじて運営されなくてはならない。財源が枯渇したあとも基金が長く存続できるようにして、世代間の公平を確保する必要もある。ノルウェー政府年金基金のように、倫理的な運営をおこなうべきである。この点の重要性を浮き彫りにしたのが、二〇一六年にイギリス政府が提案した「シェール・ウェルス・ファンド」という嘆かわしい計画だ[38]。この計画では、シェールガス採掘による収益の最大一〇％を基金に回すものとされている。これにより、二五年間で多ければ一〇億ポンドが蓄えられるという。このお金は、シェールガスのフラッキング（水圧破砕法）による採掘場所の地元自治体に配布される。地元は、それを地域のプロジェクトに使ってもいいし、住民に現金で配ってもいい。

この計画は、環境上の懸念により激しい反対を受けている事業を受け入れさせるために、地元を「買収」するものと言わざるをえない。問題はほかにもある。公平性の面での疑問も多い。なぜ、たまたまシェールガスが眠っている地域に住んでいる人たちだけが恩恵に浴せるのか？　受給対象の地元自治体は、どのような線引きで決めるのか？　お金を受け取れるのは、フラッキングが開始されたときに対象自治体に住んでいた人だけなのか？　支払いは一括でおこなうのか、定期支払いのかたちを取るのか？　支払いはいつまで続けられるのか？　未来の世代は受け取れるのか？　空気や水、土壌、生活に及ぶ危険を埋め合わせられるだけの金額が給付されるのか？

こうした問題を考えると、一部の人だけを対象とする制度には、平等性と倫理性に疑問があることに気づくだろう。また、基金の運営と配当金の支払いに関する原則を事前にはっきり決めておくことの重要性もよくわかる。政府からもビジネス界からも独立した統治システムを設ける必要性も大きい。しかし、これらの条件を満たせれば、この種のアプローチは、ベーシックインカムや社会配当の財源として有効だとわかっている。政府系ファンドをつくること、そして、それを政治的なご都合主義や富裕層優遇のために利用しないことを目指すべきだろう。

## 財源問題は政治問題

ベーシックインカムの財源をどうするかは、結局のところ政治的判断の問題だ。いま、先進諸国の税率は歴史的に見て非常に低い水準にあり、それを引き上げてはならないという根拠はない。また、一部の人しか利用できない税控除制度や、政府やEUのような機関が拠出する膨大な数の補助金を見直す余地もある。これらの制度には莫大なコストがかかっており、逆進性が高く、大半は道徳的にも経済的にも正当化できないものだ。

一方、既存の福祉制度は、複雑で非効率なうえ、道徳的にも難があり、コストも馬鹿にならない。今日、多くの国で貧困が拡大している。支配層や富裕層、大企業が手にする不労所得が目を見張るほど増え、不平等も急速に広がっている。[39] この莫大な不労所得を社会のために活用すれば、ベーシックインカムを実現するために必要な財源の多く、あるいはすべてを調達できるかもしれない。

ベーシックインカムを実現するには、社会サービスを大幅に削減するか、所得税率を大幅に引き上げることが不可欠だと主張する人たちは、意図的にせよ、知識不足が原因にせよ、誤った考え方を広めていると言わざるをえない。

ベーシックインカムの財源問題は、究極的には、その社会が社会正義、共和主義的自由、経済的な安全をどのくらい大切に考えているかという問題に行き着く。これらを本当に重んじるなら、ベーシックインカムの財源は必ず確保できる。というより、財源がないなどとは言えないはずだ。

# 第8章

# 仕事と労働への影響

仕事と関係なく所得を与えるプログラムはみな、程度の差こそあれ、働く意欲をそぐことが明白だ。
——マイケル・タナー（ケイトー研究所、2015年）[1]

このマイケル・タナーの主張は本当だろうか？批評家や社会科学者のなかにも、仕事について論じるとき、理性的な判断ができない人があまりに多い。何を「仕事」として認めるかについては、歴史上つねに恣意的な線引きがなされてきたが、今日ほどそれが甚だしい時代はなかったかもしれない。

金銭報酬をともなわない仕事のほとんどが「仕事」とみなされなくなったのは、二〇世紀に入ってからだ。今日の経済統計は、この強引な分類をいまだに守り続けている。統計上、「仕事」として認められるのは、労働市場で金銭報酬が支払われる場合だけだ。いまから一世紀ほど前、経済学者のアーサー・セシル・ピグーが次のように指摘している。もし、ある男性が家政婦を雇って家事をさせれば、国民所得が上昇し、経済成長が押し上げられる。就労者数が一人増え、失業者数が一人減る。しかしその後、男性が家政婦と結婚し、その女性が主婦としてそれまでと同じように家事を担い続けた場合、国民所得と経済成長は落ち込み、就労者数が一人減り、失業者数が一人増える。こんなことは馬鹿げている（それに性差別的だ）。

馬鹿げたことは、いまも続けられている。無償で自分の子どもの世話をする親は、雇われて他人の子どもの世話をする人と同じくらい「仕事」をしている（その仕事の「生産性」は親のほうが高いだろう）が、経済統計上は「仕事」をしていることにならない。近年、成長著しい「ギグ・エコノミー」の世界にも、金銭報酬の有無によって同じ行為の位置づけが変わる例がたくさんある。たとえば、犬の飼い主は「ボロー・マイ・ドギー」というアプリを使い、自分の代わりに犬の散歩を請け負ってくれる人を雇える。ベビーシッターならぬ、ドッグシッターだ。経済統計上は、自分の犬を散歩させるのはレクリエーションの一環とされるのに対し、お金をもらって他人の犬を散歩させることは「仕事」として扱われる。この場合、政府にとっては好材料なことに、国民所得と雇用が増加する。あなたが自分の犬を自分で散歩させれば、自分の子どもの世話を自分でする場合と同様、経済の足を引っ張っていることになるのだ！

これ以外にも、金銭報酬が支払われない仕事は大量に存在しており、しかも、そうした活動の規模は拡大している。イギリスでは、子どもやお年寄りの世話、家事、地域のボランティア活動など、報酬をともなわない経済が、金銭のやり取りをともなう経済の半分ほどの規模に達している(2)。これは、イギリスだけの状況ではない。

しかも、こうした推計には、わたしたちが政府との関係でおこなっている「仕事」（たとえば、税務申告の書類作成。この作業を「娯楽」に分類することはとうていできない）や、消費者としておこなう「仕事」（たとえば、スーパーマーケットの無人レジでの支払い作業）は含まれていない。わたしたちは、「労働のための仕事」も求められる。有給の仕事に就いたり、職探しをしたりすることに付随する活動のことだ。夜間や週末もインターネットから逃れられない今日、そのような活動はますます増えている。プレカリアートたちはとくに、報酬が支払われず、仕事として数えられることもない「仕事」（少なくとも本人たちは「仕事」と感じている）を大量におこなっている。職探しをしたり、長期にわたる複雑な採用プロセスにつき合ったり、呼び出しがあったときだけ発生する仕事のために待機したり、わずかな給付金を受け取るために書類に記入したり行列をつくったり……。

こうしたことは、ベーシックインカムが仕事と労働に及ぼす現実の影響と潜在的な影響を考えるうえで無視できない。よく言われるのは、すべての人にベーシックインカムが給付されれば、「怠け者」が増え、労働力の供給が減るということだ（労働市場に加わる人が減ったとしても、怠け者が増えたとは言い切れないはずだが）。「怠け者」にもベーシックインカムを配るべきかという点に関しては、歩み寄りの余地がなさそうに見える哲学論争が戦わされてきた。この議論をする際、「働きもせずに、怠けて暮らしている人」と聞いて多くの人がイメージするのは、高級ビーチでサーフィンを楽しむのん気な若者の姿だろう。しかし実際には、ささやかなベーシックインカムだけで、サーフィンざんまいの日々を送れるとは考えにくい。

ほとんどの人は、少しでも多く稼ぎたいと考えるものだ。もちろん、日がな一日サーフィンをして、ベーシックインカムだけで生活しようとする人も、なかにはいるだろう。しかし、政府がそうした人たちを見つけ出し、なんらかの「仕事」に就くことを強制しようとすれば、政府の支出は大きく膨れ上がる。それに、歴史上の偉大な知性の持ち主や芸術家の多くは、若い頃、定職に就いていなかった。裕福な親の支援や遺産という、ベーシックインカム的なもので暮らしていたのだ。もし、この人たちがそれと引き換えに就労すること（「ワークフェア」）を強いられたり、退屈な仕事をさせられたりしていたら、創造の才能は花開かず、のちの世代もその恩恵に浴せていなかっただろう。

ベーシックインカムは、人々がおこなう「仕事」の量を増やし、生産性を高め、さらには「余暇」の質も高めると、わたしは考えている。ここで言う「余暇」とは、古代ギリシャ語で言う「スコーレSchole」のことだ。「スコーレ」は、英語の「スクール」の語源になった言葉で、「働く必要がない状態」を意味する。哲学者のアリストテレスに言わせれば、人が文化と政治に全面的に参加するためには「スコーレ」が不可欠だ。いずれにせよ、ベーシックインカムを利用して有償の労働の量を減らし、場合によってはそれ以外の仕事の量も減らす人が出てきたとして、それは社会と経済と環境にとって本当に悪いことなのだろうか？

長時間労働は必ずしも、生産性、製品やサービスの質、意思決定の質の向上につながらない。

むしろ、長時間働くことは生産性を低下させ、健康に害を及ぼすというデータが集まっている。[3]歯科医や外科医にはたっぷり休息を取り、フレッシュな状態で治療に当たってほしい。長時間労働が好ましい結果を生まないのは、医療の分野に限ったことではない。

それに、ベーシックインカムの導入により労働力の供給が減るとしても、労働市場から退出する可能性が最も高いのは、潜在的な生産性と稼ぐ力が比較的低い人たちだ。そのため、経済への悪影響は、仮にあるとしてもきわめて小さい。また、この議論は、第5章で論じた「雇用なき未来」との関係で考える必要がある。いささか大げさな予測である可能性はあるが、テクノロジーの進化により、悲観論者が言うような未来が訪れるのなら、ベーシックインカムが労働力供給を減らしたとしても、大きな問題ではない。

## 無給の仕事が増えていく

かつて、人類の社会と生産システムは、季節や天候や太陽などによって労働と仕事の時間割が決まる「農業の時間」に基づくものから、人為的に切りわけられた時間の単位と時計に従う「工業の時間」に基づくものへと移行した。「工業の時間」の下では、いつも決まった時間に出勤と退勤をし、一日八時間か九時間、週に五日か六日働き、それを四〇年かそれ以上続けて、そのあとは（運がよければ）引退生活を送るという労働のあり方が理にかなっていた。

それに対し、二一世紀は、「労働」と「仕事」の境界が曖昧になり、職場の中でも外でも、そして勤務時間の中でも外でも、この両方の活動がおこなわれる時代になる。このような時代には、労働時間や時間当たり賃金の統計を取ろうとしても、実態を反映したものにはならない。

人々が企業や人材派遣会社から賃金を支払われる仕事は、その人がおこなう仕事の一部でしかない。ほとんどの人は、金銭報酬をともなわない仕事の割合が増えていく。人々がそのような無給の仕事をするおかげで恩恵を受ける人たちは、広い意味での搾取により不労所得を手にしているに等しい。

この点は、ベーシックインカムを導入すべき理由の一つだ。社会的価値のある無給の仕事に対する補償としてすべての人にお金を配り、財源は人々の無給の仕事により恩恵を受けている個人や企業の不労所得から集めればいい。そうした個人や企業は、意図的に搾取している場合ばかりではない。今後増加するであろう無給の仕事の量を正確に測定し、適切な報酬を支払うことはそもそも不可能なのだ。

## お金を手にすると仕事量は減るのか？

データを紹介する前に、指摘しておきたいことがある。繰り返し述べてきたように、資力・行動調査をともなう既存の福祉制度は、低賃金の職に就く意欲をそぐ面が強い。ベーシックインカムを導入すれば人々が「仕事」（ここでは有給の労働を指している）をしなくなると批判する人たちはたいてい、現行制度こそ、人々を仕事から遠ざけていることを見落としている。

しかし、このことは直感的に考えても明らかだ。就労していなかった人が職に就いた場合、ベーシックインカムの下では稼いだお金の六八％が税引き後に自分の手元に残るのに対し、現行のイギリスの制度では二〇％しか手元に残らないとすれば、人々が職に就こうと思う意欲は前者のほうが当然高い。しかも、二〇％のお金は、通勤や託児サービスの費用、仕事用の洋服代などを差し引くとさらに大きく減ってしまう。このわずか二〇％のお金のために働かざるをえない人は、そうでない人に比べて、不満をいだきながら、質の低い仕事をする可能性が高い。

もし、人々に就労へのインセンティブを与えることが本当に重要だと思うのなら、選ぶべき道はベーシックインカムだ。ベーシックインカムに切り替えれば、資力調査型の福祉制度が生み出す「貧困の罠」を取り除き、再び給付が必要になったときに受給資格が認められないのではないかという不安が生み出す「不安定の罠」も和らげることができる。その結果として、スキルの低い人たちがヤミ経済ではなく合法的な労働市場に加わるように背中を押すことができる。福祉給付を失うことを恐れずに、パートタイムの職に就くことも可能になる。子どもやお年寄りのケアに携わっていたり、障がいがあったりしてフルタイムで働くのが難しい人たちにとって、この点はとりわけ大きな意味を持つ。

では、実証データを見ていこう。ベーシックインカムが導入されると人々が働かなくなると主張する論者の多くは、一九六八〜八〇年にアメリカの六つの州で実施された自治体レベルの実験、そして一九七〇年代にカナダで実施された「ＭＩＮＣＯＭＥ」という実験を根拠にしている（ただし、いずれも厳密に言えばベーシックインカムではなく、低所得者にベーシックインカムに似たような給付をおこなう「負の所得税」の実験だった）。これらの実験に関する労働統計を基に、ゲーリー・バートレスのような経済学者たちは、ベーシックインカムの導入により、人々がおこなう「仕事」の量が若干減ると結論づけている。[4]

しかし、それらの統計では、有給の労働と求職活動しか「仕事」として数えていない。それ以外のさまざまな形態の「仕事」は、ことごとく無視されている。子どもやお年寄りの世話をするために有給労働の時間を抑えている人は、すべて「仕事」の量を減らしたとみなされてしまう。それに、バートレスも認めているように、このような「負の所得税」（詳しくは第9章で論じる）の制度の下では、労働と所得の量を過少申告するほうが得になる。申告所得が少ないほど、給付額が多くなるからだ。したがって、労働力供給が減るという指摘がどの程度正確かは疑問がある。

　このように分析手法に欠陥があることに加えて、データにあらわれている影響自体もきわめて小さい。カール・ワイダークイストは、このテーマに関する研究を見つけられる限りすべて（合計で数百件に上った）検討し、ほとんどの場合、労働力供給への影響は統計上意味を成さないくらい小さいか、政策立案に当たって真剣に考慮するに値しない程度にとどまると結論づけている。(5)それにもかかわらず、それらの研究は、人々が働かなくなる証拠として紹介されている。(6)

　データから言えるのは、せいぜい一部のグループ、とくに幼い子どもがいる母親と就学中のティーンエージャーが有給の仕事をする時間がわずかに減るということだけだ。カナダのMINCOMEの実験では、「赤ちゃんが生まれたばかりの母親は、自宅で子どもと一緒に過ごす時間を増やすために仕事を辞めた。また、ティーンエージャーも、家族の生計を支える必要性が減って働く時間が減った。これにより、学校を卒業できるティーンエージャーが増えた」とのことだ。(7)

　アメリカの実験でも、受給者は給付金のおかげで手にした余裕を生かして、大学で学んだり、起業の準備をしたりするなど、よりよい未来を切り開くための活動に時間を使った。ニュージャージー、シアトル、デンバーでは、高校卒業率が二桁増加した。(8)長年のベーシックインカム推進派であるマイケル・ハワードが言うように、「労働市場から退出する人が増えることは確かだが、それは歓迎すべき性格のもの」なのだ。(9)このような受給者たちは、労働から仕事へ移行したと言える。この状況を、人々が「仕事」をしなくなった、ましてや悪い結果を招いた、と言うべきなのだろうか？

一部の実験では、失業状態で過ごす期間が若干長くなる人たちが確かにいた。しかし、これを「怠惰さ」のあらわれと考えるべきではない。長い目で見れば、時間をかけて職探しをするほうが、本人のニーズと資質に合った仕事を見つけられるという利点がある。

ベーシックインカムが導入されると人々が働かなくなると批判する人のなかには、データより印象や道徳論に基づいて自説を展開している人たちもいる。要するに、「働かざる者、食うべからず」と言いたいのだ。

「価値あるものを生み出していない人に実利的報酬を与えることは、経済的、社会的、倫理的に見て疑問がある」と、ある論者は述べている。[10] このような主張は、労働市場における労働にしか価値を認めないもので、ナンセンスと言うほかない。あらゆる「仕事」には価値がある。この点では、金額で評価することが不可能、あるいは困難なものも例外ではない。

一部の反対派は、ベーシックインカムが人々の労働量を減らすと主張するだけにとどまらず、もっと過激なことを述べている。フランス人のカトリック教徒で新自由主義者のパスカル＝エマニュエル・ゴブリーは、ベーシックインカムがもたらすディストピアの未来像を描いてみせる。あまりに多くの人たちが「社会を破壊しかねない怠惰」に陥り、働かなくなる結果、「生産性低下の影響が社会全体に広がり、成長が減速し、おそらく雇用も減る」というのである。[11] しかし、この説を裏づけるデータはどこにもない。このような主張は、人間の性質を侮辱するものでもある。わたしたち人間は、最低限の生活では満足せず、できる限り人生をよりよいものにしたいと考えるものなのだ。

経済学者のバーバラ・バーグマンも、「快適な」暮らしができる水準のベーシックインカムを配れば、人々の「仕事に対する意欲が失われる」と指摘する。働く人が少なくなれば、税収が減少し、その結果として増税が避けられなくなり、ますます有給の労働への意欲が失われるという。[12]

しかし、この主張を裏づける根拠も存在しない。

多くの国の世論調査の結果を見ると、ベーシックインカムを受け取れるとしたら、働く量を減らすかという問いに対し、圧倒的大多数はそのつもりがないと回答している。しかし、ほかの人たちが働く量を減らすと思うかという問いに対しては、そう思うと答える人が多い。要するに、「みんなは怠け者だが、自分だけは違う」と思っているのだ。ベーシックインカム反対派の間には、低所得者は働く量を減らすが、富裕層はそのような行動を取らないという思い込みがある。ビル・ゲイツやウォーレン・バフェットやマーク・ザッカーバーグのような大富豪たちは、もうお金を稼ぐ必要がないのに働き続けているから、というのが理由だ。

宝くじの高額当せん者に関する一九九九年の研究によると、当せん後も全員がなんらかの仕事を続けた（あるいは、続けたいという意向を持っていた）という。しかし、当せん前と同じ仕事を続けた人はごく一部にとどまった。ほとんどの人は、有給にせよ無給にせよ、自分が本当に楽しめる仕事をするようになったのだ。また、さまざまな研究によれば、もし宝くじに当せんしたらどうするかという問いに対して、ゆうに過半数を上回る人が「仕事は続けるが、いまの職場で働き続けるとは限らない」という趣旨の回答をしている。[13] 同じ仕事を続けたいかどうかは、お金を抜きにしてその仕事がどのくらい好きかに大きく影響された。社会的地位が低い人たちよりも、専門職に就いている人や給与所得者階級の人たちのほうが同じ職や職種で働き続けると答える割合がはるかに高かった。社会的地位の低い人たちは、退屈だったり不快だったりする職に就いている場合が多く、概していまの仕事への満足度が低いのだ。

二〇一六年六月にスイスでベーシックインカム導入の是非をめぐる国民投票が実施される前、ある世論調査で、もし給付金を受け取れるようになったら経済活動をやめるかと尋ねた。[14] このとき俎上に上がっていた給付額は、一人当たり月額二五〇〇スイスフラン。ほとんどの人が「快適」に生活できると感じる金額だ。この世論調査に対し、経済活動をやめると答えた人はわずか二%だった(回答者の三人に一人は、ほかの人たちはやめるだろうと答えた)。半分以上の人は、ベーシックインカムの支給が始まれば、スキルを身につけるためのトレーニングを受けたいと答えた。独立して自分のビジネスを始めたいと答えた人も二割以上いた。四〇%は、ボランティア活動を始めたい、あるいは増やしたいと言い、五三%は、家族と過ごす時間を増やすつもりだと述べた。ベーシックインカムは、人々が何もせずに怠惰に過ごすためのお金を配る制度ではなく、「やりたいこと」と「できること」をする自由を与えるための制度なのだ。

もう一つ見落としてはならないのは、労働市場への参加を減らす人がいるとしても、逆に参加を増やす人もいる可能性があるという点だ。このテーマに関しては、悪影響（それがどの程度のものかはともかく）ばかりが注目されてきた。

推進派は、ベーシックインカムの導入により、人々がおこなう仕事の量が増え、さらには仕事の質も高まると主張している。この点は、世界のさまざまな国での心理学的研究によって裏づけられている。[15] 実験によれば、心理的な安全を感じている人は仕事の量を減らすのではなく、増やすことがわかっている。また、心理的な安全を感じれば、人は協力的になり、仕事上のグループの生産性も上昇する可能性が高い。基礎的な安全が確保されると、自信が強まり、活力が増し、他人への信頼感が高まって、より多く、より質の高い仕事ができるようになるのだ。

このような効果がとりわけ強くあらわれるのは、おそらく低所得者の多い地域だろう。アフリカのナミビアで実施されたベーシックインカムの試験プロジェクトでは、給付が始まると経済活動全般が拡大した。[16] これより大規模なインドのマディヤ・プラデシュ州での試験プロジェクトでは、大人（とくに女性）の仕事量と労働量が増えた。多くの受給者が副業（主に自分のビジネス）を始めたことが大きな理由だ。[17] 唯一、労働量が減ったのは、学齢期の子どもたちだった。学業に専念したり、学校に通うかたわら家族の農業やビジネスを手伝うようになったりしたのだ。それまでは高度なスキルが必要でない賃金労働に就くケースが多かったが、家族の仕事の手伝いなら、学業の妨げに比較的なりにくい。

ベーシックインカムが先進国の社会に及ぼす影響にしか関心がない人たちは、このような研究結果には目もくれないのかもしれない。しかし、先進国の人たちも同様の反応を見せる可能性が高い。人はたいてい、現状よりも自分の人生を改善したいと思うものだ。もし、自らがそのように行動すると思うのなら、どうしてほかの人たちが違う行動を取ると思うのか？

## プレカリアートの仕事と労働

ベーシックインカムを論じるうえで忘れてはならないのは、二〇世紀型の所得分配システムが崩壊したという点だ。旧来のシステムの下では、国民所得が労働者と資本家に分配される割合はおおむね一定しており、ある人が受け取る所得と福祉給付の金額は、その人がおこなう労働と連動していた。しかし、状況は変わった。要求もしくは期待される仕事をし、長時間労働をしても、まっとうな所得を受け取れない人が増えている。(18) グローバリゼーションの進行、テクノロジーの変化、労働市場の「柔軟化」により、先進国の平均実質賃金は、当分の間は伸び悩むだろう。その結果、いまプレカリアートの状態にある人たちは、低賃金と低福祉という罠から抜け出せなくなる。

一部のベーシックインカム反対派の主張によれば、労働分配率の下落は、労働組合が弱い国だけで起きている現象であり、労働組合が強くなれば労働者の賃金と生活水準は上昇するという。(19)

しかし現実には、オーストリアのように労働組合と集団交渉システムが比較的健在な国でも、労働分配率は落ち込んでいる。

ベーシックインカムは、プレカリアートたちの収入の土台になりうる。低所得者がほかの低所得者の雑用を引き受け、ささやかな報酬を得ることも可能にする。現行の制度では、少額の報酬のために働くことは難しい。わずかな儲けと引き換えに、資力調査型の福祉給付の受給資格を失いかねないからだ。雑用を依頼したい低所得者の側も、現状では相場レベルの報酬を支払う経済的余裕がなく、頼みたい仕事を頼めない。その点、ベーシックインカムは、低所得者のビジネスを後押しし、ヤミ経済から抜け出す手助けもできる。

## 性別役割分業が弱まる

ベーシックインカムに関して意見がわかれている点の一つは、男女の仕事のパターンにどのような影響が生じるかだ。経済学者のイングリッド・ロビンズのように、昔ながらの男女の性別役割分業を強化し、女性を家庭内に「押し込める」結果を招くと主張する論者もいる。[20] しかし、この主張も裏づけを欠いている。むしろ、女性たちが自分のベーシックインカムを受け取るようになれば、経済的な安全が高まり、自分なりの仕事と労働のバランスを決めやすくなるだろう。実際、キャロル・ペイトマン、エイルザ・マッケイ、アン・アルストット、カシー・ウィークスといった論者は、ベーシックインカムが性別役割分業を弱めると考えている[21]。

すべての人に個人単位でベーシックインカムを給付することで、家庭内の男女不平等の多くが解消するとまでは言えない。しかし、それを後押しできることは確かだ。どの国も現行制度の下では、社会的保護の必要性を判断するとき、個人単位ではなく、世帯単位で考える。このアプローチの問題点は、家庭内の男女不平等を考慮していないことだ。家庭内に男女の不平等が存在すれば、世帯としていくら裕福かどうかに関係なく、女性がお金を手にできない可能性がある。

パートナーが裕福かどうかに関係なく、女性が個人として給付を受けられるようにして、基礎的な保護を提供すべきだという点は、ドメスティック・バイオレンス（DV）や性暴力に反対する運動がこの四〇年ほど再三にわたり指摘してきた。アメリカでおこなわれた「負の所得税」の実験によれば、給付を受けた女性の一部は、虐待をはたらくパートナーとの関係に終止符を打ち、自立することができた（皮肉な話だが、二つの実験で婚姻破綻が急増したように見えたことが大きな理由になって、この制度への政治的支持が一挙にしぼんでしまった。しかし、婚姻破綻の急増というデータは統計上の誤りだったことがのちに明らかになった）。

世帯単位で給付の可否を判断するアプローチは、どうしても政府が人々の私生活に土足で踏み込む結果を招く。一九七〇年代にイギリス各地で活発に活動していた草の根団体「福祉申請者組合（クレイマンツ・ユニオン）」の女性メンバーたちは、個人単位での福祉給付とベーシックインカムの実現を求めていた。国家が「私生活を嗅ぎ回る」ことをやめさせたいと考えたためだ。[22]

すべての人にベーシックインカムが給付されれば、家族のケアを担っている人たち（ほとんどが女性だ）は、自らが望むなら、誰かに金を払ってケアを任せられるようになる。一方、いま家族による無償のケアに頼っている高齢者や障がい者も、誰かに金を払ってケアを受けることが可能になる。ブラジルの貧困家庭向け現金給付「ボルサ・ファミリア」は、女性たちの家庭外での経済活動を活性化する効果を発揮した。給付金を使って託児サービスを利用したり、公共交通機関の運賃を支払ったりすることが可能になったためだ。途上国では、「一家の大黒柱」である男性に医療を受けさせることが優先されて、女性の医療は二の次にされがちだが、ベーシックインカムが導入されれば、女性も男性と同様に医療を受けられるようになるだろう。そうすれば、女性たちは病気に悩まされることが少なくなり、もっと多くの仕事ができるようになって、本人の選択次第では有給の労働も増やせる。この点でも、ベーシックインカムが仕事への意欲を減退させるという主張は、「自明」のものとは言えないのだ。

ベーシックインカムが導入された場合に減ると思われる労働の一つは、売春などの性的サービスだ。人身取引や強制売春は処罰すべきだが、性的サービスをすべて非合法化したり、刑事罰の対象にしたりすることは、自由の理念に反するし、そもそも逆効果だ。性的サービスの売り手と買い手のいずれかを刑事罰の対象にすると、さらに悪質な性的搾取に道を開き、ヤミ市場の拡大を招くことが避けられない。その点、ベーシックインカムを導入すれば、セックスワーカーたちは劣悪な条件の仕事を受けずにすみ、性産業から抜け出したい人たちはその手段を手にできる。

最後に、ベーシックインカムは相互主義を欠いており、見返りなしにお金を与えるものだという批判に対しては、フェミニズムの観点からのまっとうな反論がある。男性たちは長い歴史を通じて、もっぱら女性が提供する無報酬の家事労働にただ乗りしてきたではないか、という指摘だ。そうした無償の仕事への補償を実現するという意味でも、ベーシックインカムの導入は正当化できる。[23] ここでも、構造的な不公正の根底には、無給の仕事より有給の労働を価値あるものと決めつける発想がある。ベーシックインカムは、こうした偏りを是正できる。所得に軽い税金をかけ、そのお金で無給の仕事に報いる仕組みにすれば、その効果はいっそう大きい。

## 働く権利

人には「働く権利」があると言われるようになって久しい。しかし、本当にそのような権利があるのか？　もしあるとして、ベーシックインカムはその権利にどのような影響を及ぼすのか？　これらの問いに答えるためには、まず「働く権利」とは何かを明確にする必要がある。権利とは、人間の自由を促進もしくは擁護するものであり、すべての人に認められ、剝奪不能なものでなくてはならない。権利が存在する場合は、その権利を実現する、あるいはそのように努める義務が

（多くの場合は政府に）生まれる。したがって、「権利」と呼ばれるものは、少なくとも理屈の上では実現可能性があるものでなくてはならない。

「働く権利」を主張する人たちは、具体的に何を実現したいのか？　多くの論者は、「働く」という言葉を、雇用主に従属して有給労働をするという意味で使っている。しかし、雇用主のために労働をする「権利」が確立されても、働き手の自由はほとんど拡大しない。むしろ、働き手は義務を負わされる。「働く権利」という考え方が意味を持つとすれば、それは、創造と生産と再生のための能力を自由にはぐくむ権利と位置づけられた場合だけだ。このような意味での「働く権利」が守られるためには、すべての人が基礎的な収入を保障される必要がある。それがあってはじめて、すべての人が十分な自由と安全を手にし、才能を花開かせ、自分の望むとおりに有給と無給の仕事を組み合わせられるからだ。

「働く権利」という概念の歴史は示唆に富んでいる。この考え方は、一九世紀前半にフランスのユートピア社会主義者シャルル・フーリエが提唱したが、その後、カール・マルクスにより切って捨てられた。資本主義体制下では「馬鹿げた発想。惨めなくらい実現性の乏しい夢物語」でしかないというのが理由だ。しかし、一八九一年、ローマ法王レオ一三世は、有名な回勅「レールム・ノヴァルム（労働者の境遇について）」を発表し、そのなかで「働く権利」を高らかに謳い上げた。当時は、ヨーロッパで労働者の不満が膨れ上がり、国際社会主義の影響力が強まっていた時期だった。この回勅は、野放しの資本主義が生む害悪に対するパターナリスティック（父権的干渉主義）な反応という性格をもっていた。「働く権利」は、労働者が雇用主に対して数々の義務を負わされていた状況に対抗するために唱えられた考え方だったのである。

二〇世紀に入ると、「働く権利」は「働く義務」という考え方と絡み合うようになる。この潮流が頂点に達したのは共産主義国家のソビエト連邦だったが、西側諸国にもその影響は広がっていった。一九四一年には、ローマ法王ピウス一二世が馬鹿げた声明を発表し、労働はすべての人の権利であり義務でもあると述べた。このように「権利」と「義務」を一体化させる傾向は、今日も続いている。「権利には責任がともなう」といった相互主義がしばしば唱えられる。この考え方は、福祉受給者に就労もしくは職探しを義務づける主張に結びつく。しかし、そのような発想は権利の本質を揺るがす。権利は、相互主義を条件にすべきものではないからだ。

第二次世界大戦後、この「権利」は、一九四八年の世界人権宣言の第二三条で正式に謳われた。「人はみな、職に就き、職を自由に選び、公正で良好な条件の下で働き、失業から守られる権利がある」という内容だ。これと同じ時期、各国政府には「完全雇用」を実現する能力と義務があるという考え方が突如広まった（もっとも、それは男性の完全雇用に限られていたのだが）。

国際労働機関（ＩＬＯ）は、一九六四年の雇用政策条約でさらに一歩踏み出した。直接的な文言こそないが、この条約は、「働く権利」を守る義務を各国政府に課したものと解釈されている。一九八三年、ＩＬＯの雇用委員会はこう述べている。「雇用政策条約と同勧告で謳われている、完全雇用、生産的な職、そして職業選択の自由は、働く権利を実現する手段とみなされるべきである」

このように、国際機関のレベルでは、雇用と「働くこと」が同一視されていた。ソビエト連邦でも両者の区別はなされず、すべての人が労働の義務を負うという硬直的な考え方が信奉されていた。その点は、労働をことのほか重んじる社会民主主義政党や労働者政党、貧困問題についてのパターナリスティックなアプローチを好むカトリック教会も同様だった。

しかし、一九六〇年代後半以降、ケインズ主義的なマクロ経済政策と社会民主主義的な社会政策への支持がほころびはじめると、「働く権利」の考え方は、それまでより慎重に扱われるようになった。一九六六年の国連の「経済的、社会的および文化的権利に関する国際規約」では、一九四八年の世界人権宣言よりも詳細で微妙な表現が用いられている。「締約国は、人々の働く権利を認め、それを守るために適切な措置を取る。この権利には、すべての人が仕事により生計を立てる機会を得る権利が含まれる。その仕事は、本人が自由に選び、あるいは自由に受け入れたものでなくてはならない」

カトリック教会も主張を修正した。一九八一年に法王ヨハネ・パウロ二世が発表した回勅「ラボレーム・エギジェルチェンズ（働くことについて）」の時点では、一九六三年のヨハネ二三世の言葉を踏襲して、人には雇用される「生来の権利」があるという混乱を招く主張をしていたが、前述の「レールム・ノヴァルム」から一〇〇年後の一九九一年に発表された回勅「チェンテジムス・アニュス（新しい課題——教会と社会の一〇〇年をふりかえって）」では、雇用と仕事を同一視することの弊害を認めるようになった。

この一九九一年の回勅は、失業を抑制するために労働市場政策を用いることを支持する一方で、雇用される権利を主張することは避けた。「国家は、経済活動のすべての側面を統制し、個人の自由な活動を制約しない限り、すべての市民に対して働く権利を直接的に保障することはできない」と述べている。では、国家が「働く権利」を約束できないとすれば、誰が、あるいは何がその権利を実現できるのか？　この回勅は賢明にも、民間企業に雇用の提供を義務づけるべきだという荒唐無稽な考え方は採用していない。

二〇〇四年、国連機関の代表も加わった国際的なグループが「新しい人権に関する憲章」を起草した（わたしもメンバーの一人だ）[24]。この憲章では、あらゆる形態の仕事を「仕事」として認める一方、「労働の義務」という考え方を否定した。そして、尊厳をともなう生存権の重要性を訴えている。その生存権のなかには、生命の安全を得る権利、心身を侵害されない権利、ベーシックインカムを得る権利、医療を受ける権利、教育を受ける権利、本人の望むかたちで死を迎える権利、そして、働く権利が含まれる。このうち、「働く権利」は以下のように定義されている。


働く権利とは、金銭報酬が支払われるか支払われないかに関係なく、いかなる形態であれ、自らが価値を見いだせる活動に従事し、質の高い生活を送る権利のことである。人はみな、コミュニティ全体の利益を尊重することを前提に、自らの活動が生み出す果実と知的財産に対する権利を持っている。

「働く権利」は、このような内容のものでなければ意味がない。性別、民族、カースト、宗教、性的指向に関係なく、人は誰でも、自らが選ぶ「価値を見いだせる活動」に従事する権利を認められるべきだ。恣意的な障害（煩雑で不必要な免許制度など）により、その人にふさわしく、本人がやりたい活動を妨げられてはならない。[25] ベーシックインカムは、そのような「働く権利」を妨げるものではない。むしろ、その権利を支えるために欠くことができない土台と言える。人々に能力を開花させる手段を与えるだけでなく、やりたくない仕事を拒む力も与えられるからだ。「働く権利」には「働かない権利」が含まれるべきだが、絶望的なまでに不安定な状態に置かれている人は「働かない権利」を行使できない。

## 参加所得

貧困とベーシックインカムに関する議論が始まって以来、所得支援は「社会への貢献」を条件にすべきだという主張がつねになされてきた。二〇一七年はじめに死去したイギリスの経済学者アンソニー・アトキンソンは「参加所得」という考え方を長年提唱していたし、[26] 同様の案はそれ以前にフランスの哲学者アンドレ・ゴルツも主張していた。[27] アトキンソンは晩年、すべての人に基礎的な所得を保障すべきだが、それと引き換えに、「認定された」仕事を最低でも週三五時間おこなうよう義務づけるべきだと述べていた。

そうした義務を課すことは一見すると公正に思えるかもしれないが、実際は違う。すでにフルタイムの職に就いていて、それなりに所得がある人にとって、この条件を満たすことは難しくない。しかし、過酷な肉体労働やきわめて低賃金の職にしか就けない人にとっては、困難でコストがかかり、継続するのが難しい。しかも、このような条件を設けると、労働市場が歪められる。労働力の供給を増やし、賃金水準を押し下げる結果を招くからだ。そうなれば、何の罪もない働き手たちまで割を食う。これは公正とは言えない。

しかも、この条件が守られているかを監視しようと思えば、莫大な行政コストがかかる（世論対策のための政治的ジェスチャーにとどまり、実際には強制しないのなら、話は別だが）。また、どのような活動を仕事として認め、それに従事した時間をどのように計測すべきかという難しい問題も出てくる。病弱な祖母の世話をすることは「仕事」として認めるべきなのか？　もし認めるとして、役人はどのようにして、受給者が本当に祖母の世話をしていたのか、それともテレビでサッカー中継を見ていたのかを判断するのか？

このような制度の下では、役人の恣意的な判断の余地が大きくなるだけでなく、受給者の側が不正をはたらく余地も大きい。仮にボランティア活動だけを認定対象とするにしても、いい加減な申告がまかり通るだろう。ボランティア活動の監督者は、自分の下で活動しているボランティアが週三五時間ではなく、二五時間しか働いていないと告発したりするだろうか？　そんなことをすれば、その人物から反発を買うのが目に見えている。参加所得の制度は、せこい不正をはびこらせることが避けられないのだ。それに、前述したように、どのようなかたちにせよ相互主義を条件にすれば、権利は権利でなくなってしまう。

イギリス王立技芸協会（RSA）は、ベーシックインカムの導入とあわせて、一八〜二五歳の受給者に「貢献契約」を結ばせることを提案している。[28]友人や家族、親戚や地域社会との間で拘束力のない契約を結ばせ、ベーシックインカムの受給と引き換えに、なんらかのお返しをさせてはどうかというのだ。政府が監視することはなく、契約が守られなくても制裁はない。この方法なら弊害は生まれないし、ベーシックインカムに対する政治的抵抗を和らげる効果がある……と思えるかもしれない。しかし、甥や隣人が契約を守らなかったと文句を言い、法的なプロセスを経ずに個人の社会的評価に傷をつける人が必ず出てくる。この案も採用すべきでない。

## もっと怠けよう

今日は仕事をするつもりだった。
ところが、リンゴの木の上で茶色い鳥が歌い、
チョウが野原をひらひらと飛んでいた。
そして、葉という葉がこぞって私を呼んでいた。

――リチャード・ルギャリアン（イギリスの詩人、一八六六～一九四七年）

レイバリズム（労働主義）を信奉する人たちは陰気な説教をしたがるが、人がいくらか怠惰であること自体に問題はない。さまざまな時代の偉大な思想家たちも、何もしないこと、すなわち怠惰の効用を説いてきた。アリストテレスは、ものごとをじっくり考えるためには怠惰さが不可欠だとはっきり述べている。バートランド・ラッセルには、『怠惰への賛歌』（邦訳・平凡社ライブラリー）という著作がある。カール・マルクスの娘婿であるポール・ラファルグも、『怠ける権利』（邦訳・平凡社ライブラリー）という本を書いた（この本は、すべての人にいっそう過酷な労働を強いることに反対する内容だったため、共産主義者からは忌み嫌われていた）。しかし今日、「怠惰」という言葉はもっぱら否定的な意味で用いられており、単なる無精、無為に時間

が経過するに任せる姿勢をあらわすようになっている。

なぜ、何もしないことが否定されるべきなのか？　現代人は、「人は何もしていないとき、最も活動的である」という、古代ローマの政治家、大カトーの言葉を思い出し、ものごとのペースを落とす必要がある。わたしたちは、ものごとを本当の意味でじっくり考え、真のコミュニケーションと学習をする能力を失いつつあるからだ。

ガリレオ・ガリレイに始まり、アダム・スミスにいたるまで、歴史上の多くの偉人たちは、従来の経済学的な意味で「無業」だったからこそ、人類の文明に大きな貢献ができた。(29)チャールズ・ダーウィンも、ビーグル号での航海に乗り出せたのは、自分が裕福な一家の出身で「生活費を稼ぐ必要がなく、余暇時間がたっぷりあった」からだと認めている。ルネ・デカルトも、西洋哲学と数学に革命を起こす業績を上げられたのは、「ありがたいことに、生計のために学問をする必要をまったく感じずにすんだ」からにほかならないと述べている。こうした歴史上の偉人たちが取り組んだ活動は、「仕事」と呼ぶべきものだ。しかし、労働統計では、そのような無報酬の活動に携わる人は「無業」に分類される。

ほとんどの場合、誰が大きな業績を上げるかは前もって予測できない。だから、本人が望むなら、すべての人が怠惰に過ごす権利を認められるべきだ。もし十分な才能と活力があれば、その人は社会に大きな貢献ができるだろう。たとえ業績を上げられなかったとしても、社会と経済にはほとんど害が及ばない。

多くの人は、自分の楽しみとレクリエーションのためにスポーツをする。その一方で、スポーツをして莫大な報酬を受け取っている人もいる。スポーツに卓越した人たちのスキルには需要があり、市場が存在するからだ。しかし、政府が一部の人を「もしかすると成功できるかもしれないこと」に挑戦させるために公費を使い、潜在能力が明らかでない多くの人たちには公費を回さないとすれば、それは公正さを欠くようにも思える。ところが、イギリス政府がやっているのは、そういうことだ。宝くじの収益を基に、オリンピックで金メダルを取れるかもしれない人たちに資金援助をしている。これは、その人たちが自分のやりたいスポーツに打ち込めるようにベーシックインカムを給付するのと、実質的に同じことだ(30)。

どうして、ほかの人たちにも(成功できる可能性の有無に関係なく)同じような手厚い支援をしないのか? どうして、ほかの人たちは、自分のやりたいことで才能をはぐくめるように経済的な安全を保障してもらえないのか? オリンピックの選手育成政策は、人が才能や潜在能力を開花させ、天職を追求するために、基礎的な安全が欠かせないという前提に立っている。この考え方は、スポーツ選手だけでなく、すべての人に等しく適用されるべきだ。それを実践するための手立てがベーシックインカムなのである。

最後に、一言述べておきたい。無精な人生を送るという意味での「怠ける権利」を全員に認めるためにベーシックインカムを導入すべきだと訴えるのは政治的にも知的にも間違っている。それよりも、ベーシックインカムを、ものごとをスローダウンし、自分の時間をコントロールする手段と位置づけるほうが魅力的だ。ベーシックインカムは、何もしない日々をしばらく過ごしても、恥をかいたり、批判されたり、制裁を加えられたりせずにすむ状況をつくり出すための制度と位置づけるべきなのだ。

## 創造的な仕事と再生の仕事

ベーシックインカムは、裕福な人だけでなく、もっと多くの人たちが自らの情熱を追求する道を開く。それにより、その人自身の人生に対する満足度が高まるだけでなく、社会にも大きな恩恵がもたらされる場合がある。起業が活発になったり、創造的な活動や社会的に価値のある活動に取り組む人が増えたりする可能性が高まるのだ。イギリスの著述家ジョン・オファレルはこう記している。

新しいものをつくり出した人はみな、ある程度の経済的な安全があったからこそ、それを成し遂げることができた。(二〇世紀イギリスの女性小説家である)ヴァージニア・ウルフが「自分だけの部屋と年に五〇〇ポンドのお金」を必要としたのは、そのためだ。長い歴史を通じて、わたしたちは社会のごく一握りの人の才能しか活用してこなかった。大多数の人はあまりに立場が弱く、自分が真に才能を持っている分野を追求したり、それがどの分野なのかを見いだしたりすることができずにいる。[31]

わたしたちは、もっと余暇時間を持つべきだ。休息するだけでなく、家族や友人たちとの絆を深め、市民生活や政治に参加するために。PTAの運営や地域の高齢者の見守りのような無給の仕事は、コミュニティを機能させ、繁栄させるために欠かせない。ところが、ほとんどの国でボランティア活動への参加が分野を問わず減少している。アメリカの場合は、ボランティア活動の主な担い手だった女性の労働参加率が上昇したことが（すべてではないにせよ）大きな要因だ。[32]ベーシックインカムは、人々が政治に関わり、政治を論じ合うことを可能にし、いま多くの国で痛々しいほど欠けている「熟議型民主主義」を取り戻す助けになる。

人々が家族や親戚の身のまわりの世話をしたり、コミュニティの活動に携わったりといった「再生産」の仕事に割く時間とエネルギーが増えれば、環境への好影響も期待できる。資源を枯渇させる活動から、資源を保存する活動への移行が進むからだ。人々が職業上の労働に費やす時間が減ることと、環境への悪影響が減ることの間には、相関関係が見られる。[33]それに、ベーシックインカムを受け取っている人は、好きでない仕事や、やり甲斐を見いだせない仕事――人類学者のデヴィッド・グレーバーが言うところの「くそったれ」な仕事――を拒んだり、そうした仕事に費やす時間を減らしたりできるようになる。[34]

また、第2章で述べたように、ベーシックインカムを導入すると、政府は環境汚染の抑制や気候変動の緩和のために炭素税のような政策を採用しやすくなる。そのような措置は、モノやサービスの値段を押し上げたり、人々の生計の手段に打撃を与えたりして、低所得層にとりわけ大きな不利益をもたらすが、ベーシックインカムはそうした経済的損失を埋め合わせる手段になりうる。一部の「脱成長」主義者は、「(少なくとも旧来の意味での)成長をともなわない繁栄」を実現するための経済のあり方を提唱するなかで、ほかのさまざまな政策とともにベーシックインカムが不可欠だと考えている。[35] ベーシックインカムは、所得が雇用に依存する度合いを減らすことにより、人々が脇目も振らずに有給労働を重んじる姿勢を問い直し、労働と生産と消費の関係を見つめ直すよう促すことができる。

## 障がいと稼働能力調査

愚行以外の何物でもないが、社会保障制度に稼働能力調査が導入されるケースが増えている。各国政府にとっては、「障がい」により仕事や労働が不可能、もしくはそれが困難でコストがかかる人が多いことが悩みの種になっている。しかし、福祉の給付対象を「ふさわしい貧困者」に限定しようとすると、障がい者手当の有資格者を減らす目的で「稼働能力調査」を導入することになる。そのような調査は、恣意的で差別的にならざるをえない。それは、障がい者に対する疑念と憎悪をかき立てる結果も招いている。イギリスでは、障がい者手当の給付ルールが厳格化されたあと、障がい者が襲われるという許し難い事件が起きている[36]。

イギリスだけではない。ヨーロッパや北米の多くの国でも、ルールを厳格化し、受給者を絞り込む動きが見られる。アメリカの連邦最高裁は、障がい者が就労能力の欠如を立証するための条件を厳しくし、受給者の削減に手を貸した。稼働能力調査で最も不利になるのは、腰痛や鬱など、日によって症状が変わるタイプの障がいがある人たちだ。調子がいい日に審査を受ければ、就労可能という判定をくだされるかもしれないが、次の日には調子が悪くなる場合もある。

それに、このような調査は馬鹿馬鹿しい状況も生み出す。障がいを乗り越えようと真剣に努力すると、就労可能と判定されて給付を失い、しかも実際に職が見つかる保証はない。もし、そのような努力をしなければ、給付を失う可能性は低い。つまり、稼働能力調査を導入すると、障がいを乗り越えようとする人を罰することになる。

このような政策は、ただでさえ不利な立場にある人たちにいっそう恥辱感と不利益を与えるものなのだ。道徳の面でも行政実務の面でも、受給者の行動といっさい切り離して所得保障をおこなうほうが好ましい。そうすれば、障がいのある人が職に就いてお金を稼いだ場合、その努力に適切に報いられる。稼働能力調査をやめてこそ、稼働能力を高めようという意欲を強めることができるのだ。

具体的には、ある態様の障がいにより、どのくらい生活コストが上昇し、職に就ける可能性がどのくらい低くなるかを医学的に診断し、それに基づいて、ベーシックインカムに上乗せして給付する障がい者手当の金額を決めればいい。このやり方なら、障がい者の経験する屈辱が比較的小さくなり、社会正義にかなった給付を実現しやすい。

## 仕事と余暇の優先順位

ささやかなベーシックインカムを給付しても、人々が仕事や労働をしなくなる可能性はきわめて低い。むしろ、「仕事」をする量が増え、その質も高まる可能性のほうが高い。それに、ベーシックインカムは「働く権利」を意味あるものにできる。わたしたちは、仕事と労働、余暇と娯楽の違いをしっかり理解すべきだ。人間には、労働と娯楽だけでなく、仕事と余暇も欠くことができない。私が起草した「プレカリアート憲章」の第一条で、仕事について考え方を変えるよう主張しているのは、それが理由だ。[37]

既存の社会保障制度の下では、労働以外の重要な仕事をしている人は、三つの点で不利な状況に置かれる。第一は、金銭報酬を受け取れないこと。第二は、有給労働に時間を費やせなくなること。第三は、社会保険の納付実績を積めないことだ。ベーシックインカムを導入することにより、雇用と労働ばかりでなく、そのほかのもっと大切な仕事に、そして、成長と活力をもたらしたり、政治参加の機会になったりする余暇にわたしたちの関心が向かうなら、非常に大きな前進と言えるだろう。

残念ながら、主流の政治論議には、偏向した仕事観がつねに影を落としてきた。たとえば、二〇一六年九月、イギリス下院でベーシックインカムが議論されたとき、労働年金省のダミアン・ハインズ雇用担当閣外相はこう述べた。「どんなに少額でもベーシックインカムを導入すれば、増税が避けられない……一方、ベーシックインカムは市民の労働への意欲を大幅に低下させる。それが経済に及ぼす影響は予想もつかない」

さらに、ベーシックインカムはイギリス政府の「ユニバーサル・クレジット」制度（詳しくは次章で取り上げる）と違って、「働くことへのインセンティブを弱める」と、ハインズは述べている。この主張はことごとく間違っている。ユニバーサル・クレジットを受給する人の限界税率は八〇％を超えるが、ベーシックインカムの場合は（イギリスの現行の税率と社会保険料率を前提にすれば）三二％にとどまる。また、ハインズは、有給の労働以外の仕事のことを完全に見落としている。

ベーシックインカムは、人々が最も重要と感じている仕事に取り組むことを促し、それを実践する機会を増やす役割を果たせる。それに加えて、もっと生産的に余暇を過ごすことへの意欲と能力も高め、古代ギリシャ語で言う「スコーレ」の精神の下、労働をせずにじっくりものを考える時間を増やせるかもしれない。休みなく労働と消費に励むことを土台とする経済システムのなかで生きるわたしたちには、スローダウンが必要だ。ベーシックインカムは、その背中を押すことができる。

# 第9章

# そのほかの選択肢

深刻な不平等と貧困、そして経済的安全の欠如への対処策として提案されたり実践されたりしている主な政策には、ベーシックインカム以外にどのようなものがあるのか？　本章では、最低賃金、保険料に基づく社会保険、資力調査に基づく社会的扶助、フードスタンプ（食料クーポン）などのバウチャー（利用券）や必需品の現場給付、「ワークフェア」や就労促進の仕組み、税額控除（イギリスの「ユニバーサル・クレジット」制度もその一種だが、この呼称は誤解を招く）などを検討する。いずれもベーシックインカムより優れた政策という触れ込みで、先進諸国で導入ずみだ。

これらの政策とベーシックインカムを公正に比較するためには、すべてを同じ基準で評価しなくてはならない。問うべきなのは、以下の点だ。その政策は、社会正義（第2章参照）を促進するか？　共和主義的自由（第3章参照）を向上させるか？　不平等（第4章参照）を縮小するか？　社会的・経済的な安全の保障を強化できるか？　貧困を大幅に縮小させるか？　これらの点すべてを、グローバリゼーション、テクノロジー革命、グローバル市場経済をかたちづくってきた新自由主義的な経済政策との関係で考える必要がある。

本書で論じてきた社会正義に関する諸原則は、社会政策に評価をくだす際の有益なチェックリストになりうる。もう一度おさらいしておこう。

＊安全格差原則——政策が社会正義にかなうと言えるためには、最も安全でない生活を余儀なくされている人たちの状況が改善しなくてはならない。
＊パターナリズム・テストの原則——政策が社会正義にかなうと言えるためには、一部の集団に対し、その社会で最も自由な集団には課されていないコントロールを課すものであってはならない。
＊「慈善ではなく権利」の原則——政策が社会正義にかなうと言えるためには、給付する側の権力や裁量ではなく、受給者や対象者の権利と自由を拡大するものでなくてはならない。

ここに、さらに二つの原則をつけ加えることができる。(1)

＊環境制約の原則——政策が社会正義にかなうと言えるためには、コミュニティや特定の人たち

に環境面のコストを課すものであってはならない。

＊「尊厳のある仕事」の原則——政策が社会正義にかなうと言えるためには、人々が尊厳のある働き方をすることを妨げず、社会で最も安全を欠いている人たちをこの面で不利に扱うものであってはならない。

これらの原則を頭に入れて、一つひとつの政策を評価する必要がある。もちろん、複数の原則の間にトレードオフの関係が存在する場合もあるが、いずれかの原則を露骨に踏みにじる政策は警戒すべきだろう。

**最低賃金（生活賃金）**

今日のグローバリゼーションの時代に、ほぼすべての国の政府は、労働者の団体交渉を抑制し、労働組合の活動を抑え込もうとしている。労働市場の柔軟性を高めようとする動きの一環だ。その一方で、ほとんどの国は、実質賃金の下落を放置したまま、イギリスやドイツのように最低賃金制度を導入したり（イギリスでは「生活賃金」制度と称している）、アメリカのように既存の最低賃金を引き上げたりしている。

しかし皮肉なことに、最低賃金制度は、経済が製造業中心だった時代に最もうまく機能する仕組みだった。製造業の時代には、安定したフルタイムの職に就く人が多かったからだ。一方、この制度が最も機能しないのは、労働システムの柔軟性がきわめて高く、労働時間の測定が困難な（第8章参照）時代だ。最低賃金はたいてい「時給」というかたちで設定されるが、決まった時間に職場で働くのではなく、職場以外の場所で細切れに働くケースが増えている時代に、このような方法は現実的だろうか？　また、最低賃金制度はベーシックインカムと違って、労働者の交渉力を強めない。もし、ベーシックインカムの給付が約束されていれば、不当に安い賃金（最低賃金より上にせよ下にせよ）を提示されたときに、「ノー」と言いやすい。ベーシックインカムが給付されていなければ、たとえ賃金に不満があっても、雇用主の言いなりになるしかない場合が多い。

それに、最低賃金制度は複雑性が高く、監視して履行させようと思えばコストがかさむ。イギリスで一九九八年に最低賃金法ができて以降、違反行為が認定された企業は何百社にも上るが、刑事起訴されたのは本書執筆時点で九社だけだ。「実名公表」をしても態度を改めない企業に最低賃金を守らせるためには、裁判所での長い審理が必要になる。しかも、最低賃金制度の恩恵を受けるのは、雇われて働いている人だけだ。職に就いていない人や、自営業の人、そしてすべての先進国で増えているフリーランスの人は、恩恵に浴せない。貧困対策としても非効率だ。少なくともイギリスの場合、最低賃金を受け取っている人の大半は、最貧困世帯の人たちではない。

最低賃金制度に反対する人や、現在の最低賃金が高すぎると批判する人は、企業が人件費を抑えようとして雇用を減らす結果を招くと主張する場合が多い。データによれば、最低賃金制度が失業率に及ぼす影響はそれほど大きくないのだが、企業はほかの方法でコストを節約するので、結局は労働者の待遇が改善しない。へたをすると、最低賃金の導入以前より待遇が悪くなる場合すらある。

たとえば、最低賃金が時給一〇ポンドの状態で、ある清掃サービス会社が週三〇時間労働で一〇〇人を雇用しているとしよう。この場合、最低賃金が時給一二ポンドに引き上げられれば、会社は勤務時間を週二五時間に減らし、コストが増えないようにできる。そうなれば、労働者の所得は増えない。場合によっては、待遇が悪化するケースもある。以前と同じ量の清掃作業を少ない時間でこなすよう求められたり、無給の残業を強いられたりする可能性があるからだ。

これは、二〇一五年にイギリス政府が「全国生活賃金（ＮＬＷ）」を導入したときに起きたことだ(2)。ある清掃サービス会社（税務署の清掃業務を請け負う会社だった）は、清掃作業員の週当たりの労働時間を三〇時間以下に減らし、その結果として、彼らをきわめて過酷な状況に陥れた。清掃作業員たちは、勤務時間を減らされたために時給の引き上げによる恩恵が無になっただけでなく、給付型勤労税額控除の受給資格も失った。最低週三〇時間以上働いていないと、この税額控除を受けられないのだ。清掃作業員たちの収入は、前より少なくなってしまった。いっさい職に就かず、すべての給付を満額で受け取るほうが得だと教えられる人もいたくらいだった。

しかし、ある女性の場合は、複雑な社会的扶助制度の下、職に就かないという選択をする余地はなかった。社会的扶助を申請すれば、住み慣れた家を退去しなくてはならないからだ。この女性は、子どもたちが独立する前からずっと、その寝室三部屋の家で暮らしていた。ところが、イギリスではいわゆる「寝室税」により、家族の人数に照らして最低限とされるより多い寝室数の家に住んでいる人は、住宅手当を減額される。そうすると、女性は家賃が支払えなくなり、もっと狭い家を探さなくてはならなくなる。この女性は、勤務時間を削減されてほどなく、ストレスによる高血圧で入院した。

社会正義の観点から言うと、法定最低賃金制度は「安全格差原則」を満たしていない。社会で最も経済的な安全が乏しい人たちの状況があまり改善しないからだ。労働市場の「柔軟性」が高まっているために、この問題はいっそう大きくなっている。「パターナリズム・テストの原則」と「慈善ではなく権利の原則」はそれなりに満たしているが、自由は拡大できない。一部の労働形態の経済的な持続可能性が高まるだけだ。「環境制約の原則」に関しては、好意的に見ても、マイナスの影響を与えていないだけにとどまる(実際には、資源を保存する「再生産」の仕事より、資源を消費する労働を優遇していることが否めない)。最低賃金が社会政策・労働市場政策の有効な手段だった時代は、過去のものになったのだ。

## 社会保険(国民保険)

二〇世紀の多くの期間、福祉制度の土台は、ベヴァリッジとビスマルクの系譜に連なる社会保険制度だった。この制度の根幹を成すのは団結の精神だ。相互補助により、リスクが現実化する確率が高い人をほかの人たちが支える仕組みである。社会保険の対象とされるリスクは「偶発的リスク」と呼ばれるもので、具体的には、失業、病気、事故、障がい、妊娠などが含まれる。このいずれの場合も、リスクが現実化する統計上の確率を基準に、保険数理に基づいて適正な保険料と給付金の金額を算出することが可能だ。

現実の社会保険制度は、この仕組みを擁護する人たちが言うほどは「団結の精神」に貫かれてはおらず、すべての人を等しく扱っているわけでもない。とくに、女性たちは不当に扱われてきた。それでも、問題はあるにせよ、社会保険制度は機能していたし、幅広い支持を得てきた。それを可能にしていた要因は、保険料を負担できる層が大きく、その規模が安定していたこと、受給資格を得るために保険料を納付でき、あるいは雇用主などに納付してもらえる人が多かったこと、そして、人々が最も恐れるリスク、人々に最も重大な影響を与えるリスクが保険の対象となっていたことだった。

二一世紀の世界では、これらの条件が満たされなくなった。不安定な雇用を転々とする人が多くなり、社会保険料を負担する層が細っているため、政府は一般財源で社会保険基金を補塡せざるをえなくなっている。また、雇用状況の変化により、受給資格を得るのに十分な納付歴を積めない人も増えている。そうした人たちは、苦境に陥ったとき、資力調査型の社会的扶助に頼るしかない。それに、社会保険ではほとんど、あるいはまったく対応できないタイプのリスクにさらされる人も多くなった。

このように大きなリスクにさらされる人が増える一方、偶発的リスクにあまりさらされない高所得層は相互補助に消極的になりはじめた。社会保険制度を政治的に正当化する根拠が弱まり、人々の支持も縮小している。給付額と保険料を引き下げるべきだという声は強まるばかりだ。

社会保険モデルが機能しなくなった最大の理由は、第4章でも述べたように、経済的な安全が失われる原因が変わったことにある。とくにプレカリアートたちは、リスクではなく、不安定が原因で経済的な安全が脅かされる。社会保険は、不安定に対処するのに適した仕組みではない。この制度は、製造業の安定したフルタイムの雇用に就く人が多かった時代には機能したが、今日の経済のあり方は当時とは大きく変わってしまった。将来、経済が昔のような形態に戻ることはないだろう。

柔軟性の高い経済において、社会保険制度は「安全格差原則」を満たせない。「パターナリスティック・テストの原則」と「慈善ではなく権利の原則」に関しては合格と言えるが、最低賃金制度と同じく、仕事より労働を優遇しているため、「環境制約の原則」は不合格だ。要するに、社会保険制度は、最も貧しい人たちや最も安全を奪われている人たちを充分に助けられず、社会正義と共和主義的自由も促進できないのだ。

## 資力調査に基づく社会的扶助

社会保険制度に対する支持が弱まっていることを考えると、ベーシックインカムを導入しない場合の選択肢の中心を成すのは、資力調査をともなう社会的扶助ということになる。「貧困者」と認定された人に限定して支援をおこなう仕組みである。これが「中心」を成すというのは、それを補うためにほかのさまざまな政策が不可欠だからだ。

二〇世紀に福祉国家が築かれたときは、イギリスの社会学者リチャード・ティトマスの有名な格言が広く受け入れられていた。「貧しい人だけを対象とする給付制度はおのずと貧弱な内容になる」というものだ。そのような結果を招く最大の理由は、受給者以外の人たちが制度を守りたいと思わないことにある。ところが、一九八〇年代と九〇年代に福祉国家がきしみを見せはじめると、あらゆるタイプの政府がこぞって方向転換し、資力調査をともなう社会的扶助制度に転換していった。厳しい時代に福祉国家を「守る」ためには、それ以外に道がないという大義名分が掲げられることが多かった。

資力調査をともなう社会的扶助制度の理念は、一見するときわめてシンプルなものに思える。限りある予算を、それを最も必要としている人に使おう、というわけだ。支出を抑えられれば、税負担も少なくてすむ。資力調査を課せば、福祉支出への国民の理解も得やすい。そのお金は最も必要な人に届けられるのだと、政治家は説明できるからだ。しかし、数々の研究により、この仕組みの欠陥が明らかになっている。それらを見ていくと、資力調査を導入する真の目的は、貧しい人たちの支援とは別にあるのではないかと思えてくる。以下、一〇の欠陥を挙げよう。

第一に、所得を調べるのは口で言うほど簡単ではないし、線引きの基準がどうしても恣意的になる。所得だけでなく資産も基準にすれば、貯蓄への意欲を弱めてしまう。貯蓄が少ない人たちは、金銭面の苦境に耐え抜いて再起する力が弱くなる。

第二に、資力調査を実施すれば、行政コストが肥大化するし、申請者の側も大きなコストを強いられる。申請者は、福祉事務所に足を運び、列に並んだり、待たされたりし、長大な書類に記入し、証明書類も用意しなくてはならない。そのためには時間がかかるし、しばしば費用もかかる。

第三に、資力調査は、申請者の私的なことがらに踏み込むことが避けられない。たとえば、同居しているパートナーに所得がないか確認するために、自宅訪問がおこなわれたりする。この種の制度は、プライバシーを侵害し、申請者が嘘をついていることを前提にするものだ。この点は、申請者はもとより、審査担当者のプライドも損なう。

第四に、このような状況の下、調査は屈辱的なものになり、申請者はそれを想像しただけで不愉快に感じる。調査のプロセスは、わざと屈辱的にしてある場合も少なくない。申請者に尻込みさせ、福祉コストを抑えるためだ。近年のイギリスとアメリカの政府に助言してきた人物は、申請者に屈辱的な扱いをし、現在の苦境について自分を責めるように促すべきだとさえ述べている。(3) 次のマルコム・トリーの批判には、キリスト教徒でなくても共感できるだろう。「受給者に屈辱を与える資力調査型の福祉制度は、人間が神の姿に似せてつくられた存在であり、神に次ぐ尊厳を持っているという点をまったく認めていない(4)」

第五に、第四の欠陥ゆえに、捕捉率、すなわち受給資格者に占める実際の受給者の割合が低くなる。データを見ると、すべての国のほぼすべての制度で、受給していない有資格者が大勢いる。こうしたことが起きるのは、有資格者の未申請（恐怖心や恥の意識や知識不足による）、申請時のミス（質問内容の誤解、質問に対する回答の「誤り」など）、そして、担当者との面談への遅刻など、些細な理由での申請却下が原因だ。現場レベルの役人たちはしばしば、理由を見つけて申請をはねつけることが自分たちの仕事だと思っていて、それを徹底することが出世につながると考えている。

イギリスでは、資力調査をともなう失業手当（「求職者手当」と改称された）の捕捉率が下がり続けている。現時点では、その割合が推定の有資格者数の半分まで落ち込んでいる。(5) 二〇一四〜一五会計年度には、申請漏れが総額二四億ポンドに達した。この金額は、一世帯当たりにすると三〇〇〇ポンドに上る。このほかに捕捉率が低いイギリスの制度としては、年金クレジットがある。これは、低所得者、とくに女性を支援することを目的とした制度だ。保険料の納付不足により公的年金を満額受給できない人や、公的年金以外の所得がない人に給付をおこなう。この制度の受給資格があるのに申請しなかった人の割合は、二〇一四〜一五会計年度には四割に達した。申請漏れの総額は三〇億ポンド。一世帯当たりにすると、平均二〇〇〇ポンドに上る。

アメリカでは、資力調査に基づく家賃補助の受給資格者のうち、四分の一しか実際に受給していない。しかも、家賃補助のクーポンを受け取るまでには、何年も待たされることが多い。一年間のクーポン発行数が非常に少ないからだ。[6] 貧困家庭一時扶助（TANF）を受給している世帯も、貧困世帯の四分の一に満たない。貧困世帯の数は増えているにもかかわらず、である。[7]

第六に、資力調査は社会の団結を蝕み、「我々対彼ら」という構図をつくり出す。自力で生計を立てている「我々」は、たかり屋である「彼ら」を助けるために税金を払わされている――という発想が生まれがちなのだ。こうした功利主義的な見方は、悲しいことに社会の現状を反映している。このような分断に拍車をかけているのは、社会階層の流動性が低くなっていること、そして、富裕層の自衛能力が高まっていることだ。富裕層は、民間保険と豊富な資産により、ほぼあらゆるリスクから自分を守ることができるのだ。受給者への不満の高まりを背景に、政治家は、給付額を実質レベルで目減りさせ、申請者の数も減らそうとしている。

第七に、悪名高い「貧困の罠」、そして「不安定の罠」が生まれる。[8] アメリカの三五の州では、人々が最低賃金の職に就くと、「貧困の罠」により、いっさい職に就かない場合に比べて手にするお金が減ってしまう。限界税率が一〇〇％を超えるのだ。[9] これでは、職のない人が低賃金の職に就こうという意欲を持てない。そこで、無職の人が職に就いた場合に、所得に応じて段階的に給付を減らすようにすべきだと、一部の論者は主張している。しかし、それだと今度は、給付を受けずに、同程度の、あるいはもっと少ない賃金を受け取っている人に対して公正さを欠く。

第八に、「貧困の罠」が存在するため、「ワークフェア」（詳しくは後述する）の推進が避けられなくなる。給付を受けていた人が低賃金の雇用に移行した場合に、八〇％を超す限界税率を突きつけられるような状況では、職に就こうと思う人は減る。そこで、政府は就労を給付の条件にせざるをえなくなるのだ。

第九に、安定的な家族形成が阻害される。この種の給付はたいてい、個人単位ではなく、世帯単位で金額が決定される。その結果、一人当たりに換算すると、カップルは単身者に比べて給付額が少なくなる。損をするとわかっているのに、わざわざ世帯をつくる必要はないと思う人が出てきても不思議はない（ただでさえ、カップルの関係はいつ破綻するともわからないのだから）。それに対し、個人単位で全員に均一の金額が給付されるベーシックインカムは、世帯をつくったカップルに損をさせることがない。ベーシックインカムは、特定の家族のあり方を優遇しない制度なのだ。公平性を尊重するのなら、この点を無視すべきでない。

第一〇に、イギリスの「求職者手当」に関する欠陥がある。求職者手当は、世帯所得を基準に給付の判断がなされる。そのため、カップルの片方が失業している場合は、もう片方にわずかな所得があるより、まったく所得がないほうが得になる。そのため、職に就いているほうも仕事を辞めてしまうケースがしばしばある（カップルのうち女性が職を持っている場合に、そのような選択がされがちだ）。これが一因になって、近年、イギリスの勤労者階級では、共稼ぎの豊かな世帯と、稼ぎ手が一人もいない貧しい世帯への二極化が進んでいる[10]。

以上のように、資力調査と、それにともなう行動調査を前提にした社会的扶助は、社会正義と共和主義的自由に関する原則にことごとく反している。貧しい人だけを対象にした給付制度は、おのずと貧しい給付にならざるをえないのだ。

## 食料などへの補助金

途上国を中心に多くの国で採用されている政策の一つに、貧困者に食料やその他の必需品を現物給付するというものがある。インドの「公共配給システム（PDS）」が世界最大規模だが、ほかの国でもこの種の制度は珍しくない。現物給付と同様の目的がある制度には、アメリカの「補助的栄養支援プログラム（SNAP）」のようなフードスタンプ（食料クーポン）もある。いずれも、必需品を買えない貧困者のために、国がそれを提供するなり、それを入手する手立てを与えるなりすべきだ――そして必需品以外は与えるべきでない――という発想に基づいている。途上国では、食料価格の乱高下から貧困層を守れるという理由も指摘される(11)。

この種の政策に対しては、いくつもの批判が可能だ。第一に、最大の問題は、パターナリスティック（父権的干渉主義）な性格があることだ。「貧しい人」が何を必要としているかについて、本人よりも政府のほうがよく理解しているという前提に立っている。しかも、さらに始末が悪いことに、「貧しい人」が何を消費すべきかを指図しようとしてもいる。アメリカのフードスタンプで買えるのは食料だけ。それも、「ヘルシー」とみなされる食べ物や飲み物しか買えないようになっている。

こうしたバウチャー（利用券）制度や現物給付制度の根底には、はっきり言葉にされてはいないまでも、ある決めつけがある。現金を給付すると、アルコールや薬物やギャンブルなど「好ましくないもの」に浪費されてしまうと考えられているのだ。しかし実際には、膨大な数の研究が明らかにしているように、現金を受け取った人たちは、これらのものへの支出を増やしたりはしない。[12] それに、百歩譲ってこの思い込みが正しいとしても、バウチャー制度や現物給付制度は人間の自由を拡大できない。どうして、貧しい人たちだけ、追加の所得を自由に使うことを禁じられなくてはならないのか？　そもそも、「好ましくない」とみなされるものを買いたい受給者は、バウチャーや現物給付で食費が浮いた分のお金を回せばいいだけのことだ。あるいは、バウチャーを額面割れで売却して現金に換えることもできる。[13] アメリカでは、法律で禁じられているにもかかわらず、フードスタンプの売買がなくならない。フードスタンプの対象でない紙おむつなどの必需品を買うために、現金が必要な場合があるからだ。

第二に、バウチャー制度や現物給付制度を実施するには、配布と監視のために巨大な行政機構が必要とされ、莫大なコストがかかる。インドのPDSの場合、一ルピー相当の食料を配給するために、三・六五ルピーの行政コストがかかっている。[14] これは極端なケースかもしれないが、国連の人道援助機関も、食料支援にかかるコストを一つの理由として、現金での支援に切り替えはじめている。ある研究によれば、食料、バウチャー、現金による支援を比較したところ、現物給付は、同程度の現金給付に比べて四倍近い行政コストがかかる。[15]

第三に、受給者にとって、バウチャーの価値は同額の現金より小さい。現金はどこでも使えるのに対し、バウチャーは、使える店が決まっていたり、店側が受けつけた場合しか使えなかったりする。その結果、業者間の競争があまりはたらかず、バウチャーを受けつける店は価格を引き上げやすい。バウチャーは同額の現金に比べて、購入できる商品の量が少ないのだ。ある研究によると、二〇一四年、シリア人難民に配付されたバウチャーを受けつけていたレバノンの小売店は、割高な価格で商品を販売することにより、合計で一カ月当たり推定一〇〇万ドルを不当に儲けていた(16)。さらに、バウチャーや現物給付は、受給者に余計なコストを課す。指定された場所まで足を運んだり、待たされたりするからだ(17)。

第四に、バウチャーや現物給付も資力調査をともなう。その結果、前述したような問題がことごとく発生する。行政機構の効率性が比較的高いはずのアメリカでも、政府の基準で所得貧困と位置づけられている人の四人に一人がフードスタンプを受け取っていない。受け取っている人も、三分の一がフードバンク（貧困者への無料の食料配給団体）を利用せざるをえない状況にある。食事を抜かなくてはならない人も多い。推計によると、給付されるフードスタンプでは、一カ月のうち三週間分の食料しか買えないからだ(18)。

第五に、意図的にせよ、そうでないにせよ、こうした制度は受給者に恥辱感を与える。受給者を露骨に「物乞い」のように扱い、本人たちにも卑屈な心理を植えつけてしまう。

第六に、受給者に対して質の低い商品やサービスが提供され、提供者が受給者を見くだす状況を助長する。アメリカでは、貧しい人たちが一定の地区に寄り集まる傾向が強まっていることと、家賃補助のクーポンの関係が指摘されている。クーポンを受けつける大家が一定の地区に集中しているからだ。[19]

第七に、汚職やレントシーキング（民間企業が政治家や官僚機構にはたらきかけ、自社に都合のいい政策や立法をおこなわせること）を助長しやすい。アメリカでは、農業州選出の共和党政治家がフードスタンプ制度を熱心に後押ししている。現物給付の場合も、インド政府がＰＤＳのために買い上げた食料のうち、実際に貧困者に届くのは一〇％に満たない。半分近くは、倉庫から配給所に運ばれる途中でどこかに消え、それ以外もほとんどが保管中に腐ってしまう。[20] ベーシックインカムを導入して現金を直接配るようにすれば、たちどころに、何層もの中間業者を取り除き、そうした業者によるロビー活動の影響もなくすことができる。

この種の制度は、社会で最も経済的な安全を欠いている人たちに支援の手を差し伸べ、「安全格差原則」を満たしているように見えるかもしれない。しかし、最も弱い人たちのなかにも、給付を受けられない人がいる。一方、「パターナリズム・テストの原則」と「慈善ではなく権利の原則」に反していることは疑問の余地がない。そのうえ、行政コストが高く、非効率で、汚職とレントシーキングの温床になりやすい。南米のエクアドルでおこなわれた実験で、現金給付、食料クーポン、現物給付の三種類の試みを同時並行で実施したところ、現金給付を受けた人のうち、ほかの給付方法のほうがよかったと述べた人は一〇％未満にとどまった。それに対し、ほかの二種類の給付方法だった人は、四分の一から三分の一が異なる給付方法を望んだ。[21] 現金給付を受けた人たちは、給付金の一部をほかの生活必需品や貯蓄に回せることを歓迎していた。人々は、役人たちが考えるニーズに従った給付より、現金のほうを好んだのだ。同様の結果は、ほかの多くの研究によっても明らかになっている。

## 雇用保証

ベーシックインカムより、「雇用保証」が好ましいと主張する論者もいる。職を持つことには所得だけにとどまらない価値があり、人々を幸せにする効果があるというのが理由だ。その価値とは、アイデンティティの意識、コミュニティに貢献しているという感覚、規則正しい生活、同僚との交流などである。このアイデアの提唱者としては、古くは経済学者のハイマン・ミンスキー、近年では、イギリスのトニー・ブレア元首相の顧問として「幸福」についての助言をおこなった経済学者のリチャード・レイヤード[22]、アメリカのラジオ司会者ポール・ハーヴェイ、法学者のウィリアム・クイグリーなどがいる[23]。

この主張に対する批判の一部は、次に取り上げる「ワークフェア」にいっそう強く当てはまる。この種の考え方には欺瞞がある。どのような職を保証できるのか？　賃金はいくら支払われるのか？　「保証」された職に就くことを断った場合、どうなるのか？　すべての人に、その人に適していて、その人のスキルを生かせて、十分な賃金が支払われる雇用を保証するという考え方には、まったく現実性がない。結局、保証されるのは、地位が低くて、給料が安く、期間が限られていて、雇用を提供するために無理やり用意したような仕事か、そうでなくても生産性の低い仕事にならざるをえない。道路清掃やスーパーマーケットの棚整理のような仕事をすることが幸福につながるかは疑問だ。雇用保証を提唱する論者は、自分自身や自分の子どもにこのような仕事を望むだろうか。

雇用保証の支持者が根拠として挙げる点の一つは、さまざまな調査により、失業者の幸福度が就労者より低いとされていることだ。このような調査結果は驚くに足らない。意に反して職を失い、しかも社会福祉給付の金額が不十分で、受給が難しく、屈辱を味わわされるうえに、いつ受給資格を剝奪されるかわからないという状況に置かれれば幸せを感じられないのは当然だ。このような人たちの状況は、本人の意思で職に就かず、一定の収入が約束されていて、恥辱感を味わわずにすむ人とはまるで違う。実際、引退生活に入っている人たちは、ほかの層に比べて格段に不幸せな人が多いわけではない。ケート・マクファーランドの表現を借りれば「仕事が人を幸せにするから、わたしたちの文化で仕事が重んじられているのではない。仕事を重んじる文化にどっぷり浸かっているから、多くの人は仕事に就いているほうが幸せなのだ[24]」。しかし、職に就いてさえいれば幸せというわけではない。ギャラップ社の世論調査によれば、アメリカで雇用されている人のうち、仕事に「主体的に関わっている」(強い情熱と帰属意識を持っている)と答えた人は、三分の一に満たなかった。ミレニアル世代(二〇〇〇年以降に成人になった世代)や、地位の低い職や単純作業中心の職に就いている人は、とくにこの傾向が強かった。世界全体の調査でも、仕事に「主体的に関わっている」人は五人に一人もいない。

一人ひとりの労働時間を減らすことにより、多くの人が職に就けるようにすべきだという考え方は、雇用保証を求める主張と結びつきやすい。イギリスのシンクタンク「ソーシャル・マーケット財団」の所長を務めたエムラン・ミアンは、「現金を直接配るよりも経済効率が悪いとしても」労働の再分配をおこなうべきだと述べている。[25]やはりイギリスのシンクタンク「ニュー・エコノミクス財団」も、一週間当たりの労働時間を減らせば失業率が下がると主張する。[26]しかし、政府の規制によってこれを実現するのは容易でない。その点は、週三五時間労働を法制化したフランスの経験を見ればよくわかる。ベーシックインカムという土台なしに、労働時間の削減だけ義務づければ、低賃金の人たちの多くがより貧しくなり、しかも雇用の創出もほとんど実現しない。

雇用保証の提唱者たちは、市場経済が機能するためにはある程度の失業が不可欠だという事実も無視している。経済学者のA・W・フィリップスが一九五八年の画期的な論文で指摘したように、インフレ率と失業率は逆方向に動く傾向がある。つまり、インフレを抑え込めば失業率が上昇し、失業を抑え込めばインフレが進まざるをえないのだ。また、インフレ率と失業率の厳密な関係については学界でも見解がわかれているが、インフレ率がおおむね安定する「自然失業率」の存在は、ほとんどの経済学者が認めている(その失業率の値は、「インフレを加速させない失業率＝NAIRU」と呼ばれる)。要するに、市場経済を採用する以上、いかなる国の政府も、職に就きたいと希望する人すべてには雇用を保証できないのだ。

雇用保証は、本当に実現できるなら、「安全格差原則」を満たせるかもしれない。しかし、そのためには、障がい者にも適切な職が提供されることが最も重要だが、実際にはそうはならないだろう。若者を社会の片隅に追いやらないためにという理由で、職はまず若者に割り振られる可能性が高い。一方、この政策は、共和主義的自由と社会正義の基準を明らかに満たしていない。一部のグループに対して、社会の最も自由なグループには課されない義務を課すものだからだ。しかも、「慈善ではなく権利」どころか、「権利ではなく慈善」という発想が見て取れる。すべての人に、その人が望む職を、せめてその人の能力に適した職を保証するというのは、現実的な約束とはとうてい言えない。

## ワークフェア

一九八〇年代以降に進められてきた福祉国家改革が「ワークフェア」の考え方に行き着くのは、自然な流れだった。政府が福祉制度の中心的な要素として資力調査を復活させれば、ワークフェアが導入されることは避けられないと、わたしは長年指摘してきた[27]。

社会的扶助の対象を「貧困者」に限定する場合、なんの落ち度もなく貧しくなった人と、自らの「選択」により、あるいは本人のミスや個人的な欠点により貧しくなった人の区別が始まるのは、時間の問題だ。こうした二分法は、社会政策と「慈善」の歴史を通じてつねに存在した。そして、この道を選べば、次の恣意的な線引きがなされることが避けられない。国が用意した職に就いた人だけが、福祉受給に「ふさわしい」と認められるようになるのだ。そして、それ以外の人には「制裁」を加えるべきだという話になる。

現代におけるワークフェアは、一九八〇年代にアメリカのウィスコンシン州で始まった。共和党の主導により、福祉受給者に就労を義務づける措置が導入されたのだ（実際には、低賃金の職にしか就けないのだが）。予想どおり、福祉申請者の数は減少した。その事実をもって、それまでの申請者の多くが虚偽申請だった、あるいは本当に福祉が必要な人ではなかった、という主張がなされるようになった。

連邦議会の共和党がすぐにこのアプローチを支持し、共和党が敷いたレールの上で、一九九六年にビル・クリントン大統領（民主党）が福祉改革を断行した。「これまでの福祉に終止符を打つ」という選挙公約を実行に移したのだ。このとき成立した「個人責任・就労機会調整法」という法律は、アメリカの福祉制度の大きな転換点になった。同法は、福祉受給期間に上限を設けたほか、受給資格を厳格化し、福祉受給者に就労もしくはそれに関連する活動を義務づけた。「福祉から仕事へ」は、「第三の道」を標榜する世界中の政治家や政党のキャッチフレーズになり、ワークフェアはあらゆる先進国で導入されるようになった。

本書でこの問題に深入りすることは避けるが、多くのデータによれば、アメリカではワークフェアの導入により福祉受給者の数が減り、それと引き換えに、多くの世帯がいっそう深刻な貧困に沈み込んだ(28)。ワークフェアによって福祉受給者を低賃金の職に就かせたり、そのような職を拒んだ人やその種の職に就けない人への福祉給付を打ち切ったりした国では、どこでも同じようなことが起きている。しかし、こうした問題を抜きにしても、ワークフェアにはきわめて大きな弊害がある。

ワークフェアが福祉受給者に課す「労働の義務」は、ほかの人たちには課されない義務だ。そして、この政策はパターナリスティックな性格が強い。個人と社会にとって何が最善かは国が知っている、という前提に立つものだからだ。スキルと「勤労習慣」を身につけさせる効果があるという主張もなされるが、失業者に提供される職の実態を見ればそんなことは言えない。職のない人が社会の片隅に追いやられたり、「排除」されたりすることを避け、社会の統合を後押しできるという主張も、同じ理由により説得力を欠く。

よりよい職への足がかりにならない短期の職に人々を押し込めれば、自分に適した職探しや勉強や訓練の機会を奪い、その人たちが貧困から抜け出し、経済的な安全を手にできる可能性を狭めてしまう。ワークフェアに参加した人は、自らの資質や経験に合わない低レベルで短期の職に就いた履歴が残り、結局は生涯所得が減るというデータもある(29)。

また、ワークフェアは労働市場を歪め、市場の機能を阻害する。安価な労働力が大量に供給される結果、一般のオープンな労働市場を通じて同様の職に就いている人との競争が激化し、賃金水準が押し下げられてしまうのだ。ひどい場合は、社会で最も弱く最も安全の乏しい状況にある人たちがワークフェア参加者に職を奪われる可能性もある。

ワークフェアが推進される最も大きな政治的理由は、人々を「幸福」にするという目的とはまったく別のところにある。弱者に対する国家の義務を縮小することがこの制度の目的なのだ。それに、資力調査をともなう社会的扶助制度が採用されれば、受給者にとって低賃金の職に就くことは経済的に割に合わないので、人々を職に就かせるためには、ワークフェアというかたちで就労を強いるほかない。その前提になっている資力調査型の制度に、そもそも欠陥があるのだ。ワークフェアは、最も安全の乏しい人たちを苦しめている点で「安全格差原則」を満たしておらず、「パターナリズム・テストの原則」は意図的に踏みにじっている。そして、いかなる自由と社会正義の観念にも反している。

## 給付型税額控除

グローバリゼーションの進行と労働市場の「柔軟化」の影響により、賃金下落圧力が強力にはたらくなかで、先進諸国の社会民主主義政権は、給付型税額控除を好んで採用するようになった。これは低所得者の所得を補うための給付で、所得が一定水準に達すると打ち切られる。しかし、制度が複雑にならざるをえず、受給資格の恣意的な決定が避けられない。

アメリカの「勤労所得税額控除（ＥＩＴＣ）」は、一九七〇年代に小規模な制度として始まったが、一九九〇年代のクリントン政権で大幅に拡充され、世界で最も多額の予算がつぎ込まれている福祉制度に成長した。予算規模は年間八〇〇億ドル近く。アメリカ人の四人に一人がEITCの受給資格を持っており、二〇一五会計年度の受給者数は二六〇〇万人を上回った。子どもがいる世帯の平均受給金額は約三二〇〇ドルに上るが、子どもがいない大人はほぼ受給対象からはずされている。

イギリスでは、一九九九年に小規模な給付型税額控除制度が誕生したのち、二〇〇三年に労働党政権の社会政策・労働市場政策改革の柱として、子どもがいる低所得者向けに「勤労税額控除・児童税額控除」が導入された。二〇一三〜一四会計年度、同制度の予算は年間三〇〇億ポンドに達した。これは、イギリス政府の福祉予算の一四%に相当する金額である。受給件数は、一〇年の間に二〇〇万件あまりから三三〇万件以上に膨れ上がった。これに、就労者向けの住宅手当と地方税手当を加えると、低所得を補うための政府支出は年間七六〇億ポンドに上っている。この予算規模は、福祉プログラムのなかでは年金を別にすれば突出して大きく、福祉予算全体に占める割合は三分の一に達している[30]。

イギリスでは、給付型税額控除は「ユニバーサル・クレジット」という新しい制度に統合されつつある。この新制度は、既存のいくつかの給付を一本化するものだが、勤労税額控除やその他の資力調査型の給付について回る弊害を克服できていない。最大の弊害は、限界税率八〇%以上という壮絶な「貧困の罠」だ。アメリカでも限界税率が同等もしくはそれ以上に達し、給付が減らされる水準以上に所得を増やそうという意欲が削がれている。アメリカでもイギリスでも、給付型税額控除を受給している世帯では、家族のなかで所得が少ないメンバー（ほとんどの場合は既婚女性）が有給労働の時間を減らしたり、労働市場から退出したりする傾向が見られる。[31]

この種の制度は、ミスや小さな不正の温床にもなる。アメリカの税務当局によれば、給付型税額控除の約四分の一は不適切に給付されており、その総額は年間一四〇億ドルを上回るという。[32] 福祉制度に批判的な論者は不正受給を声高に批判するが、その一部、もしかすると大半は、制度の複雑性が生むミスや誤解の産物の可能性がある。イギリスでは、給付型税額控除を受給するためには、前もって所得の推計を税務当局に申告しなくてはならない。しかし、自分の所得を正しく予測することは、不可能とは言わないまでも、きわめて難しい。所得や労働時間が不安定な場合もあるからだ。それでも、もし実際の所得が推計より多くなれば、超過分の給付金を返還しなくてはならない。その結果、そうした人たちはいっそう経済的な苦境に陥り、さらに多額の債務を負うことになる。[33]

給付型税額控除は、貧困の緩和や労働者の生活向上を後押しする効果があるかもしれないが、資本家に対する補助金という性格もある。ある推計によれば、アメリカでＥＩＴＣに支出される一ドルのうち、低賃金の労働者が手にするのは七三セント。二七セント分は、賃金が下がることにより雇用主が得ている。[34] イギリスでも同様の研究では、労働者に渡る割合が四分の三、雇用主に渡る割合が四分の一だという。[35]

給付型税額控除には、一部の例外を除いて、職に就いている人しか支援の対象にならないという明白な欠陥がある。職を見つけられない人や、なんらかの理由で職に就いていない人は、対象から除外されてしまう。また、この政策はテクノロジーの進歩を阻害する。賃金が押し下げられ、労働コストが下落するため、雇用主は、イノベーションによって生産性を高める必要性をあまり感じなくなるからだ。給付型税額控除は、社会正義と自由の原則に反し、労働市場と経済に悪影響を及ぼすのである。

## ユニバーサル・クレジット

本書執筆時点で、イギリス政府は、途方もない時間と資金を費やして「ユニバーサル・クレジット」という新しい制度への段階的移行を進めている。この制度は、二〇一〇年に発表され、二〇一三年以降、きわめて小規模に実施されてきた。数々の遅延や障害にぶつかってきたが、二〇二二年までに完全実施されることになっている。この制度が抱えている問題の多くは、イギリス以外の国々で推し進められている社会政策改革にも共通するものだ。

ユニバーサル・クレジットはその名に反して、「ユニバーサル」でもなければ、「クレジット」でもない。既存の六つの資力調査型の福祉給付と給付型税額控除を統合するものだが、対象は低所得者に限定されており、「ユニバーサル」とは言えない。また、この制度は、受給者に対してさまざまな行動面の条件を課している。その面でも、「ユニバーサル」とは聞いてあきれる。

個人や世帯への毎月の給付額は、前月の所得を基準に決められる。しかし、多くの低所得世帯は労働時間が一定しないため、月により、もっと言えば週により所得が変わる。[36]アメリカの研究ではあるが、所得下位二〇%の層の四分の三は、月による所得の変動が三〇%を超えるという。[37]この制度は必要なお金が前もって給付される仕組みではないので、「クレジット」とは言えない。いくら受け取れるかも、事前には確定しない。そのうえ、前月の所得を基準にするため、現在の状況が反映されない。

しかも、深刻な「貧困の罠」も残る。ユニバーサル・クレジットでは、一定額を超える所得があった場合、所得が一ポンド増えるごとに、その六三%相当が給付から差し引かれる。税金と国民保険料の納付、資力基準に基づく地方税手当（この給付金はユニバーサル・クレジットに統合されていない）の喪失を合わせると、限界税率は八〇%を超す場合もある。「不安定の罠」も深刻だ。ユニバーサル・クレジットは、制度上、最初の給付を受けるまでに四二日間待たされる（事務処理が遅れれば、最長で六〇日間待たなくてはならない）。そのため、多くの申請者は、借金をしたり、家賃を滞納したり、フードバンクに頼ったりすることになる。

ユニバーサル・クレジットは、旧制度に比べて受給者に多くの条件と罰則を課している。申請する人に「申請者の誓約」を義務づけ、職に就いていない人に職探しと就労を約束させるだけでなく、パートタイムで働いている人にも勤務時間の拡大を目指すよう約束させることになっているのだ。フルタイムの職を真剣に探していないと判断されれば、最長三年間の受給資格停止を言い渡される可能性がある。また、職に就いているパートナーがいる人など、給付対象外とされる人の範囲も旧制度より広げられている。

受給者は、職場と職場外で「ワーク・コーチ」や「アドバンスメント・サポート・アドバイザー」と呼ばれる人たちにより、給付条件の順守状況を監視される。これには膨大な人件費がかかるし、コストに目をつぶったとしても、この考え方自体に問題がある。政策立案者たちは、このようなオーウェル的な監視システムが有益だと思い込んでいるようだが、実際には、パターナリスティックな性格が強く、受給者のプライバシーを犯し、恥辱感を与えている。これでは受給を諦める人がいても不思議でない。悲しいことに、そうやって受給者が減ることが期待されているふしさえある。

官僚たちは「申請者の誓約」を雇用契約のようなものだと言うが、両者の性格はまるで違う。「申請者の誓約」は、申請者に強制され、法律上の適正手続きを経ずに現場の役人が違反者に制裁（その人をいっそう貧しくするような制裁だ）を加える道を開くものなのだ。

しかも、ユニバーサル・クレジットの資力基準は世帯所得で判断されるため、稼ぎ手が一人だけの世帯を生み出したり、カップルの片方しか就労しない状態を固定化したりしやすい。その一方で、夫婦に対する給付額は単身者の二倍にはならないので、夫婦の破局を助長する。しかも、二〇一六年からは、第三子以降が生まれても給付金が増額されなくなった。このように、ユニバーサル・クレジットは道徳主義的な制度になっているうえ、大家族を不利に扱っている（大家族ほど、支援のニーズが高かったりもするのだが）。

最悪なのは、職に就くほうが得になる仕組みをつくろうとせず、脅しと罰により、人々を職に就かせようとしていることだ。この制度は賃金水準を押し下げ、労働市場における不平等を拡大させる可能性が高い。「ユニバーサル・クレジットにより、低賃金・高福祉社会から、高賃金・低福祉社会へ移行できる」というイギリス政府の主張を真に受けることはできない[38]。ユニバーサル・クレジットは、賃金の上昇を後押しできない。それに、ベーシックインカムと異なり、有給の労働を優遇し、それ以外の（もしかすると、もっと価値があるかもしれない）仕事に携わる人たちを不利に扱うことになる。

このようにいくつもの甚だしい欠陥があるにもかかわらず、イギリスの政治家や社会科学者たちがこれまで抵抗らしい抵抗を見せてこなかったことは、驚きであり、恥ずべきことでもある。自由と正義を重んじるなら、このような制度は厳しく糾弾しなくてはならない。なにしろ、適正な手続きを経ずに人々を経済的に困窮させかねず、弱い人たちを追い回してプライバシーを侵す仕組みをつくり、貧困者の排除と捕捉率の低下と受給者の恥辱を生むとわかっている資力調査と行動調査を導入するものだからだ。それに、この制度によって低賃金の職に就ける人は増えるかもしれないが、その結果としてプレカリアート全般の賃金水準が下がることは避けられない。

フランク・フィールド下院議員（労働党）と同議員の調査員であるアンドリュー・フォーセイは、こう指摘している。「国民的議論も閣内の議論もほとんどなしに、このようにリスクに満ち、莫大なコストを生む恐れがあるプログラムが（保守党と自由党の）連立政権の福祉改革の柱として導入されたことは、後世の政治史学者たちの研究テーマになるだろう[39]」

## 負の所得税

負の所得税は、経済学者のミルトン・フリードマンのアイデアというイメージが最も強く、ベーシックインカムの一種とみなされることも多い。フリードマン自身もしばしば、BIENに宛てて送ったメッセージなどでそのように位置づけていた。しかし、ベーシックインカムとは二つの重要な点で違いがある。一つは、個人単位ではなく、世帯所得を基準に給付されること。もう一つは、(アメリカの給付型税額控除と同じように)前年の所得に応じて事後に給付されることだ。要するに、負の所得税は、一部の人だけを対象に、資力調査に基づいて給付されるものであり、その種の制度に共通する問題点を逃れられない。

また、前年の所得が基準になるため、お金が切実に必要なときに十分な給付がなされるとは限らない。その結果、基本的な所得が保障されるというより、棚ボタの臨時収入(あるいは、年一回給付されるベーシックキャピタル)のような性格が強くなる。

負の所得税は、貧困対策としては一定の効果があるとしても、共和主義的自由の拡大、経済的な安全の保障、社会正義の実現にはほとんど役に立たない。職に就いていない人や、所得が少なくて所得税を納めていない人は、この制度の恩恵に浴せないからだ。アメリカでは、連邦所得税の税務申告をしていない世帯が約二〇〇〇万世帯に上る。多くの場合は、所得が少なくて納税の義務がないからだ。こうした人たちは給付の対象にならないからだ。負の所得税を導入するのは、低所得層の支援が最大の目的のはずなのだが……。

また、一九七〇年代にアメリカでおこなわれた実験によれば、人々は負の所得税を受給するために労働時間と所得を過少申告しようという誘惑にかられる。ベーシックインカムは、そのような非道徳的な行為を助長することはない。以上の点をまとめると、負の所得税は、社会正義の面でベーシックインカムより劣る制度なのだ。

## 慈善活動

最後に、国家はあらゆる福祉から手を引き、貧困者支援はすべて慈善活動に委ねるべきだという意見もある。右派リバタリアン（自由至上主義者）はそれを理想と考えているが、そうすべきだとまでは主張していない。貧困者を十分に支援できるほどの規模の寄付がなされるとは、とうてい考えられないからだ。寄付と慈善への依存を強めることには、その問題以外に、もっと根本的な問題もある。

慈善活動の土台には、「憐れみ」の感情がある場合が多い。そして、哲学者のデーヴィッド・ヒュームが指摘したように、憐れみと軽蔑は紙一重だ。慈善を社会政策の柱に据えればリバタリアンは満足かもしれないが、「誰にも支配されない」という共和主義的自由の中核的要素が踏みにじられてしまう。他人の善意に頼って生きざるをえない人は、完全な自由を持っているとは言えない。寄付は、寄付者と受益者の両方の自由を損なう。

近年、慈善活動が存在感を増しているのは、資力調査をともなう社会的扶助が抱えている多くの欠陥が大きな理由だ。給付に条件を課すことにより不公正な状況が生まれていること、計画的な制裁により弱い人たちが痛めつけられていること、経済的な安全を欠く人が増えていることなどの問題である。たとえば、イギリスの有力慈善団体「トラッセル信託」が運営するフードバンクに紹介されてやって来る人の四〇%以上は、福祉給付の遅れや制裁による給付打ち切りでお金がない人たちだという(40)。

現代社会においてこれほど多くの人がフードバンクや一時収容施設に頼らざるをえない現実は、社会政策の失敗を浮き彫りにしている。民間の慈善活動は、あくまでも脇役であるべきだ。寄付や慈善に頼るのは社会の築き方として民主的とは言えず、すべての人や集団やコミュニティが等しく恩恵に浴せないという問題もある。

## ベーシックインカム以外の選択肢がもつ欠陥

表9・1に示したように、ベーシックインカム以外に提唱されている選択肢は、社会正義の原則のほとんどを満たせているとはとうてい言えない。この分析に不満がある人もいるだろう。と

くに、これらの選択肢が環境に対して好影響も悪影響も及ぼさないものとみなしている点には、賛成できない人もいるかもしれない。実際、雇用指向のアプローチは、環境への配慮より、目先の就労者を増やすことを優先させる傾向が強い。しかし、いずれにせよ、これらの選択肢すべてがベーシックインカムより劣ることに変わりはない。

既存の福祉制度を擁護したい人たちは、福祉予算が増えているのに貧困率が一向に下がらず、社会階層の固定化が進んでいるように見える理由をどう説明するのか。たとえば、アメリカの貧困率は一九六〇年代に大幅に改善し、その傾向は一九七九年頃まで続いたが、それ以降は改善がほぼ止まっている。専門家によれば、アメリカには、資力調査型の福祉給付、給付型税額控除、ワークフェア、フードスタンプなど、一二六種類の貧困対策プログラムが存在しており、予算も拡大しているが、状況が改善する様子はほとんどない[41]。この点は、新しい道を選ぶ必要がある証拠と言えるだろう。

### 表9・1　さまざまな福祉プログラムと社会正義の原則

| | 安全格差原則 | パターナリズムテストの原則 | 「慈善ではなく権利」の原則 | 環境制約の原則 | 尊厳のある仕事の原則 |
|---|---|---|---|---|---|
| 最低賃金 | × | ○ | ○ | — | — |
| 社会保険 | × | ○ | ○ | — | — |
| 資力調査をともなう福祉給付 | × | × | × | — | × |
| 現物給付／バウチャー | × | × | × | — | — |
| 雇用保証 | × | × | × | — | × |
| ワークフェア | × | × | × | — | × |
| 給付型税額控除 | × | ✓ | ✓ | — | × |
| 負の所得税 | × | ✓ | ✓ | — | × |
| 慈善 | × | × | × | — | × |
| ベーシックインカム | ○ | ○ | ○ | ○ | ○ |

# 第10章

# ベーシックインカムと開発

ベーシックインカムは実現可能かという問いの答えは、「可能だ。ただし、いくつかの条件がそろえば」となるかもしれない。
——アルヴィンド・スブラマニアン（インド政府首席経済顧問、2016年9月）

二一世紀に入るまで、国際開発援助は主として、豊かな国の政府から途上国の政府への資金援助と技術支援、そして、国際開発機関やＮＧＯから各国政府への支援というかたちを取っていた。貧しい人たちに現金を配ることが好ましいアイデアだと考える人は、ほとんどいなかったようだ。そのような取り組みが大々的に実行されることはなかった。

しかし近年は、途上国で「条件つき現金給付」（多くは多国間援助が財源）や、貧困世帯の高齢者や子どもを主な対象とする「無条件現金給付」が実施されはじめた。外国政府や、国連などの国際機関、ＮＧＯ、慈善団体の資金援助により、広い意味でのベーシックインカムの試験プロジェクトも実施されている。

世界銀行の推計によると、二〇一四年の時点で、一三〇の途上国の七億二〇〇〇万人がなんらかの現金給付プログラムの対象になっている。[1] アフリカの四八カ国を調べたところ、無条件現金給付が実施されている国は四〇カ国に上った。この数字は二〇一〇年の二倍である。世界は突如として、「所得貧困への最善の対処法は、人々にもっとお金を配ること」という画期的なアイデアに目覚めたように見える。そして、「貧困者は給付金を無駄遣いし、そのお金は成長と発展に結びつかない」という、古くからある思い込みは、現実のデータによって否定されるようになった。

現金給付プログラムは、現状ではほぼ「貧困者」だけを対象にしているが、将来的なベーシックインカム導入への橋渡しになる可能性を持っている。[2] しかし、ベーシックインカムへの移行を妨げる要素が四つある。それは、ターゲティング指向（貧困者だけに絞って現金を給付すべきだという考え方）、選別指向（特定の属性の人たちを優先的に対象とすべきだという考え方）、条件指向（特定の行動を受給条件とすべきだという考え方）、ランダム化比較試験による「エビデンス〔科学的根拠〕」の裏づけがある政策のみを実行すべきだという考え方）である。

本章では、まずベーシックインカムの参考になりそうな現金給付プログラムに関する研究結果を紹介し、そのあとベーシックインカムそのものの試験プロジェクトの結果を検討する。しかしその前に、前述の第四の点、つまりランダム化比較試験を必須とする考え方について述べておきたい。特定の評価手法を崇め奉ると、最も重要なことがないがしろにされ、政策の実施が遅れかねないからだ。

現金給付プログラムのランダム化比較試験では、一部の人には現金を給付し、別の人たちには現金を給付せず、二つのグループの間にどのような違いがあらわれるかを見る。この手法は、新薬の臨床試験にならったものだ。新薬開発では、一部の患者たちには薬を投与し、別の患者たちには偽薬（プラセボ）を与える。しかし、このように給付対象者を無作為に選んで実験をおこなう手法では、全員に給付した場合にコミュニティ全体にどのような影響が生じるかは調べられない。それに、ランダム化比較試験は、子どもの学校通学率への影響などの単純な現象はともかく、自由や社会正義への影響などの抽象的なことを調べる手段としては、有効性が高いとは言えず、「科学的」とも言えない。また、前述のターゲティング指向と選別指向、条件指向という三要素に関わる倫理的な問題も検討できない。

こうした問題はあるにせよ、現金給付プログラムに関する膨大な量の研究――多くはランダム化比較試験によるものだ――では、現金給付により、貧困が緩和され、さまざまな政策目標（子どもの学校への入学率と通学率の向上、人々の栄養状態と健康状態の改善、所得に結びつく活動の活発化など）が達成されるという説得力ある結果が得られている。ランダム化主義者たちは、ランダム化比較試験だけが「エビデンス」に基づく政策の土台になりうる「科学的」な方法論だと主張することが多いが、ほかの手法によっても、同様の内容の、同じくらい信憑性のある結論が得られている。

## ターゲティング指向と選別指向

現金給付プログラムでターゲティングをおこなう場合は、いくつかの方法がありうる。具体的には、世帯単位の資力調査、代数資力調査（所得を直接調べる代わりに、所得と相関関係があるほかの要素から間接的に所得・資産レベルを推し量る手法）、地域単位のターゲティング、コミュニティ単位のターゲティング、そして、いわゆる「自己ターゲティング」（低所得層だけが集まってくるような制度設計をする手法）などである。このすべてに共通するのは、なんらかの「貧困ライン」を基準にして対象者を決めることだ。しかし、この基準は恣意的で客観性を欠く。貧しい人のなかには、所得が安定せず、ある週は貧困ラインより上、次の週はそのラインより下というケースも珍しくない。インドではしばしば、貧困世帯の認定に時間と手間がかかりすぎ、数年前の所得を基準に給付がなされている[3]。

大量の誤りをともなわずにターゲティングを実行できている国はない。基本的な発想の問題もあるし、実務上の問題で誤りが生じる場合もある。受給する側の知識不足、恐怖心、ミス、そして役人の側の無関心や恣意的な判断がターゲティングの誤りを生む。資力調査には、有資格者が給付を受けられなかったり、逆に資格のない人が給付を受けたりといった誤りがどうしてもついて回る。この点では、代数資力調査（たとえば、家がトタン屋根ではなく、かやぶき屋根の人を貧困とみなす）も似たり寄ったりだ。[4]

インドでは、すべての貧困世帯のおよそ半分が「ＢＰＬ（貧困ライン以下）カード」を保有していない半面、（少なくとも政府のルール上は）貧困と位置づけられない世帯の約三分の一がカードを持っている。[5] インドのカルナタカ州でおこなわれた調査によると、調査対象のうち、水の汲み上げポンプを所有しているなど、資格がない世帯の三分の二以上がＢＰＬカードを保有しており、逆に有資格世帯の六戸に一戸がカードを保有していなかった。[6] グジャラート州、デリー、マディヤ・プラデシュ州でも、支援を切実に必要としている人のかなりの割合がＢＰＬカードを保有していないという。いい加減な理由をつけてカードの発行を拒否されるケースもあるとのことだ。[7] 最貧層は、カードを保有していない割合がとくに高い。

また、ターゲティングは「貧困の罠」をつくり出し、さまざまな好ましくない行動を引き出す。世帯が給付を受けるために「貧困」と分類される必要があるとすれば、受給者は貧困状態であり続けるほうが割に合う。へたに職に就いて、貧困ラインを少しだけ上回る程度の所得を手にすると、所得の増加分が軽く吹き飛ぶくらいの損をするからだ。こうして、所得を増やさないことへのインセンティブがはたらく。この状況は、不正の温床にもなる。いくらか所得を手にできた人は、受給資格を失わないために所得を隠したいと思うからだ。

それに、資力調査をおこなえば行政コストがかさむ。[8] 行政コストを抑えられれば、給付を手厚くできるということを忘れてはならない。しかも、資力調査に基づいて給付対象を決める場合は、

「明日の貧困」ではなく、「昨日の貧困」にしか対処できないという問題もある。この種の制度は、いま貧困に滑り落ちつつある人ではなく、すでに貧困状態にある人を助ける仕組みなのだ。しかし、貧困を削減するためには、貧困を予防することだ。人々を貧困から抜け出させるための支援をするより、人々が貧困になるのを防ぐほうがコストは少なくてすむからだ。

いくつかの研究では、ターゲティングにより対象を限定するプログラムと、すべての人に給付するプログラムを比較して、どちらの貧困削減効果が高いかを調べている。そうした研究によると、成績が悪いのはターゲティングのほうだ。本来なら資格のある人が排除されてしまうことが原因である。ラテンアメリカの四大国の平均を見ると、社会の最貧層二〇％のうち、ターゲティング型のプログラムの給付を受けている人の割合は半分に満たないという。これは、代表的な条件つき現金給付プログラムであるブラジルの「ボルサ・ファミリア」とメキシコの「オポルチュニダーデス」にも言えることだ。[9] 中国でも、ターゲティングを重んじている都市では、貧困削減の成果があまり上がらない傾向がある。[10] すべての人に給付する制度のほうが、貧困者だけに給付する制度よりも貧困の削減と不平等の改善に効果を発揮するのだ。

## 条件つき現金給付と無条件現金給付

条件つき現金給付は、本書執筆時点で六〇以上の途上国で採用されている。この数字は、一九九七年にはわずか二カ国だった[11]。ほとんどは貧困者を対象としており、複数の条件を課している場合が多い。最もよく見られるのは、子どもを学校に通わせたり、定期的に健康診断や予防接種を受けさせたりすることを条件に、母親に現金を給付するパターンだ。一方、無条件現金給付が採用されている国は条件つきの二倍に上るが、たいていは特定の属性の人に対象を限定している。高齢者向けの年金や子ども手当などがそうだ。そして多くの場合は、やはり対象を主として貧困者に限定している。

しばしば議論になるのは、現金給付を実施する場合、行動面の条件を課すことが正当化できるのか、そもそも条件を課す必要があるのかという点だ。行動面の条件を課すことは、特定の行動を促すことを目的にしており、その点でパターナリスティックと言わざるをえない。貧しい人たちが何を必要としているかは、政策立案者が最もよく知っているという前提に立っているからだ。仮に、このような仕組みが効果を発揮し、望ましいとされる行動が実際に促進されたとしても、それは自由を侵害するもので、道徳上はほとんど正当化の余地がない。また、実務面でも、ルールの適用に恣意的な判断が入り込みやすいうえ、厳格にルールを運用しようとすれば、ルールを破った人に制裁が加えられることになる。

一見すると、受給者に課される条件は、理にかなったものに思えるかもしれない。しかし、子どもを登校時間の八五％以上学校に通わせるよう母親に義務づければ、女性たちにいっそう重い負担を課し、ストレスを与えることになる。なにしろ、ルールを守れなければ給付が打ち切られる可能性があるのだ。このように特定の行動を給付の条件にすることは、単にパターナリスティックというだけでなく、きわめて不公正な状況を生む可能性もある。最も弱く、最も教育レベルが低く、最も学校や病院から遠い場所に住んでいる人ほど、不利な立場に置かれるからだ。

条件つき現金給付と無条件現金給付を直接比較した八つの研究結果を集約した研究によると、教育、健康、栄養の面で大きな成果があったのは、条件つき現金給付のほうだった。[12] しかし、この研究でも指摘しているように、それは必ずしも条件を課したことの結果とは言えない。「行政サービスやその他の支援体制を利用することの大切さ」を明確に伝えたことの効果が同じくらい大きかった可能性がある。たとえば、モロッコでの研究によると、無条件現金給付を「教育給付金」と名づけただけで、受給者が子どもの教育促進のために行動する傾向が強まったという。[13]

三五件のプログラムについて調べた別の研究によれば、予想どおり、子どもの就学と登校に関しては、無条件のプログラムより、明確に条件を課してルールの順守を徹底させたプログラムのほうが大きな効果があった。[14] しかし、子どもを学校に行かせることを条件にしていないプログラムでも、子どもたちの就学・登校状況に改善が見られた。政府に強いられるまでもなく、親たちは子どもを学校に行かせたいと思っていたのだ。また、無条件現金給付には、ほかにも大きな利点があるのかもしれない。

たとえば、アフリカのマラウィでは、条件つき現金給付と無条件現金給付の両方が思春期の女の子の学校登校率を高めたが、より効果が大きかったのは条件つきのほうだった[15]。しかし、一〇代の妊娠と結婚を減らす効果は、無条件給付のほうがはるかに大きかった。これは無条件現金給付の場合、学校を中退した少女たちもほぼ全面的に、恩恵を受けられることによるものだ。長い目で見て、どちらの制度のほうが好ましい効果を発揮すると言えるだろうか？

## 現金給付プログラムから学べること

現金給付プログラムは、ベーシックインカムといくつかの違いがある。多くの場合は、「貧困者」だけに給付され、すべての人を給付対象にしていない。しかも、受給者が特定の行動を取ることを給付の条件にしている。また、世帯単位で、もしくは世帯の代表者に給付され、個人単位で給付されるわけではない。そして、たいていは、短期間の実験にすぎない。それでも、現金給付プログラムの結果は、ベーシックインカムを導入した場合に得られる成果を予測する手がかりになる。

まず言えるのは、現金を直接配れば、貧困が劇的に減少するということだ[16]。当たり前だと思うかもしれないが、以前は長年にわたり、途上国の貧しい人たちにお金を配っても無駄になると思われていた。好ましくない目的のためにお金が浪費されたり、必需品や基礎的なサービスの価格上昇を招いたりして、貧しい人たちの生活状態を改善しないと考えられていたのだ。

しかし、あらゆる研究結果が明らかにしているように、ごく一部の例外を別にして、現金給付を受け取った人たちは、それをアルコールやタバコや薬物に使うのではなく、一家の生活向上のために使う[17]。現金給付は、犯罪とドメスティック・バイオレンス（ＤＶ）の減少にも結びつくことがわかっている[18]。

データによれば、インフレを起こす可能性も小さい。メキシコの農村部で、食料の現物給付と現金給付の結果を比較した研究がある。それによれば、食料を無償配布すると食料価格が下落し、その結果、地元の農家が食料生産を増やす意欲を失い、農家の所得が減少した。それに対し、現金給付をおこなっても価格が押し上げられることはなかった。おそらく、需要の拡大を受けて、農家が生産量を増やしたためだろう[19]。

一部には、現金給付が短期的にインフレを起こすケースもあるかもしれない。市場が十分に発達していない場合や、その地域の生活水準との関係で給付額が大きい場合は、そのような結果を招く可能性がある。この問題に対処するためには、需要の拡大が見込まれることを供給者に伝えるなど、補助的な政策が必要かもしれない。しかし、これは乗り越えられない障害ではない。

多くの研究から明らかなように、現金給付は人々の生活状況を改善できる。ほとんどのケースでは、子どもの栄養状態に改善が見られる。コロンビアでは、条件つき現金給付により、子どもたちの対年齢身長比（年齢別の標準値と比較した身長の値）が上昇した[20]。メキシコでも、赤ちゃんの発育不良が大幅に減った（女児は三九％減、男児は一九％減）。スリランカでも、現金給付プログラム「サムラディィ」が子どもの栄養状態を改善させた[21]。マラウィの農村部でも、現金給付が食料の確保と食生活の多様性に大きな好影響を及ぼした例がある[22]。

インドなど、多くの国では、条件つき現金給付をおこなうと、新生児死亡と周産期死亡が減るという結果が得られている。主にラテンアメリカでは、条件つき現金給付が予防的医療サービスの利用と健康診断の受診を促進するというデータもある[23]。同様の効果は、インドでも見られる[24]。受給条件として受給者に一定の行動を取るよう求めることの効果もさることながら、現金を受け取ることにより、人々が医療サービスの受診料と医療機関への交通費を支払えるようになることの効果も見過ごせない[25]。大半の途上国では、受診料と交通費を支払えないために医療サービスを受けられない人が大勢いるのが現状なのだ。医療サービスを利用する人が増えれば、官民の医療サービス提供者は、医療の質と成果を高めることをいっそう強く求められるようになる。

条件つき現金給付プログラムの場合、成果のどこまでが「条件」の産物で、どこまでが「現金」の産物かをはっきり区別できない場合が多い。しかし、無条件現金給付も、条件つき現金給付と同様の効果を生むように見える[26]。たとえば、無条件現金給付が食生活の多様性を高めることがわかっている。これは、子どもの栄養状態の改善につながる要素だ。(27) ナミビアで実施されたベーシックインカムの試験プロジェクト（詳しくは本章で後述する）では、人々はとくに促されなくても、それ以前より医療サービスを利用するようになった。使えるお金が増えたおかげで、医療機関を利用しやすくなったのだ。

現金給付が子どもの教育状況（就学率と登校率）に好影響を及ぼすという研究結果は、きわめて多い。(28) ラテンアメリカでもアフリカでも、現金給付プログラムの導入が就学率の上昇に結びついている。これは、条件つきのプログラムと無条件のプログラムの両方に言えることだ。メキシコでは、全国規模の現金給付プログラム「オポルチュニダーデス」（発足当初の名称は「プログレサ」）が導入されて以降、中等学校の就学率が約一・三倍に上昇し、学校の中退率は二〇％下落した。マラウィでも、思春期の女の子の就学率が上昇し、中退率が下落している。(29) 南アフリカでは、とくに幼い子どもへの効果が際立っており、(30) ラテンアメリカ諸国、バングラデシュ、カンボジアでは、女の子の就学率への好影響がきわめて大きい。(31)

ここでも、「条件」の効果と「現金」の効果を切りわけるのは難しい。しかし、マラウィの女の子に関する研究を見る限り、条件をつけなくても好影響は得られ、むしろそのほうが費用対効果が高いことが実証されている。前述したように、このマラウィのプログラムでは、条件つき現金給付と無条件現金給付の両方を実施しているので、両者の結果を比較できるのだ。実は、この実験は偶然の産物だった。ミスにより、ある地区の受給者に条件が通知されず、その地区ではルールの順守が求められなかったのである。この実験の結果を分析すると、「世帯ごとに月額五ドル相当を無条件で給付した場合、子どもを学校に登校させることを条件に一五ドル相当を給付した場合と同等の教育面の効果があった[32]」。

学校の登校率が上昇しても、学業面での成果（テストの成績）が上昇しない場合もある。そのような現象が生じるのは、学校教育の質が低い場合が多いからなのかもしれない[33]。それでも、学校に通うことは、子どもの認知能力に大きな好影響を及ぼすように見える。

一方、反対派の主張のなかには、データにより明確に否定されているものがある。それは、現金給付の受給者が「仕事」をする意欲を失ったり、女性が受給額を増やすために次々と子どもを産んだりする結果を招くという主張だ（これらの指摘は、先進国での現金給付に対してもなされている）。実際には、女性たちの力が強まり、自分の人生に関わる決定を自分でくだせるようになるため、結婚年齢が遅くなり、出産回数も減り、望まない性的行動を強いられることも少なくなる[34]。

また、さまざまな研究によると、人々がおこなう仕事の量は減るどころか、むしろ増える。副業も含めて考えれば、この傾向はいっそう顕著だ[35]。給付金を使ってミシンなどの道具類を購入し、ささやかなビジネスを始める人もいる。肥料や種や家畜を買えば自営の農業・畜産業の生産性が高まるので、単純作業の賃労働を減らし、畑仕事や家畜の世話に割く時間を増やす人もいる。

あるプログラムにより、メキシコの農村部で現金給付を受けた人たちは、米ドルで一ドル相当の給付金を受け取るごとに、所得が二ドル相当増えた。小規模農家の場合は、給付金一ドルにつき、所得が三ドル増えた。その結果として、不平等も緩和された。[36] メキシコで実施された別の現金給付プログラムでは、給付金の四分の一以上が所得を生む活動に使われていた。[37] ザンビアのプログラムの場合、現金給付を受けた世帯の支出増加額は、平均して給付額の一・六倍に達した。これは、農業および農業以外の所得が増加した結果だ。[38]

人々に現金を配って購買力を高めれば、経済学で言う「乗数効果」が生じるので、たとえインフレが起きたとしても地域経済の景気を浮揚させる効果がある。プログラムが小規模だったり、対象者が広い地域にまばらに拡散していたりする場合は、効果を測定するのが難しいが、七件のプログラムの結果を分析した研究によると、現金給付一ドルにつき、地域経済の所得（インフレ調整済み）が一・一〇〜一・八五ドル上昇するという。しかも、受給資格のない人たちにも直接的な恩恵が及ぶ場合がある。受給者から贈与や貸与を受けられる可能性があるからだ。[39] ベーシックインカムがコミュニティに与える影響は、個々の受給者への影響の総和を上回るようだ。

まとめると、途上国における現金給付プログラム（条件つきと無条件の両方）に関する多くの研究によれば、以下のような効果が統計上はっきり見て取れる。それは、所得貧困の緩和、食費・栄養費支出の増加、学校への登校率の上昇、子どもの認知的発達の改善、医療サービスの利用増加、貯蓄を用いた投資（とくに家畜と農機具への投資）の拡大、地域経済のささやかな成長である。

## 試験プロジェクト

ターゲティング指向、選別指向、条件指向の現金給付プログラムではなく、第1章で述べた定義に当てはまる真のベーシックインカムの試験プロジェクトが途上国で二件実施されている。ただし、この二つのプロジェクトにも明らかな限界が一つあることを忘れてはならない。試験プロジェクトという性格上、一時的もしくは短期的なものにとどまり、長期的もしくは恒久的なものではないのだ。

### ナミビア

途上国ではじめて実施されたベーシックインカムの試験プロジェクトは、二〇〇八～〇九年にナミビアのオトジベロオミタラという小村を舞台にしたものだった。[40] 対象者は約一〇〇〇人。実施主体は、「ナミビア・ベーシックインカム・グラント連合」である。資金は、さまざまな財団や個人の寄付でまかなわれた。すでに年金を受給していた六〇歳以上の人を除き、子どもを含む村人すべてに、月額一〇〇ナミビア・ドルというごく少額のベーシックインカムが配られた。当時の価値で一二米ドル相当。貧困ラインの約三分の一に相当する金額だった。給付をおこなうと、給付前に比べて、とくに子どもの栄養状態と人々の健康状態の改善、地域の初期診療センターの利用増加、高校の登校率の上昇、経済活動の活発化、女性の地位向上などの効果が見られた[41]。

この実験の調査方法論は、当時すでに流行しはじめていたランダム化比較試験を好む人たちを満足させるものではなかっただろう。経済全体や国全体に関わる外的要因の影響を排除するための設計として、ベーシックインカムを給付しない村を用意しなかったからだ（給付を受けられない人たちに長大なアンケート用紙に記入させるのは非道徳的だと考えたためだ）。それでも、期間中には、政府の政策の変更など、実験結果に影響を及ぼすような外的な出来事は報告されていない。また、分析結果の妥当性は、観察された受給者の行動と、複数回にわたる調査に対する受給者のコメントによって裏づけられている。

この実験では、学校への登校率が目覚ましく上昇した。親たちに対して、子どもを学校に通わせるよう求めてはいないのに、である。このような結果が生まれたプロセスは、きわめて示唆に富んでいる。ナミビアでは、公立の小学校でも、親は子どもを一人通わせるごとに少額の授業料を支払わなくてはならない。試験プロジェクトが開始されるまでは、小学校の就学率と登校率が低く、そのせいで小学校に十分な授業料が入ってこず、最低限必要な道具類・備品類をそろえられずにいた。その結果、学校は魅力が乏しく、教師のやる気も損なわれていた。しかし、給付が始まると、授業料を支払えるようになった親たちが子どもを小学校に通わせはじめ、教師たちは紙やペンや本やポスターや絵の具などを買えるようになった。これにより、学校は親子にとって魅力的な場所になり、教師のやる気、そしておそらくは能力も高まった。

野菜泥棒や家畜泥棒など、小さな経済的犯罪も大幅に減った。その結果、村人たちはそれまでより多くの野菜を栽培し、肥料を買い、家畜を育てるようになった。このようにコミュニティ全体に波及する好影響は、これまでの分析方法では見落とされてしまう場合が多かった。こうした発見は、無作為抽出した一部の個人や世帯にだけ現金給付をおこない、ランダム化比較試験を実施しても、見えてこないものだ。

もう一つ、この試験プロジェクトの企画者が計画も予想もしていなかったことが起きた。村人たちが自発的に「ベーシックインカム助言委員会」という組織を立ち上げたのである。地元の小学校の教師と看護師が主導役を務め、給付金をどのように使うべきか、あるいは貯蓄すべきかを村人たちに助言するための組織だ。ベーシックインカムが人々の集団行動を引き出し、それがベーシックインカムの効果をさらに高めたことは間違いない。

試験プロジェクト終了後も金額を減らして給付が継続され、同様の成果を生み続けている。この実験は、ナミビアの政治にきわめて大きな影響を及ぼした。国際通貨基金（ＩＭＦ）の現地駐在員から再三にわたり反対されながらも給付が継続されてきたのは、権威あるキリスト教聖職者のゼファニア・カメータが「ナミビア・ベーシックインカム・グラント連合」の初代会長に就任し、試験プロジェクトを熱烈に支持したことも一因だった。カメータは二〇一五年以降、ナミビア政府の貧困削減・社会福祉相も務めている。

二〇一五年一二月、ナミビアのハーゲ・ガインゴブ大統領は、ベーシックインカムを貧困対策戦略の一環として採用すると宣言した。しかし、翌二〇一六年六月、ナミビア政府はフードバンク・プログラムを開始し、ベーシックインカムの推進は棚上げされてしまったように見える。

## インド

二〇〇九年から一三年にかけて、インドで「女性自営労働者協会（SEWA）」という団体が取り仕切るかたちで、三つの試験プロジェクトがおこなわれた。[42] 資金は、当初は国連開発計画（UNDP）、のちには規模を拡大してユニセフ（国連児童基金）が拠出した。

最初の実験は最も小規模なもので、西デリーで「BPL（貧困ライン以下）カード」を保有している数百世帯を対象に実施された。対象世帯には、これまでと同じように「公共配給システム（PDS）」を通じてコメやムギ、砂糖、灯油の配給を受けるか、同等の価値のベーシックインカムを一年間にわたり毎月受給するかを選択させた。現金を選んだ世帯は、およそ半分にとどまった。慣れ親しんだ仕組みから新しい仕組みに移行することに尻込みする人がいるのは無理もない。

しかし数カ月後、現物給付を選んだ人の多くがベーシックインカムへの変更を願い出た。コミュニティの人たちとの会話を通じて、現金給付の利点を知った人が多かったのだろう（混乱を避けるために、その要望は認められなかった）。一方、最初にベーシックインカムを選んだ人は、誰も現物給付への復帰を望まなかった。一年後、ベーシックインカム受給者は栄養状態と食習慣が際立って改善したのに対し、現物給付の人たちにそうした変化は見られなかった。

二つ目の実験は、これより大規模なものだった。マディヤ・プラデシュ州の八つの村に暮らす約六〇〇〇人の男性、女性、子どもに対して、一年半にわたりベーシックインカムを給付した。金額は、家族のベーシックインカム受給額の合計が貧困世帯の平均世帯所得の三〇%相当(五人家族の場合)になるように設定した。そして、受給後の人々の状況を、その人たちの受給前の状況、そしてほかの点では似たような一二の村の人たち(合計の人数は受給者より若干多い)の状況と比較した。三つ目の実験は、ある少数民族の村を対象に、すべての住民にベーシックインカムを給付し、一二カ月間の状況を、ほかの点ではよく似た村と比較した。

二つ目の実験の独特な点は、人々が「声」を聞いてもらえるかどうかという要素の影響についても検証したことだ。つまり、弱い人たちの利益を擁護し増進してくれる団体があれば、ベーシックインカムの好影響が強まるのではないか、という仮説の妥当性を調べたのである。具体的には、給付対象の八つの村のうち四つにはすでにSEWAが活動している村を選び、ほかの四つにはそのような団体が存在しない村を選んだ。給付をおこなわない一二の村にも、SEWAが活動している村とそうでない村を半分ずつ選んだ。

この実験によれば、村人たちにとって最も有益だったのは、銀行口座の開設と金銭管理の方法に関する助言と支援だった。しかし、ベーシックインカムの好影響は、SEWAが活動していた村でも活動していなかった村でも見られた。

お金は、最初の三カ月は本人に直接渡され、それ以降は銀行口座への入金というかたちで給付された。口座を持っていなかった人には、ベーシックインカム用に口座をつくらせた（少数民族の村を対象にした三つ目の実験では、最後まで手渡しで給付）。すべての成人の男女が個人単位でお金を受け取り、子どもの分の給付金（大人の半額）は、母親もしくは母親代わりの女性の口座に入金された。本章の前半で紹介したような現金給付プログラムと違うのは、すべての人に無条件で現金を配ったことだ。実験開始時に村に居住していた人は、誰でもベーシックインカムを受け取れた。

マディヤ・プラデシュ州における試験プロジェクトの主要な結果は、以下の四点に集約できる。(43)第一に、人々の生活を改善する効果には目を見張るものがあった。衛生状態、栄養状態、健康状態、医療機関の利用状況、学校への登校率と学業成績に、大きな改善が見られたのだ。概して、受給者はベーシックインカムを賢明に活用した。当時のインドの与党・国民会議派のリーダー、ソニア・ガンディーをはじめ、多くの人たちの予想に反し、アルコールやタバコへの支出はむしろ減った。

のちに、賢明にお金を使った理由を村人たちに尋ねたところ、最も多い答えは、男性たちが職に就ける機会が増えたから、というものだった。また、家族の一人ひとりに給付されるお金は、暗黙の「ラベリング効果」により、生活状況の改善と収入の獲得のために使うべきものとみなされたため、誘惑に負けて浪費されることが避けられたのかもしれない。

第二に、社会の公平性が高まった。配られるお金の重みは、豊かな人より貧しい人のほうが、すなわち、健常者より障がい者、男性より女性、上位カーストより指定カースト（最下層民）や指定部族（少数民族）のほうが大きいからだ。このような構造的に不利な立場に置かれていた人たちは、おそらくはじめて自分のお金を手にできた。そして、給付金のおかげで、母親たちは女児のニーズに応えてやれるようになった。男児の就学率と登校率も改善したが、女児の数字の改善はそれを上回った。以前は幼い女の子は男の子に比べて、年齢ごとの標準よりも体重が軽い子の割合が多かったが、実験期間中の女児の体重増加は男児以上だった。男女の平等が改善したことは間違いない。

第三に、反対派の予測とは逆に、人々がおこなう仕事と労働の量が増えた（例外は子どもたちだった。子どもたちは働く時間が減り、学校に通う時間が増えた）。とくに、女性たちが副業をおこなうことが多くなった。服をつくったり、ある女性の場合は腕輪をつくったりするようになったのだ。この点は、「主たる活動」にしか目を向けない既存の研究では見落とされがちな点だ。全体として見ると、ベーシックインカムの給付対象になった村では、経済活動が大幅に増加し、それにともなって所得の不平等が縮小し、コミュニティの形成も後押しされた。たとえば、共有の養殖池をつくったり、排水システムを改善するために共同で行動したりするケースが見られた。

第四に、思いがけず、きわめて勇気づけられる結果が得られた。それは、人々を解放したことである。個人が自らの人生をそれまでよりコントロールできるようになったのだ。借金を減らした人もいたし、一家代々の債務奴隷状態(借金の貸し主のために低賃金で働かされる状態)を抜け出した人もいた。お金を貯めたり、親戚や隣人からお金を借りたりして、高利貸しへの依存を減らした人もいた。はじめて自分のお金を手にした人の多くは、自分の人生について自分で決定し、社会の規範にノーと言えるようになった。第3章で述べたように、ある村の若い女性たちは、長老たちの言うことを聞かなくても大丈夫だと思い、ベールで顔を覆わずに出歩くようになった。

ささやかな進歩かもしれないが、こうした効果には金銭面の効果を上回る価値があった。[44] 需要と供給の関係により、村でお金が不足していた頃は、お金を調達することに莫大なコストがかかった。金貸しはそれにつけ込んで、五〇%もの高金利を設定したり、過酷な条件(借り主がいつでも貸し主の要求に応じて、貸し主の畑で働くものとするなど)を押しつけたりしていた。ベーシックインカムは、村の経済に流通する現金の量を増やすことで、お金を借りるコストを引き下げ、村人たちがある程度まで自分のお金のことを自分で決められる状況をつくり出した。この点は、その人がなんらかの危機に直面しているときに、とくに大きな意味をもつ。

この試験プロジェクトの評価をおこなった研究者たちは、以上に挙げた四つの効果を理由に、ベーシックインカムが村のあり方を一変させたと結論づけた。そして、国全体でも同様の効果が得られる発揮だろうと述べている。

## 財源の問題

低所得国にはベーシックインカムの予算をまかなえないと、よく言われる。しかし、給付水準は予算に応じて決めればいいし、少しずつ増やしていくこともできる。本章で紹介した試験プロジェクトが実証しているように、ごくわずかな金額でも定期的かつ確実にお金が配られるようにすれば、貧しい人たちの暮らしを劇的に変えられる場合がある。

多くの途上国は、すべて（あるいはほぼすべて）の高齢者を対象とする年金制度を設けている。ボリビアやボツワナ、モーリシャス、南アフリカにも年金制度がある。このような年金は、実質的に家族全員のためのベーシックインカムの役割を果たしているケースも多い。とくに、受給者の孫がその恩恵に浴し、栄養状態や学校への就学率が高まっている。ナミビアでは、高齢者の年金所得の七〇％以上が孫の食費と教育費に使われているという。アルゼンチンやモンゴルのように、すべての母子に母子手当を給付している国もある。要するに、政治的意志さえあれば、財源は手当てできるのだ。途上国がベーシックインカムを導入するためには、以下の四つの方法が考えられる。

第一は、増税だ。ほとんどの途上国は税制度が整備されておらず、徴税率が非常に低い。所得税は、その傾向がとりわけ強い。この点を考えると、増税によりベーシックインカムの税源確保は、途上国よりも、税制と行政機構が整っている先進国のほうが容易なのかもしれない。それでも、ブラジルは金融取引税により福祉プログラムの予算をまかなっている。

第二は、ほかの支出項目から予算をつけ替えるというやり方だ。過剰な国防費支出やメンツのための無駄事業への支出もさることながら、多くの途上国は莫大な予算をつぎ込んで、きわめて逆進性の高い食料補助や燃料補助をおこなっている。二〇一三年のIMF（国際通貨基金）の推計を見ると、化石燃料への補助金が政府の歳入に占める割合は、イランでは約半分、バングラデシュでは四三％、パキスタンでは三一％に達している。(45) この種の補助金は、きわめて逆進性が高い。IMFの別の推計によれば、所得上位二〇％の富裕層が燃料補助金から受ける経済的恩恵は、下位二〇％の層の六倍に達する。自動車や空調などによるエネルギー消費量が多いからだ。(46)

インドでは、中央政府と地方政府を合わせると、豊かな人たちに渡っている補助金がGDPの九％に達している可能性がある。さらに、これとは別に、主に企業が利用する税控除により、GDPの六％に相当する税収が失われているという。(47) 一方、政府が定める貧困ラインの四分の三相当の金額のベーシックインカムを全国民に給付しても、費用はGDPの一〇％程度ですむ（それに、ベーシックインカムが導入されれば経済成長が促進され、GDP自体がもっと増加することも期待できる）。せめて貧困ラインの半分の金額でも給付できれば、大多数の国民の生活水準を大きく向上させられるだろう。

逆進性の高い補助金に費やされている予算をベーシックインカムに回せば、税率を大幅に引き上げる必要がなくなる(もっとも、大半の途上国では、簡単に税収を増やすためには、現在のきわめて狭い税基盤を拡大するほうが有効だろうが)。真っ先に廃止すべきなのは、地域の経済を歪めたり、普通の人たちの自由を侵害したりするような補助金だ。インドの場合、既存の福祉プログラムを廃止しなくてもベーシックインカムは導入できる。この点は、おそらくほかのどの国も同じだろう。

第三は、第7章で述べた政府系ファンドを活用する方法だ。言い換えれば、社会配当の考え方を採用するのである。この方法は、石油やその他の鉱物資源、木材などの価値の高い一次産品を産出する途上国に向いている。現状では、そうした資源が生み出す収益は、レントシーキング(民間企業が政治家や官僚機構にはたらきかけ、自社に都合のいい政策や立法をおこなわせること)により、支配層がほぼ独り占めしている。すでに政府系ファンドを設立している国も多いが、ほとんどの場合は、未来の国家財政を安定させるための投資の手段と位置づけられている。インド西部のゴアで活動している「ゴエンチ・マティ運動」は、アラスカ永久基金のように、地元の鉄鉱採掘による収益を恒久的な基金に積み立て、それを財源に市民への配当をおこなうよう求めている。南米のボリビア、アフリカのザンビア、モンゴルのように、すでに天然資源に対する税を社会福祉給付の予算に回している国もある。

政府系ファンドの資金は、天然資源以外の収入により調達してもいい。カジノで有名な中国のマカオでは、二〇〇八年以降毎年、主に宝くじの収益を使って、すべての住民に現金を給付している。近年の金額は、米ドル換算で年間一〇〇〇ドルを超す。この「現金分享計画（ウェルス・パーテイキング・スキーム）」と並行して、一回限りのベーシックキャピタルの給付もおこなわれている。二二歳のときに、米ドル換算で一二五〇ドル相当が給付される。このお金は、対象者の退職金積立基金に払い込まれる。[48] 中国本土で興味深いのは、河北省石家荘市にある「城中村」（都市化の進行により、周囲を都会に囲まれてしまった農村）の槐底地区の例だ。同地区では、土地収用補償金と土地開発権を使って建設した商業不動産施設からの収入を財源に、すべての住民にベーシックインカムを給付し、さまざまな現物給付や公共サービスもおこなっている。[49]

第四は、国際援助や民間の寄付に頼る方法だ。二国間援助や多国間援助をベーシックインカムに振り向ける余地は大きいし、第11章で述べるように、ベーシックインカムの試験プロジェクトへの資金拠出に関心を示す民間の慈善事業も増えている。

ベーシックインカムを導入する主たる目的は、あくまでも貧困を和らげ、人々の経済的な安全を高め、栄養状態と健康状態を改善することであるべきだが、移民の増加による苦悩と重圧を軽減する効果も期待できる。途上国の貧困地域や低所得地域でベーシックインカムが配られるようになれば、豊かな国に移り住もうとせず、地元にとどまり、コミュニティを再建、あるいは建設しようと考える人が増えるだろう。

## 補助金からベーシックインカムへ

エジプト、インド、インドネシア、タイなどの国は、国際金融機関の強い求めを受けて、食料補助と燃料補助を減らし、代わりに低所得層向けの現金給付を導入しようとしてきた。しかし、好ましい結果につながっている場合ばかりではない。そのなかで、低所得層向けの現金給付ではなく、ベーシックインカムに近い制度を実施した国があった。イランである。

二〇一〇年一二月、イラン政府は、エネルギーの無駄遣いを抑制する効果も期待して、米ドル換算で推計五〇〇億～六〇〇億ドル相当の補助金支出を大幅に削減した。これにより、食料と燃料の価格は最大二〇倍にも跳ね上がった。その際、補助金の削減と引き換えに、政府はすべての世帯への無条件の定期的な現金給付を開始した。ただし、所得税の課税対象者には、受給の前提として税務申告を義務づけたため、富裕層のなかには給付金を申し込まない人たちもいて、それがコストの抑制につながった[50]。

イランの成人の三分の二が現金給付を受け取った。これほど多くの割合の人が受給したプログラムは、ほかの国でも例がない。そして、給付金の九〇％以上は銀行口座に入金された[51]。燃料補助金の恩恵が最も薄かった貧困層は、物価上昇による負担増を上回る給付金を得ることができ、とくに地方部で貧困と不平等が大幅に緩和された[52]。

反対派は当初、現金給付によりインフレが起きると批判していた。確かに、最初はインフレが一挙に加速したが、政府の一時的措置により物価上昇は抑え込まれた。しかし、現金給付のコストは以前の燃料補助金の半分ほどでしかなかったが、財政赤字の拡大を受けて、イラン政府は二〇一六年、資力基準に基づく制度に転換した。それにともない、給付を受ける人の数は半減すると予測されている。

## 人道援助の手段として

この一〇年ほど、自然災害や人為的災害の被災者や難民を支援するために現金給付をおこなうケースが大きく増えている。災害の直後は、食料、水、住む場所、医薬品の確保を最優先すべきだが、初期の段階を過ぎると、経済活動を再開し、コミュニティを再建することが重要になる。それを支援するために最も有効なのは、自助の手段を提供することだ。

二〇〇四年一二月、インド洋大津波が二三万人の命を奪い、一四カ国の沿岸地帯を壊滅させたときは、世界から莫大な金額の援助金が集まり、多くのNGOの支援チームが現地入りした。当時、わたしはスリランカで研究プロジェクトに関わっており、津波の猛威に圧倒され、同時に、競い合うようにして支援活動に取り組むNGOの姿に強い感銘を受けたものだ。その善意は、嘘偽りのないものだったが、地元のコミュニティのニーズや希望に沿った支援が提供されていないケースも少なくなかった。もし、被災地の人すべてにベーシックインカムが配られていれば、不要なものを大量に送りつけられるのではなく、被災者自身の選択により、自らの人生を前に進められただろう。[53]

二〇〇三年のイラク戦争のあと、国際社会がイラク国民にたとえば三年間にわたってベーシックインカムを提供していれば、その後の混乱と流血のかなりの部分は防げたかもしれない。イラクの国民は、社会の再建に参加し、過激主義の誘惑に負けないコミュニティを築けただろう。二〇〇一年のアメリカによるアフガニスタン攻撃のあと、ベーシックインカムが配られていれば、この国の人々は新政府を支持すべき具体的な理由を見いだせたかもしれない。

国連の世界食糧計画（ＷＦＰ）が四つの国で食料現物給付と現金給付の効果を比較したところ、三カ国（エクアドル、ウガンダ、内戦前のイエメン）では、現金給付のほうが低コストで人々の栄養状態を改善できた。要するに、同じ金額で救える人の数が多かったのだ（もう一カ国のニジェールでは、季節的な要因による食料不足が深刻だったため、現金給付よりも現物給付のほうが食生活の多様性を改善する効果があった）。[54]この結果を受けて、ＷＦＰは現金給付に力を入れるようになった。現在、ＷＦＰがおこなう援助の四分の一以上が現金になっている。

一〇〇万人以上のシリア難民が暮らすレバノンでは、国連難民高等弁務官事務所（ＵＮＨＣＲ）が貴重な「越冬対策資金」を使い、標高五〇〇メートル以上の場所で暮らす難民家族に現金を配った。給付は無条件で実施したが、暖房用のお金であることは念押しした。そのうえで、給付金を受給した世帯と、標高五〇〇メートルより少しだけ低い場所で暮らす世帯（つまり、給付を受けなかったこと以外の点ではほぼ同条件の世帯）を比較した。

すると、現金給付を受けた世帯では、暖房用の支出が増えただけでなく、子どもの就学率が上昇し、児童労働が減り、食料が確保されやすくなるという効果も見られた[55]。また、注目すべきことに、難民コミュニティ内での受給者と非受給者の助け合いが活発になり、受給世帯内での家族間の緊張が和らぎ、難民コミュニティと地元社会の関係も改善した。乗数効果も大きく、一ドルの現金給付がレバノン経済に二ドル以上のお金を生み出し、そのほとんどが地域で用いられた。

二〇一六年一〇月、国連難民高等弁務官はこう述べている。

> 現金による支援は、わたしたちの難民支援のあり方を根底から変えた。わたしたちは、この方法を全世界に拡大して、可能な場合はあらゆる活動でそれを実施することを決めた……一人ひとりの難民にとって何が必要かを誰よりもよく知っているのは、その人自身だ。現金による支援を広げれば、これまでより多くの人が自らの家計について自分で決められるようになる。その結果、その人は尊厳のある普通の生活を送りやすくなる[56]。

災害や戦乱で苦しむ人たちに現金を配ることの現実的利点はほかにもある。困窮した人たちを移住に突き動かす圧力を弱められるのだ。それに、ほかの方法の国際援助につきものの莫大なコストと非効率を緩和できるという利点もある。

## 紛争回避の手段として

皮肉なことに、天然資源に恵まれている国では、資源による収入を独裁的な指導者が独り占めしている場合が多く、その収入を奪い合って激しい対立が生じることが多い。紛争の火種をなくすためには、資源による富を国全体でわかち合うことが有効だとよく言われる。この処方箋を採用する場合はたいてい、石油やダイヤモンドなどの資源が採れる地元、とくに採掘現場の自治体に、収入の一部を分配するかたちが取られる。金額が十分に大きければ、そうした資金移譲により紛争が減るケースもあるが、地域の反政府勢力に武装闘争の資金を与え、紛争を激化させるケースもある。(57) 紛争を防ぐためには、すべての個人に現金を直接給付するほうがうまくいく。この方法なら、その地域の独立運動やその他の政治勢力が資源収入を自らの目的のために用いることをずっと難しくできる。

この種の直接配当型の給付（実質的にはベーシックインカムと言っていい）は、「資源の罠」とか「オランダ病」と呼ばれる問題を克服する助けにもなる。これらは、天然資源という恵みがその国の製造業を衰退に追いやる現象をあらわす言葉だ。近海で天然ガスが見つかったオランダは、一九六〇年代に天然ガスの輸出で潤ったが、それが通貨高を招いた結果、国内製品の輸出が減り、安価な外国製品の輸入が増大した。これにより、オランダの製造業は壊滅的な打撃を受けてしまった。その点、アメリカのシンクタンク「グローバル開発センター」が提案している「オイル・トゥ・キャッシュ」というプログラムのように、資源収入を基に現金給付をおこなえば、個人消費を刺激できるし、市民による政府支出の精査を促し、公共財の供給を増やすことができる。[58] その結果、経済の成長と発展が促進され、紛争のリスクも軽減されるだろう。

## 途上国のほうが有利?

二〇一六年、メキシコシティーの市政府は、この巨大都市へのベーシックインカム導入を盛り込んだ市憲章を起草した。それに先立ち、国連ラテンアメリカ・カリブ経済委員会が域内の国々にベーシックインカムの採用を検討するよう勧告していた。このような動きは、ラテンアメリカ諸国、さらにはそれ以外の国々にも広がっていくだろう。メキシコシティーの市憲章で謳われた内容は、経済的な権利を新たな段階に引き上げるものであり、このような権利はやがて当然のものと考えられるようになるかもしれない。

インドでは、ジャム・カシミール州の財務相が二〇一七年一月、ベーシックインカムを段階的に導入していく方針を明らかにした。低所得層に対象が限定され、すべての人には給付されない可能性が高いが、意図ははっきりしていた[59]。インドの中央政府も、ベーシックインカムの検討を進めている。二〇一七年一月末に予算案と一緒に発表した定例の経済報告では、一章を割いてベーシックインカムの是非を論じた[60]。実現への道はまだ遠いが、世界で最も人口の多い国の中央政府が検討を始めたことは、ベーシックインカムという考え方に新たなお墨つきを与えるものと言えるだろう。この報告書が発表されたあとほどなく、インドの財務相は、一年以内にさらなる試験プロジェクトを開始する意向を表明した。

逆説的に聞こえるかもしれないが、豊かな国より途上国のほうがベーシックインカムを導入しやすいのかもしれない。既存の制度から移行する際のコストは、途上国のほうがずっと少なくてすむ。先進国と異なり、一部の人だけを対象とする給付制度が何十種類も、ことによると何百種類も複雑にからみ合っていたりはしないからだ。

途上国の場合も、深く根を張った補助金制度を解体するのは簡単ではない。しかし、既存の補助金制度は、あまりにも市場を歪めており、逆進性もきわめて高い。そうした制度を存続させるべきだという主張は、道徳的な面でも、実効性の面でも説得力を欠く。前述したように、イラン政府は、食料補助と燃料補助の削減に対して国民の幅広い支持を獲得することに成功した。その際にものを言ったのは、補助金制度の欠点と不公正さを強調したPRキャンペーンに加えて、負担増を埋め合わせるための現金給付を実施したことだった。

人道援助の分野では、現金給付に転換する傾向が際立っており、現金給付とベーシックインカムは主流の開発戦略として認められはじめている。あらゆるデータが示唆しているように、このようなプログラムに流れる資金がもっと増え、途上国の中央政府と地方政府がこの種の給付制度の成功をもっと信じるようになれば、貧困が急速に改善し、短期間で経済的な安全が高まり、持続可能な開発が加速するだろう。

# 第11章

# 推進運動と試験プロジェクト

人間はどのように戦い、どのように戦いに敗れてきたかに思いを馳せてみる。求めていたものは結局負けても手に入りはするが、思い描いていたものとは違う。そしてまた別の者たちが別の名目でそれを手に入れるために戦うのだ。

——ウィリアム・モリス（イギリスの工芸美術家・思想家、1886年）

近年、貧富を問わず、さまざまな国や地域でベーシックインカムの推進運動と試験プロジェクトが活発におこなわれている。推進運動は、主としてベーシックインカムについて啓蒙をおこない、政治家や政策立案者たちの背中を押し、人々に「ムーブメント」に加わるようはたらきかけることを目的にしている。一方、試験プロジェクトは、さまざまな制度設計をテストし、賛成派と反対派の主張に照らして評価をくだすことが主な目的だ。たとえば、給付金が浪費されるのではないかとか、労働市場への参加意欲を失わせるのではないかといった指摘の真偽を明らかにすることを目指す。

本章では、まず近年の民間の推進運動を紹介し、そのあと、これまで実施されてきた試験プロジェクトについて述べ、さらに本書執筆時点で計画されているプロジェクトを紹介する。

## ベーシックインカム世界ネットワーク（ＢＩＥＮ）

「ベーシックインカム世界ネットワーク（ＢＩＥＮ）」（旧称はベーシックインカム欧州ネットワーク）は、一九八六年九月、ベルギーの都市ルーバンラヌーブで正式に発足した。序章でも述べたように、一五一六年にトマス・モアの著書『ユートピア』が刊行されたのがルーバンだったことは、偶然とはいえ象徴的だった。『ユートピア』の刊行五〇〇年とＢＩＥＮの創設三〇年に当たる二〇一六年には、そのルーバンラヌーブで記念式典がおこなわれた。

世界に広がったＢＩＥＮのメンバーは、「社会のすべての人が権利としてベーシックインカムを受け取るべきである」というシンプルなアイデアが投げかける数々の問題について、精力的に研究と執筆に取り組んでいる。ＢＩＥＮはメンバーの会費で運営されており、隔年で世界会議を開いてきた。第一回はベルギーのアントワープ、本書執筆時点で直近の二〇一六年は韓国のソウルが開催地として選ばれた。

世界の国々でベーシックインカムの導入に向けた活動に取り組んでいる参加団体は、三四団体に上る。アルゼンチン、オーストラリア、オーストリア、ベルギー、ブラジル、ブルガリア、カナダ、中国、フィンランド、フランス、ドイツ、アイスランド、インド、アイルランド、イタリア、日本、メキシコ、オランダ、ニュージーランド、ノルウェー、ポーランド、ポルトガル、ケベック（カナダ）、スコットランド（イギリス）、スロベニア、韓国、南部アフリカ、スペイン、スウェーデン、スイス、台湾、イギリス（「市民所得トラスト」と「ベーシックインカムＵＫ」の二団体）、アメリカに参加団体が存在する。

ベーシックインカムが政治的にありえないアイデアだと冷笑されていた時代にも議論を途絶えさせなかったＢＩＥＮの功績は大きい。ＢＩＥＮは、ベーシックインカムに関する主張に磨きをかけ、批判に対応し、コストの試算を支援し、世界中からデータを集めてきた。多言語版のニュースレターを発行し、さまざまな国の状況も伝えてきた。このニュースレターは、現在はオンライン版の「ベーシックインカム・ニューズ」に形を変えている。それとは別に、「ベーシックインカム・スタディーズ」という査読式の専門誌も発行している。

しかし、最も重要な役割を果たしてきたのは、隔年の世界会議だ。一九八六年のルーバンラヌーブでの旗揚げ以降、西欧のさまざまな有力都市で世界会議が開かれてきた。一九八八年のアントワープに始まり、フィレンツェ（イタリア）、ロンドン（イギリス）、パリ（フランス）、アムステルダム（オランダ）、ウィーン（オーストリア）、ベルリン（ドイツ）、ジュネーブ（スイス）、そしてバルセロナ（スペイン）と続いた。この二〇〇四年のバルセロナ大会は、「世界社会フォーラム」の一環として開催され、同フォーラムのほかのイベントに出席していた人たちも加わり、例年より何百人も多くの参加者が集まった。

バルセロナ大会では、圧倒的多数の賛成により、ＢＩＥＮをグローバルな組織に発展させる方針が了承され、次回以降の世界会議をヨーロッパとヨーロッパ以外で交互に開催することも非公式に合意された。このあとは、ケープタウン（南アフリカ）、ダブリン（アイルランド）、サンパウロ（ブラジル）、ミュンヘン（ドイツ）、モントリオール（カナダ）、そして二〇一六年にはソウル（韓国）が開催地になった。世界中から参加者が集まったソウル大会では、世界会議の隔年開催という暗黙のルールが変更された。ベーシックインカムへの関心が高まり、参加団体も三〇を超えたことを受けて、二〇一七年九月にはポルトガルのリスボンで、その次は二〇一八年半ばにフィンランドのタンペレで、二年連続で世界会議をおこなうことになったのだ。

世界会議のたびに、さまざまなテーマについて多くの論文が提出され、研究発表と議論がなされてきた。わたしのように初期から参加していたメンバーは、大会のたびに多くのことを学んできた。論文のなかで公刊されているものはごく一部にすぎないが、ベーシックインカムの理論史に関心のある研究者にとっては貴重な資料も多いはずだ。(1) ＢＩＥＮは設立当初から多様な視点による議論を受け入れ、それを奨励してきた。だからこそ、これほどまでにネットワークが広がり、活動が盛り上がりを見せているのだ。

## 二〇一六年のスイス国民投票

ベーシックインカム導入の是非をめぐり、二〇一六年にスイスでおこなわれた国民投票は、多くの国で熱い議論の対象になり、メディアの注目も集めた。この国民投票でベーシックインカムの導入案が退けられたことは紛れもない事実だ。しかし、これを機にベーシックインカム実現への機運がいっそう高まったという見方も、あながち間違っていない。国民投票に向けた動きは、資金も組織もない数人の推進派の活動から始まり、それが活気ある運動へと発展していった。その経験は、未来の運動にとって貴重な遺産になるだろう。

独特の直接民主主義の伝統があるスイスでは、国民が個別の政策についての国民投票を要求できる。しかし、そのためには、一年以内の期間で一〇万人の有効な署名を集めなくてはならない。このとき、ベーシックインカム推進派は、潤沢な資金も既成政党の支持もなかったが、一四万一〇〇〇人の署名を集めた(このうち、一二万九〇〇〇人分が有効だった)。

テレビやラジオ、新聞に広告を出す資金力がなかった推進派グループは、頭を使ったパフォーマンスで国内外の注目を集める戦術を実践した。たとえば、金融機関からは協力を拒まれたが、最小額の金色の硬貨を八〇〇万枚集め(国民一人当たり一枚という計算だ)、それを中央銀行から通りを隔てた向かい側、国会議事堂の前にばらまいた。この様子を映した動画は、多くの人に閲覧された。

推進派は、「所得が給付されるようになったら、あなたはどうしますか?」と記された巨大なポスターを印刷し、ジュネーブ最大の広場で広げてみせたりもした。広場をほぼ覆う大きさのポスターは、史上最大のポスターとしてギネス世界記録にも認定された。このポスターを上空から撮影した航空写真は、推進派の運動のシンボルになった。このほかには、子どもたちがロボットに扮するなどして、にぎやかな大行進もおこなった。ある朝には、乏しい資金を使って、チューリヒの駅で通勤客に一〇フラン紙幣を配ったこともあった。この活動も大きな話題を呼んだ。

こうした派手なパフォーマンスは、好ましい結果と好ましくない結果の両方をもたらした。注目を集めるという最大の目的は達したが、運動のイメージを歪めた面もあった。ベーシックインカムがあれば人は働かなくてよくなる、ロボットに人間の雇用が奪われる、という印象を生み出してしまったのだ。また、推進派の運動は、都市住民の関心事に焦点を当てすぎた。その結果、国民投票では地方部で圧倒的に反対票が多くなった。

しかし、否決された最大の理由は、運動の方法以外の点にあった。推進派が国民投票で提案した憲法改正案では、具体的な給付額は明記せず、議会に決めさせるものとしていた。ところが、国民投票に向けた運動が始まった初期に、二人の人物が月額二五〇〇スイスフラン(約二五〇〇ドルに相当)の給付を主張する著作を発表した。この金額は、国民投票を推進したグループがお墨つきを与えたものではなかったが、反対派に攻撃材料を与えてしまった。財源の面で実現可能性がないと批判しやすくなったのだ。たちまち、世界のメディアが「すべてのスイス国民に月額二五〇〇スイスフランを給付」することを目指す国民投票と位置づけて報じはじめた。反対派は、国民の不安を煽る戦術も展開した。ベーシックインカムが導入されれば、大量の移民が殺到すると脅したのだ。国民投票にかけられた提案では、移民の受給資格をどうするかは議会が決めるものとしていたのだが。

国民投票で問われたスイス憲法改正案は、以下のような文言になっていた。

第一一〇条（a）無条件のベーシックインカム

連邦政府は、無条件で給付されるベーシックインカムを確実に導入する。

ベーシックインカムは、すべての国民が尊厳を持って生き、公共のことがらに関わることを可能にするものでなくてはならない。

具体的にどのように財源を確保し、どのような水準の給付をおこなうかは、法律で定める。

国民投票では、賛成は二三％だった（投票率は四六・四％）。ベーシックインカムは国民からきっぱりとノーを突きつけられたと、世界のメディアは報じた。しかし、運動のリーダーたちがこれを成功と呼ぶのは間違っていない。国民投票に向けた運動を通じて、メディアで、カフェで、家庭で、スイスの国中で、ベーシックインカムをめぐり真剣な会話がなされた。ベーシックインカムとはどういうものかを理解する人が一挙に増え、国民投票をめぐる議論と投票結果は世界中で大々的に報じられた（スイスの国民投票がここまで国際的な脚光を浴びるのは珍しい。なにしろ、この国では国民投票が頻繁におこなわれている）。

地方部では、賛成は五人に一人に満たなかったが、都市部では違った。ジュネーブでは三五％、チューリヒでは五四％が賛成票を投じた。投票翌週の世論調査では、国民投票はベーシックインカムに関する対話の終わりではなく、長い対話の始まりだと考える人が三分の二を上回った。反対した国民のなかにも、将来の再検討が必要だと答える人が多かった。ベーシックインカムの導入に向けた中期の見通しが明るくなったことは確かだ。運動のリーダーの一人は、投票前に否決を予想していて、こう述べていた。「今回の国民投票は、メインイベントの前の予告編のようなものだ。映画の予告編は、いつもこの言葉で締めくくられる――近日公開《カミングスーン》(2)」

スイスの国民投票がベーシックインカムへの歩みを後退させる敗北だったのか、それとも将来の導入に向けた一つの前進だったのかを判断するのはまだ早い。しかし、大きな改革が一回目の国民投票で承認されたことはないと、スイスではよく言われる。改革はたいてい、二回目の国民投票で実現するのだ。

## ユニバーサル・ベーシックインカム・ヨーロッパ（UBIE）

スイスで国民投票の実現に向けた動きが盛り上がりはじめていた頃、ヨーロッパ諸国の熱心な推進派（多くはBIENのメンバーだった）は、欧州連合（EU）で「住民提案」を実現したいと考えた。EUでのベーシックインカム導入を求める署名集めが始まったのは、二〇一四年。目標は、一年以内に一〇〇万人以上の署名を集めることだった。これが実現すれば、欧州委員会（EUの行政執行機関）は、ベーシックインカムの実現可能性を調査することが義務づけられる。やはり資金はなく、当初はしっかりした組織もなかったが、EU加盟国二七カ国で何千人もの運動員が集まり、多くの国でベーシックインカム推進団体が発足した。最終的に三〇万人を超す署名が集まった。一〇〇万人には届かなかったが、近い将来に次の署名集めをおこなう際の強固な基盤を築くことができた（次は二〇一八年に実施されるかもしれない）。

この運動の中心になってきた「ユニバーサル・ベーシックインカム・ヨーロッパ（UBIE）」という団体とBIENは、この一〇年ほど、「ベーシックインカム・ウィーク」を共同で開催してきた。この毎年一回のイベントは、ベーシックインカムに関する議論を活性化し、推進運動に勢いを与え、人々を啓蒙することを目的にしている。

## 過去の試験プロジェクト

途上国における現金給付プログラムとベーシックインカムの試験プロジェクトについては、第10章で論じた。一方、先進国における現金給付プログラムは珍しくない。一部の人だけに給付されるものとしては社会的扶助や年金があるし、すべての人に給付されるものとしては子ども手当などがある。以下では、ベーシックインカムに関連した北米での実験を二つ紹介することにしたい。

### マニトバ州ドーフィン(カナダ)の実験

「マニトバ・ベーシック・アニュアル・インカム実験(MINCOME)」の一環としてカナダのマニトバ州ドーフィンでおこなわれた実験は、ベーシックインカム推進派の間では伝説的になプログラムだ(MINCOMEでは、ほかに同州の都市ウィニペグなどでも実験をおこなった)。厳密に言えば、このプログラムは完全なベーシックインカムというより、負の所得税だった。カナダ連邦政府と州政府が共同で資金を拠出し、マニトバ州ドーフィンで一九七五年から七七年にかけて実施された。自由党政権下で始まったプログラムは、保守党政権が誕生すると打ち切りになり、データの分析もされないままになっていた。国立資料館で埃をかぶった一八〇〇箱の段ボール箱に収められた調査資料が発掘されたのは、その約四〇年後。エヴェリン・フォゲットらがそれを丹念に照合し、一部のデータの分析をおこなった。(3)

ＭＩＮＣＯＭＥを「普遍主義のなかでのターゲティング」と評する論者もいる。(4) 誰でも登録できる仕組みになっていて、世帯所得が一定水準を下回れば、理由のいかんを問わず、受給資格を得られた。労働による所得がまったくない人には、満額（世帯所得の中央値の半額をわずかに下回る金額）が給付された。所得が一カナダドルあるごとに、給付額は五〇セントずつ減らされていき、所得が三万九〇〇〇カナダドルに達すると、給付が全面的に打ち切られた。この三万九〇〇〇カナダドルというのは、当時のカナダの世帯所得の中央値にほぼ相当する。

三年の期間中のいずれかの時点で給付を受けた人は、二〇〇〇人以上。ドーフィンの人口の約五人に一人が参加した計算になる。ＭＩＮＣＯＭＥの目的は「年間所得保証」が雇用に及ぼす影響を調べることだったが、研究者たちはデータを通じて、そのほかの影響も知ることができた。受給世帯では、入院件数、事故や負傷の件数（ドメスティック・バイオレンスによるものも含む）、深刻な精神疾患の件数が少なく、若者、とくに男子の高校中退率も低かった。フルタイムの職に就いていた人の労働時間にはほとんど変化がなかったが、幼い子どもがいる母親と、学校に通っている子どもたちは、有給の仕事に従事する時間が減った。給付金のおかげで、子どもの世話をしたり、勉強したりする時間を増やせるようになったのだ。(5)

ＭＩＮＣＯＭＥの「飽和実験地区」とされたドーフィンでは、基準を満たした人すべてに給付がおこなわれたため、現金給付がコミュニティ全体に及ぼす影響も明らかにできた。たとえば、男の子の学校中退率が下がった。給付金のおかげで、中退のリスクが最も高かった低所得世帯の子どもたちが学校をやめて働かずにすむようになった面もあったが、それだけではない。受給世帯の友人たちが学校に残るようになると、非受給世帯の子どもたちの中退率も下がったのだ。広い対象に給付することには、このような「ピア効果（仲間効果）」もある。

既存の福祉と異なり、MINCOMEを受給するのはあまり恥ずかしいことと思われておらず、それが人々の他人との関わり方にも影響を及ぼした。MINCOMEの受給者は既存の福祉の受給者に比べて、活発に社交し、社会的・経済的地位の高い非受給者と同じように行動していた。そして、MINCOMEやその他の福祉を受給していない人の前で恥ずかしく感じたり、居心地悪く感じたりしたことがないと答えた人の割合も、既存の福祉の受給者よりずっと多かった。[6]

## アメリカのチェロキー族——偶然の実験

一九九三年、アメリカのデューク大学の研究チームが「グレート・スモーキー山脈ユース研究」というプロジェクトを開始した。これは、低所得世帯の学齢期の子どもたち一四二〇人の精神の健康を追跡調査するというものだった。プロジェクトが始まって四年後の一九九七年、アメリカ先住民の東部チェロキー族が保留地でカジノ経営を始めた。このとき、部族のリーダーたちは、毎年の利益の半分をすべての部族員に均等に分配するものとした。調査期間中の分配金の金額は、一人当たり年間約四〇〇〇ドルに上った。この分配金により、世帯所得は平均して一・二倍に増加した（この世帯所得上昇分には、子どもへの分配金は含まれていない。子どもの分のお金は、一八歳になるまで銀行に蓄えられるようになっていた）。

このように事実上の「ベーシックインカム」が無条件で給付された結果、図らずも、ほかに類のない長期追跡調査が可能になった。デューク大学の調査対象になった子どものうち約四分の一を東部チェロキー族のメンバーが占めていたので、研究チームは一〇年間にわたり、それらの子どもたちとほかの子どもたちの発達を比較できたのだ。結果は、目を見張るものだった。分配金を受け取った世帯の子どもは、ほかの要因の影響を排除して考えた場合、学校の成績がよく、少年犯罪を起こす割合も際立って小さかったのである。また、行動障害や情緒障害があまり見られず、勤勉性と協調性で高いスコアを記録する傾向があった。[7] 勤勉性と協調性は、長い目で見て人生に好ましい影響をもたらす性格的要素として知られている（仕事を長く続けたり、私的な人間関係を維持したりすることを後押しする）。ここで言う勤勉性とは、計画的で、責任感があって、まじめに働くこと、協調性とは、利己的に振る舞わず、他人と協力し合うことを言う。

子どもたちは、両親の関係が改善したことの恩恵を受けたようだ（両親の関係が改善したのは、一つには、お金の心配が減り、お金の問題で言い争うことが少なくなったためだ）。夫婦関係の改善は親子関係の改善につながり、親のアルコール消費と薬物使用も少なくなった。最も勇気づけられるのは、当初は最も困窮していたり、最も苦境に置かれていたりした子どもほど、好ましい変化が強くあらわれたことだ。ベーシックインカムは、それを最も必要としている人たちを助けられるのだ。

### ナミビアとインドの試験プロジェクト

第10章で述べたように、ナミビアとインドで実施された試験プロジェクトは、説得力のある結論を導き出した。ランダム化比較試験を絶対視する純粋主義者は調査手法に不満を感じるかもしれないが、これらのプロジェクトは質的データと量的データを組み合わせることにより、コミュニティ全体にベーシックインカムを給付した場合の効果をあぶり出している。また、この二つの実験の設計は、短期間の試験プロジェクトという制約のなかでは、本物のベーシックインカムに最大限近づけたものだった。現金で、毎月、個人単位で、すべての人に、無条件で給付された結果、個人レベル、世帯レベル、コミュニティレベルの効果を明らかにできた。

## 進行中もしくは計画中のプロジェクト

二〇一七年前半は、試験プロジェクトに関する動きが相次ぎ、ベーシックインカム推進派は幸福感に酔いしれた。しかし次第に、失望感が広がりはじめた。臆病な姿勢やご都合主義がまかり通り、裏の動機が見え隠れするケースが目につくようになったからだ。本来、試験プロジェクトは、ベーシックインカムに期待どおりの効果（経済的な安全を提供し、不平等を和らげ、個人の自由とコミュニティの絆を強めること）があるかを検証するものであるべきだ。そのためには、真のベーシックインカムを、つまりコミュニティ内のすべての人に、個人単位で、無条件に、定期的に給付する制度を実施する必要がある。ところが、さまざまな理由により、現在計画中の試験プロジェクトの大半はそのようになっていない。本書執筆時点での状況を見ていこう。

## フィンランド社会保険庁

二〇一五年、フィンランドの首相に就任したユハ・シピラは、「実験的統治」の一環としてベーシックインカムの試験プロジェクトを実施する方針を発表した。予算も約二〇〇〇万ユーロが確保された。このプロジェクトを担うフィンランド社会保険庁（ＫＥＬＡ）は二〇一六年三月、以下のように説明した。

> ベーシックインカムの実験は、社会保障制度改革の一つとして実施される。狙いは、働き方の変化に合わせて、社会保障をより参加型でインセンティブ重視のものに改め、官僚機構を縮小し、複雑な給付制度を簡素化することにより、財政面での持続可能性を高めることにある。

試験プロジェクトの設計を最終決定するのに先立ち、KELAは、さまざまな選択肢と、法律上の課題をまとめた文書を発表した。(8) そのなかには、フィンランド憲法とEU法の下、福祉給付における差別禁止を義務づけたルールとの関係をどうするかという点も含まれていた。

完全なベーシックインカム制度は、ただちに選択肢からはずされた。あまりに金がかかりすぎるというのが理由だ。代わりに、二〇一七年一月以降、失業給付を受給している二五~五七歳の失業者から無作為抽出した二〇〇〇人に、月額五六〇ユーロ（米ドル換算で約六二〇ドル相当）が給付されることになった（これには課税されない）。また、住宅手当などと合わせて月額五六〇ユーロを超す給付を受け取っていた人には、その金額が引き続き給付されるものとした。試験プロジェクトの前よりも手取りが減らないようにするためだ。選ばれた二〇〇〇人は、本人の意向に関係なく参加させ、その人たちの行動や状況を二年間にわたり観察し、それを別の二〇〇〇人の失業者（すでに無作為抽出で選ばれている）と比較することになっている。

失業給付と異なり、受給者が職に就いても給付は打ち切られない。しかし、完全なベーシックインカムを放棄した結果、無条件の給付が就労意欲に及ぼす影響を検証するだけの実験になってしまった。フィンランド政府は、「ベーシックインカムの実験をおこなう最大の目的は就労の促進である」と述べている。(9) 計画案をまとめたKELAの作業グループの委員長も、メディアに次のように語っている。「失業手当などの給付を失うことを恐れて職に就かなかった人たちが短期の職に就くよう後押しできるだろう」

このような仕組みの下では、給付金は逆進性の高い賃金補助にしかならない。給付金を受け取りつつ職に就いた人は、職に就かない人より多くの収入があるだけでなく、同じ職に就いていて給付金を受け取っていない人よりも潤うことになる。それに、受給者が安い賃金で働くことをよしとすれば、その人たちに職を奪われる人が出てきたり、賃金相場が下落したりしかねない。

政治的な環境を考えれば、もっと野心的な取り組みも可能だったはずだ。世論調査によれば、フィンランド国民の七〇%近くがもっと高水準のベーシックインカムを支持していた。試験プロジェクトと同額の給付を全国民におこなったとしても、コストは既存の社会福祉給付の総額より少なくてすむ。大ざっぱに計算すると、すべての国民に月額五六〇ユーロを給付する場合、年間のコストは約三六〇億ユーロ。それに対し、現行の現金給付型の福祉制度に費やされている予算は約四二〇億ユーロだ。全国民への給付を見送ったことは、財政面であまりに臆病だった。

ベーシックインカムは、社会工学の道具、つまり国家が好ましいと考える行動を人々に取らせるための手段ではない。というより、そうであってはならない。目的が失業者を低賃金で短期間の職に就かせることだったとして、実際にそのような結果にならなかった場合、その試みは「失敗」だったことになるのか?

ベーシックインカム推進派が願っていることの一つは、人々が自分の時間をもっと自由にコントロールし、本人が望むなら、「労働」からそれ以外の「仕事」に移行できるようになることだ。たとえば、金銭報酬が発生しないケアの仕事やコミュニティでのボランティア活動に携わったり、スキルを学び直したり、教育を受けたりといった活動のことだ。フィンランドの試験プロジェクトでは、こうした効果については一つも検証できない。しかし、フィンランド政府がベーシックインカムの実験のために確保した資金の大半は、まだ使用されずに蓄えられている。のちにもっと大規模な試験プロジェクトをおこなう際に、それを用いる予定だ。そのときは、ベーシックインカムの原則により忠実な取り組みになるかもしれない。

## オランダの地方自治体

二〇一六年、ベーシックインカムの試験プロジェクトへの関心が高まった国はほかにもある。オランダでは、多くの自治体が新しい試みに乗り出そうとした。「参加法」という新しい法律が制定され、福祉受給者に求められる「ワークフェア」の内容が厳格化されたのは、二〇一五年のこと。就職の申し込みをし、就職の誘いを受け入れること、就労復帰プログラムに参加すること、義務としての「ボランティア活動」をすることなどが要求されるようになった。この法律は、社会的扶助の提供を担う自治体に、ボランティア活動やケア活動への従事など、独自の給付条件を定める権限も与えた。しかし、その一方で、同法の下、自治体がさまざまな実験をおこなうことも認められた。

それを受けて、二〇一六年後半までに、ユトレヒト、フローニンゲン、ティルブルグ、ワーゲニンゲンなど、多くの自治体がさまざまなベーシックインカムの実験を計画した。しかし、最大の障害になったのが中央政府の承認だった。連立政権第一党である右派の自由民主国民党（VVD）が一貫してベーシックインカムに反対していたからだ。政府は二〇一六年九月、二五の自治体の合計約二万二〇〇〇人の福祉申請者に限定して、二〇一七年一月から二年間の試験プロジェクトを認めた。その際、実験の内容に厳しい制約を課した。そのため、以前は熱心だった自治体の多くが実施を見送った。

推進派の狙いは、「貧困の罠」と「ワークフェア」をなくすことの効果を検証することだった。福祉受給者に「ワークフェア」を義務づけ、その義務に従わなかった場合に制裁を科すことは、不必要なばかりか、個人の自由を侵害し、安全を損ない、敵意を生み出すだけだと、推進派は考えていた。人は概して、所得を増やして人生をよりよいものにしたいと考えるので、それを無理強いする必要はないのだ。

しかし、一連の試験プロジェクトで実験されるのは、ベーシックインカムとは似ても似つかない制度になってしまった。自治体は独自の実験をすることが許されず、中央政府が決めた設計に従うよう求められた。その設計は、ユトレヒト市向けに作成された「ウェーテン・ワット・ウェルクト（何が有効かを知っている）」という複雑な案にほぼ準拠したものだ。[10] 具体的には、対象者を六つのグループにわけ、受給者に課す条件を変えると就労意欲にどのような影響が及ぶか、そして福祉を受給しなくなる人がどのくらい増えるかを明らかにすることを目指す。

第一のグループは、通常の給付（単身者が九七三ユーロ、結婚しているカップルが一三九〇ユーロ）を受け取ることができ、職探しをしなくても制裁はない。第二のグループは、「労働市場への再統合」を目的に、既存の福祉制度より多くの義務を課され、監視もされる。第三のグループは、給付金以外の所得があった場合に、その五〇％を手元に残すことが許される（ただし、単身者は一九九ユーロ、結婚しているカップルは一四二ユーロが上限）。第四のグループは、以上三つの混合型。残り二つのグループは比較グループ。片方は対象自治体の住民、もう片方はそれ以外の自治体の住民で、既存の福祉制度の適用を受ける。いずれの場合も参加は強制されないが、参加を決めたあとは離脱できない。

このような複雑な仕組みでは、ただでさえ結果の分析評価が難しい。しかも、オランダ政府は実験の価値をさらに損なう行動を取った。実験開始から六カ月後に、各自治体が第一のグループの受給者を調査し、自発的な職探しを十分におこなっているかチェックするよう求めたのだ。その努力が不十分と判断された人は、試験プロジェクトから追放され、「ワークフェア」をともなう既存の福祉制度の対象に戻る。つまり、制裁の脅威が取り除かれない制度になってしまったのだ。

一貫性を欠く制度設計は、当然ながら多くの批判を浴びた。実験に協力しているフローニンゲン、ティルブルグ、ユトレヒト、ワーゲニンゲンの四つの大学の社会科学者たちは、オランダ議会に書簡を送り、このやり方では科学的評価ができないと指摘した。リッド・ミュッフェルス教授は、こう述べている。

制裁がどのような影響を及ぼすかについては、すでに多くの調査が実施されています。この実験を通じて何を明らかにしたいのでしょう？　今回のやり方は、結果の解釈も困難にしてしまいます。それに、職探しの「努力が不十分」と判断された参加者は、実験から追放される可能性があります。自由を尊重すべきだと考えるなら、このような調査をおこなうべきではありません。(11)

別の研究者は、このように批判した。

わたしたちが望んでいたのは、抑圧ではなく信頼に基づいたシンプルな仕組みです。申請者に、自由を、選択肢を、購買力をもっと与えたかったのです。ところが、複雑なルールが採用されてしまいました。パズルのように入り組んだ制度の下では、実験を設計し、結果を解釈することが難しくなります。

要するに、これらの実験は、ベーシックインカムと呼べるものではなく、自由の理念とも相容れない。それは、パターナリスティックな社会工学の試みと言わざるをえない。しかも、政府が課した制約のせいで、当初は関心を示していた自治体の大半が実験を取りやめたり、延期したりした。最も大きな問題は、就労の義務に関して、既存の福祉制度以上に厳しい条件が一部の参加者に課されることだ。このルールがあるために、人々は参加に及び腰になってしまう。参加を申し込む時点では、自分がどのグループに割り振られるかは不明だからだ。

## カナダのオンタリオ州

カナダは、世界初のベーシックインカム導入国の最有力候補と長年思われてきた国だ。早くも一九七一年には、上院の委員会が「最低所得保証」（具体的には負の所得税）の導入を勧告していた。一九八五年にも、王立委員会（マクドナルド委員会）が同様の勧告をおこなっている。二〇一五～一六年には、アルバータ州、ブリティッシュ・コロンビア州、プリンス・エドワード島州、ケベック州など、いくつかの州の政治家がベーシックインカムの実験に関心を示しはじめた。二〇一六年の総選挙に勝った自由党も、その後の党大会で最低所得保証を支持する動議を可決している。

とくに動きが速いのがオンタリオ州だ。三年間の試験プロジェクトを実施するために、州政府は二五〇〇万カナダドルの予算を確保している。「ベーシックインカムが導入されれば、所得支援をより効率的に実行できるようになり、州民の健康、雇用、住宅状況も改善するという主張が広がっている。その真偽を検証したい」とのことだ。同州は、長年のベーシックインカム推進派であるヒュー・シーガル上院議員に依頼し、さまざまな選択肢を整理してもらった。[12] それを土台

に、州政府は二〇一六年後半、具体的な制度設計に関する議論の叩き台となる文書を作成した。(13)

シーガルも認めているように、この実験は、厳密な意味でのベーシックインカムの実験に求められる条件をすべて満たしたものにはならないだろうが、フィンランドやオランダの実験よりは有望に思える。具体的には、さまざまなタイプのベーシックインカムの制度設計を比較することを目的に、三つの案を実験するという。一つは、既存の主要な福祉給付(「オンタリオ・ワークス」と「オンタリオ障がい支援プログラム」)に代えてベーシックインカムを導入する案。もう一つは、負の所得税を導入する案。もう一つは、所得の有無や多寡を問わず、一八〜六四歳の勤労年齢の人すべてに給付する案だ。州政府はさらに、給付水準を二種類、勤労所得があった場合の給付削減率を二種類実験したいと考えている。ランダム化比較試験をおこなうのに加えて、「飽和実験地区」を三カ所設けてコミュニティ規模の効果も検証する。

このような設計には、過度な複雑化を招く危険が明らかについて回る。とくに、昔のMINCOMEと同じように、所得が一定レベルより下の人しか支援できない。また、対象を勤労年齢の人に限定する結果、所得面で最も立場が弱い人たち、つまり子どもと高齢者が除外されてしまう。この点は、とくに大きな欠点と言わざるをえない。なにしろ、カナダでは子どもの五人に一人が貧困状態にあるとされる。この割合は、経済協力開発機構(OECD)の加盟国のなかでも最悪レベルだ。一方、この実験では最低一年以上居住している人物に受給資格を限定しているが、試験プロジェクトという性格上、これは合理的な制限と言えるだろう。

さまざまな欠点はあるが、オンタリオ州の実験は、本書執筆時点で計画されている試験プロジェクトのなかでは最も期待がもてる。この給付金は、行動面の条件が課されず、個人単位で給付される（ただし、一人ひとりにお金を直接配るのか、それとも、家族の人数に応じて世帯ごとにまとめて配るのかははっきりしない）。そして、障がいのある人と介護者には上乗せ給付がある。シーガルの提案によれば、すべての人に月額一三二〇カナダドル（州の貧困ラインの約七五％）を給付し、障がい者にはこれに加えてさらに五〇〇カナダドルを給付するものとしている。これを最低三年間続けるという。

## Yコンビネーター

二〇一六年、シリコンバレーのスタートアップ・インキュベーター、Yコンビネーターは、カリフォルニア州オークランドでベーシックインカムの小規模な試験プロジェクトをおこなう計画を発表した。予算はとりあえず二〇〇〇万ドル用意してあり、さらに寄付を募って資金を増やすことになりそうだ。二〇一六年九月には、運用面と設計面の問題点を調べるための「プレ試験」が開始された(14)。

Yコンビネーターの社長である若きベンチャーキャピタリスト、サム・アルトマンによれば、ベーシックインカムの実験に資金を拠出しようと思ったのは、人工知能の進化により旧来の雇用が消滅し、不平等が広がる可能性があるからだという。ベーシックインカムが雇用に及ぼす影響を調べることには、あまり関心がない。人工知能の時代には、そもそもあまり雇用が残らないと考えているからだ。アルトマンが調べたいのは、ベーシックインカムが保証された場合に、人々がどのような行動を取るかという点だ。「コンピュータゲームをして、だらだら過ごすのか、それとも、新しいものを創造するのか？……人は食べられなくなることへの恐怖から解放されたとき、はるかに多くのことを成し遂げ、社会に対してはるかに大きな貢献ができるのか？」[15]

制度設計と給付水準は、まだ最終決定されていない。当初の案では、オークランドの貧困地区の一〇〇世帯を無作為抽出し、無条件にベーシックインカムを五年間給付するものとしていた。しかし、この設計では、コミュニティ規模の効果をあぶり出せない。そこで、コミュニティの住民全員を対象とする試験プロジェクトを二つ実施することになった。ある地区に住むすべての成人に、二〜三年間にわたって給付をおこなうものとしたのだ。このやり方のほうが、ベーシックインカムのような制度の実験としては妥当性が高い。

試験プロジェクトの給付水準をどのように決定すべきかというのは、難しい問題だ。州全体、あるいは国全体で導入可能と思われる水準より大幅に高く設定すれば、ベーシックインカムは財政面で実現不可能と思われてしまう。比較的少額でも大きな好影響を生み出せる場合もあるので、金額を抑えたほうが現実的な制度だという印象を与えられるかもしれない。Yコンビネーターの試みは、有効で有益な実験になる可能性をもっている。主催者は試験期間中に情報を公表しない方針を決めているが、最終的な結果を分析する際は、以上の点を頭に入れるべきだ。

## ギブ・ダイレクトリー（ケニア）

カリフォルニア州に拠点を置く慈善団体「ギブ・ダイレクトリー」の東アフリカでの活動も脚光を浴びている。同団体はクラウドファンディングで資金を集めて、低所得者に一回限りの大規模な給付金を配ったり、無条件の現金給付を毎月おこなったりしている。ランダム化比較試験の手法で効果を分析したところ、ほかの現金給付プログラムと同様の結果が得られた。受給者の生活水準が向上し、生産活動に関わる投資が増え、食料確保の安定性が高まり、心理的幸福感も向上したのだ。[16]受給者は、非受給者より幸せで、人生に満足していて、ストレスをあまり感じず、抑鬱を経験しなかった。

本書執筆時点で、ギブ・ダイレクトリーは、三〇〇〇万ドルをかけたベーシックインカムの実験を計画している。過去最大規模の実験になるという。やはりランダム化比較試験の手法を採用し、ケニアの二つの地区で三種類の給付をおこなう。四〇の村では、成人の住民すべてに一二年間にわたりベーシックインカムを毎月給付する。八〇の村では、成人の住民すべてに二年間にわたりベーシックインカムを毎月給付する。別の八〇の村では、成人の住民すべてに二年分のベーシックインカムに相当する一時金を給付する。すべて合わせると、約二万六〇〇〇人が米ドル換算で一日当たり七五セントのお金を受け取ることになる。比較グループとして、ほかの点では似たような一〇〇の村のデータも集める。

ギブ・ダイレクトリーは、「極度の貧困」を根絶することを目標に掲げている。これは価値ある目標ではあるが、ベーシックインカムの最大の存在理由ではない。本書執筆時点では、実験で具体的に何を検証するかはまだ確定していないが、実験の目的として挙げられている点の一つは、長期間のベーシックインカムを給付することにより、リスクをともなう行動（たとえば起業など）への積極性にどのような影響を及ぼすかを調べること。もう一つは、コミュニティ規模での経済的な影響を調べることだ。

実験の規模の大きさが裏目に出る可能性もある。社会的・経済的な環境を歪める危険があるからだ。また、この試みはある地区で早くも問題にぶつかっている。住民が無条件の給付を受け取ろうとしないのだ。特殊な宗教や悪魔信仰との結びつきを疑われたためだ。こうした問題はあるにせよ、この取り組みは全員に無条件で給付するという意味で、真のベーシックインカムの実験と言える。この点がいまヨーロッパの国々で計画されている実験との違いだ。研究チーム（アメリカの有力大学の経済学者たちの助言を受けている）が有益な調査をおこなうことを願いたい。

これとは別に、やはりクラウドファンディングで資金を調達しているベルギーの慈善団体「エイト」も、二〇一七年一月にウガンダで小規模な実験を始めた。ウガンダ西部のフォートポータル地区のある村で、約五〇世帯の住民すべてに米ドル換算で月額一八ドルあまり（子どもは九ドルほど）を二年間にわたって給付するというものだ。「エイト」によれば、実験と結果は、事前におこなった調査の結果と比較される。女児と女性の教育、医療へのアクセス、民主主義の制度への参加、地域の経済開発への影響を見たいという（ちなみに、「エイト」という名称は、大人一人と子ども二人の世帯の場合、給付額が週に八ユーロになることに由来する）。将来的には、対象とする村を増やしたいとのことだ。

インドでは、「キャッシュリリーフ」という非営利団体が同様の実験を計画している。ある貧しい村の住民すべてに対して、二年間にわたってベーシックインカムを提供する。所得、資産、医療支出と教育支出への影響、そしてコミュニティ規模の影響も調べるという。

ブラジルの非営利団体「ヘシビタス研究所」は二〇〇八年から一四年まで、民間の寄付金を基に、サンパウロ州の貧しく小さな村クアチンガ・ヴェーリョの住民一〇〇人に、米ドル換算で月額約九ドルのベーシックインカムを給付した。同研究所は二〇一六年一月、やはり民間の寄付金による「ベーシックインカム・スタートアップ」という別のプロジェクトも発足させた。これは、個人単位で「終身」のベーシックインカムを給付するというものだ。寄付が一〇〇〇ドル集まるごとに、給付対象者を一人ずつ増やしていく。同研究所は、このような取り組みがブラジル国内、さらには世界に広がってほしいと願っている。[17]

このプロジェクトがクアチンガ・ヴェーリョ村に恩恵をもたらしたことは間違いないが、これは厳密に言えば試験プロジェクトとは言えない。結果の評価作業が実施されていないからだ。ヘシビタス研究所はベーシックインカムの有効性をすでに確信しており、効果を検証することよりも、実際に給付をおこなうことを優先させているのだ。ブラジルでは二〇〇四年、エドアルド・

スプリシー上院議員らの粘り強い運動の結果、ベーシックインカムの導入を法制化する法律にルイス・イナシオ・ルラ・ダシルバ大統領（当時）が署名している。

### クラウドファンディング

ベーシックインカムの効果を実証する目的で、クラウドファンディングで資金を集めて一部の人に現金を給付する試みも静かに広がりつつある。ドイツで二〇一四年に設立された企業「マイン・グルントインコメン（私のベーシックインカム）」は、くじで五〇人を選び、年間一万二〇〇〇ユーロのベーシックインカムを給付している。給付に当たり、対象者には何も尋ねない。オランダでは、「ＭＩＥＳ（経済とコミュニティのためのイノベーション協会）」という団体が二〇一五年、一人の男性へのベーシックインカムの給付を開始した。その男性は、コミュニティのために無償の仕事（とくに「田園都市」と銘打った地域の農業プロジェクト）に携わっていることを理由に選ばれた。男性は、コピーライターの仕事による所得に加えて、米ドル換算で月額一〇〇〇ドル相当の給付を受けている。ベーシックインカムで最初に買ったものは何かと尋ねられて、男性はこう答えた。「時間だよ」

アメリカでは、推進派のスコット・サンテンスが自らのためのベーシックインカムをクラウドファンディングで集めた（アーティスト、ミュージシャン、ブロガー、写真家など、クリエイティブ系の人たち向けのクラウドファンディングサイト「パトレオン」を利用した）。ベンチャーキャピタリストやフェイスブックのエンジニア、女性の権利活動家など、一四三人からお金が集まった。こうして月額一〇〇〇ドルのベーシックインカムを手にしたサンテンスは、万人のためのベーシックインカムを実現するための運動に専念できるようになった。

アメリカの「グラントコイン財団」は、希望者にベーシックインカムとしてデジタル通貨を配っている。二〇一六年、世界七〇カ国の何百人もの人たちが申し込み、電子的にやり取りできるデジタル通貨を受け取った。この種の「暗号通貨」はまだ歴史が浅く、副次的なベーシックインカムの仕組みとして大きな役割を果たせるかを判断するのはまだ早い。しかし、注意深く動向を見守る必要はありそうだ。

## そのほかの計画

いくつかの国では、政党や政治運動もベーシックインカムの試験プロジェクトを提案している。イギリスでは、二〇一六年九月にジェレミー・コービンが労働党の党首に再選されたあと、同党の影の財務相ジョン・マクドネルが、党の政策としてベーシックインカムの導入を訴えていくと党大会で表明した。このとき、その第一歩として試験プロジェクトを実施することも提案した。スコットランドでは、自治政府与党のスコットランド民族党（ＳＮＰ）が党大会でベーシックインカム支持の動議を可決しており、グラスゴーとファイフの市議会は市レベルの試験プロジェクトについて議論している。

ニュージーランドでは、野党・労働党が試験プロジェクトの実施を支持している。アメリカでは、ワシントンDCの議会が市内での試験プロジェクト実施を求める動議を採択しており、サンフランシスコ市も調査を始めている。アメリカの推進派は、自治体レベル、州レベル、国レベルでの取り組みを支援するために、「ベーシックインカム全国運動（NCBI）」という政治活動委員会も設立した。二〇一六年一二月には、アメリカの起業家、研究者、活動家などのグループが「経済セキュリティー・プロジェクト」を発足させ、ベーシックインカムを「概念レベルの議論から実りある行動へ」移行させることを目指している。アジアに目を転じると、台湾では、台湾共和党（現・基本福利党）という新しい政党がベーシックインカム推進を訴えている。韓国でも、数人の有力なリベラル派政治家がベーシックインカムを支持している。二〇一七年の大統領選に も名乗りを上げた城南市長の李在明（イ・ジェミョン）もその一人だ。

アイスランドでは、二〇一六年一〇月の総選挙で第三党に躍進した海賊党が、試験プロジェクトの実施を支持している。既存の福祉制度が深刻な「貧困の罠」を生み出していることを問題視しているためだ。一方、ドイツでは、海賊党（ドイツの海賊党は連邦議会の議席を獲得できていないが）がベーシックインカムを支持しているほか、二〇一六年九月には、無条件のベーシックインカムの導入という単一政策を掲げた新党「ベーシックインカム連盟」も発足した。

スイスのローザンヌ市議会は、二〇一六年四月、試験プロジェクトの実施を市政府に求める動議を可決した。フランスでも元老院（上院）が試験プロジェクトの実施を勧告しており、アキテーヌ地方では実験に向けた動きもある。

イタリアでは、二〇一六年後半、反既成政治を掲げる新党「五つ星運動」が市政を担う港湾都市リボルノで小規模な実験が始まった。市の最貧層から一〇〇世帯を選び、無条件で月額五〇〇ユーロを給付している。五つ星運動が政権を握る二つの都市、ラグーザ（シチリア島）とナポリでも、同様の実験が計画されているという。

## 効果は継続するか?

試験プロジェクトの主たる目的は、ベーシックインカムが人々の行動に及ぼす好影響と悪影響を検証し、それが現実的な政策であると実証することにある。しかし、実験という性格上、どうしても短期間のものにならざるをえない。そのため、二つの疑問が浮上してくる。恒久化した場合、結果は変わらないのか? 試験プロジェクトが終了したあと、効果が消えたり、ひっくり返ったりしないのか?

これらの問いに答える実証的なデータはほとんどない。追跡調査にこだわりすぎれば、変革の実行が遅れる恐れもある。それでも、これまでの実験結果を見る限り、短期間のプロジェクトの効果は、終了後も継続している可能性がある。ベーシックインカムの試験的導入をきっかけに社会のタブーが打ち破られれば、簡単にタブーが復活することはない。債務奴隷の状態にあった人や、虐待をおこなうパートナーと暮らしていた人など、ベーシックインカムのおかげで金銭面の束縛を逃れられる人もいる。経済的・社会的なリスクをともなう行動に踏み出す勇気を得られる人もいるかもしれない。

第10章で紹介したインドでの試験プロジェクトでは、終了して六カ月後に調べたところ、若い女性たちの解放など、ある種の効果は続いていた。いくつかの現金給付プログラムでは、好ましい経済的効果がその後も持続していることが確認できている。そのような効果が見られたのは、人々が給付金で設備や道具、家畜などを購入し、お金を儲ける機会が増えたからでもあるが、給付金の受給をきっかけに新しい可能性に目が開け、未来に希望を持てるようになったからでもある[18]。スリランカの実験では、五年後の時点で男性の年間所得が六四〜九四%上昇していた[19]。ウガンダの実験でも、一回限りの給付金が給付された四年後に調べたところ、受給した若者の所得は、受給していない若者に比べて平均で四一%多かった[20]。

こうした結果を目の当たりにすると、あるアイデアに行き着く。短期間の試験プロジェクトが好ましい影響を生み、その好影響が長期間にわたって持続すると期待できるのなら、無作為に選んだ地域で短期間の給付をおこない、対象地域を次々と変えていき、すべての地域で給付がおこなわれるまでそれを続ければいいのではないか？　一部の政治家は抵抗するだろう。しかし、少なくとも財政面でのハードルが下がることは確かだ。

もちろん、すべての実験で終了後も大きな効果が続いているわけではないが、給付額と給付期間を考慮に入れて考えなければ長期的な影響は正しく判断できない。また、期待されたような、「貧困の世代間連鎖を断ち切る」効果は見られないという批判もある。しかし、短期間の実験にそこまで求めるのは、要求が厳しすぎるだろう。

## 結論

試験プロジェクトをおこなっても、ベーシックインカムの根本目的——社会正義、自由、経済的な安全——をどの程度達成できるかは検証できない。一部の推進派が試験プロジェクトを時間と予算の無駄と考えるのは、そのためだ。確かに、ベーシックインカムを導入すべきかは、人々の目に見える行動を実証的に調べた結果に従って判断すべきものではない。もし、ベーシックインカムが一つの権利だというなら、それが「有効」かを問うのはナンセンスだ。この点は、奴隷制廃止が有効かという問いと同じだ。とはいえ、試験プロジェクトは、適切に設計すれば大きな意味がある。さまざまな主張や批判を検証し、政治的承認への道を開き、実際に導入したときに持ち上がる問題をあぶり出す機会になりうる。

理想を言えば、試験プロジェクトは、慈善団体が実施主体になったり、現実離れした非公式のデジタル通貨で給付したりするのではなく、国家や地方政府が本物の現金を給付するかたちでおこなうのが望ましい。それでも、多くの限界はあるものの、これまでおこなわれてきた実験は、ベーシックインカムのさまざまな要素が好ましい影響を生むことを実証している。政治的行動に踏み切らない口実に使われるのでない限り、試験プロジェクトは有益な試みと言える。少なくとも、ほかのどのような措置とあわせて実施すればうまくいくかを明らかにする効果はあるだろう。試験プロジェクトの実施に向けて、いま本当に足りないのは政治的意思だけだ。

現状は、試験プロジェクトが実施されはじめたばかりの流動的な段階だ。この段階で最も警戒すべきなのは、それが社会工学の試みに変質し、行動経済学の考え方を土台に、道徳面で疑義がある制度の実験と化すことである。「ベーシックインカム」という言葉が「ワークフェア」的な制度の隠れ蓑になって、「勤労へのインセンティブ」をつくり出すための有効な制度設計を見いだすことを目的に、さまざまな受給条件をテストする機会にされてはならない。

ベーシックインカムの実験として適切な実験であるためには、本来のベーシックインカムの定義に沿った仕組みが試される必要がある。すべての人に対して、無条件で、個人単位で給付されなくてはならない(巻末付録参照)。勤労へのインセンティブを設ける試みは、いとも簡単に、制裁や資格剝奪の仕組みに転じてしまう。また、くじやクラウドファンディングによる実験は、人々の羨望や反発を生み出し、真のベーシックインカムが発揮すべきコミュニティ単位の効果から関心をそらしかねない。

試験プロジェクトは、人々の行動を調べ、どのような措置をあわせて導入すべきかを明らかにすると同時に、自由と社会正義と経済的な安全を向上させることを目的にすべきだ。自由を損ない、社会正義と経済的な安全の原則を踏みにじるような試みは、拒絶しなくてはならない。

# 第12章

# 政治的課題と実現への道

既存の政策への代替案をつくり、政治的不可能が政治的不可避に変わるまでそれを生かし続け、いつでも採用できる準備をしておくことこそ、我々の基本的な役割である。

――ミルトン・フリードマン

有名な逸話がある。ある陳情団がホワイトハウスにフランクリン・ルーズベルト大統領を訪ねたときのことだ。大統領は話を聞いたあと、こう言った。「みなさんの言い分には納得できました。次にみなさんがすべきなのは、わたしがそれを実行するように政治的圧力をかけることです」。粘り強く政治にはたらきかけることなしに、社会を大きく変えるような変革が実現することはまずない。政策が軌道に乗りはじめたときに、自分の手柄にしたがる政治家は多いが、政治家が革新的な政策の実現を牽引する知的リーダーであるケースはきわめて少ない。せいぜい、新しい方向に踏み出す勇気を備えた政治家がときどきいるだけだ。

そこで、政策実現のためには、政治家に圧力をかけることが重要になる。一九七〇年代前半、アメリカがベーシックインカム導入に向けたチャンスを逸したときは、ここぞと言うところで世論の圧力が弱まってしまった。その結果、民主党内の保守派が新しい動きの息の根をとめることに成功した。

今日、ベーシックインカムの導入を妨げている最大の要因も、経済的障害や思想的障害ではなく、政治的障害だ。しかし、状況は急速に変わりはじめている。ベーシックインカムを選挙公約として掲げる新しい政党が登場しているし、一部の既成政党も党綱領に盛り込んだり、試験プロジェクトの実施を約束したりするケースが増えている。イギリスとニュージーランドの労働党やスコットランド民族党（ＳＮＰ）もそうだし、イギリス、カナダ、チェコ、フィンランド、アイルランド、日本、オランダ、ノルウェー、アメリカなどの国の「緑の党」、それに、アイスランドをはじめとする国々の海賊党などもそうだ。

イギリスでは、保守党はまったく関心を示そうとしないが、労働党では、前党首のエド・ミリバンド、現党首のジェレミー・コービン、影の財務相のジョン・マクドネルが試験プロジェクトの実施を訴えている。カナダでは、現与党の自由党が政策綱領に盛り込んでおり、いくつかの州政府の首相たちも支持を表明している。フィンランド政府が試験プロジェクトの予算を確保していることは、前述したとおりだ。フランスでは、社会党のマニュエル・ヴァルス元首相や、二〇一七年大統領選の社会党候補に選ばれたブノワ・アモンといった有力政治家たちが支持を明らかにしている。プレカリアートの声を代弁するために結成された新しい政党であるスペインの「ポデモス」の一派、デンマークの「オルタナティブ」、ポーランドの「ラゼム」なども導入を訴えている。こうした動きが浮き彫りにしているのは、ベーシックインカムが市民権を得たということだ。浮世離れした理想主義と片づけられる段階は終わったのだ。

自由な政治的議論がなされるようになった結果、世論調査では、ベーシックインカムに対する理解も広がっている。二〇一六年、ベルリンの調査会社ダリア・リサーチが欧州連合（ＥＵ）全域でおこなった調査によると、ベーシックインカムに賛成と答えた人が三分の二以上に達し、反対は二四％にとどまった。

なにより、ベーシックインカムは、政策の選択肢としての重要性が高まっている。これまで社会的保護を目的にさまざまな政策が試みられてきたが、多くは効果を上げられず、不平等に歯止めをかけられていないからだ。それどころか、現行制度の下、国家による国民生活への不当な介入がエスカレートしている。その様子は、さまざまなテレビ番組や、ケン・ローチ監督の『わたしは、ダニエル・ブレイク』などの痛切な映画にも描かれている。資力調査や制裁、そして、弱者を目の敵にし、「怠け者」だとか、もっとひどいレッテルを張るやり方は、効果を上げていない。この種の政策は、わたしたちすべてが恥ずべきものだ。

このように人々の自由を侵す政策を推進してきた政党は概して、このところ旗色が悪い。政策で失敗を重ねて評価を落としているのだ。これらの政治勢力が示してきた処方箋は、好意的に言っても、二一世紀の課題ではなく、二〇世紀の課題に適したものだった。

強化される一方の制裁（しかも、法律上の適正手続きを経ずに制裁が加えられている）、行動経済学の考え方（「ナッジ」理論）を活用して人々の行動を操作しようとする仕組み、福祉受給者に就労を義務づける「ワークフェア」——これらの手法は、標的になる人たちが社会のごく一部にすぎず、多数派から見て「他人事」である限りは、通用したかもしれない。しかし対象になる人が増え、自らがそのような境遇に陥りそうになったり、身近な誰かがそのような経験をしたりする人が多くなれば、弊害と不平等が白日の下にさらされる。

ベーシックインカムというアイデアの正当性は、過去のどの時代よりも強まっている。それに対し、既存の政策の正当性はかつてなく弱まっている。否定的なデータが積み重なり、イメージも悪くなっているのだ。この状況は、進歩を約束するとまでは言わないまでも、進歩が実現するために欠かせない条件であることは確かだ。

## 移行への障害

あそこへ到達したいのなら、ここからは出発しないね。

——アイルランドのジョーク

新しい所得分配システムの柱としてベーシックインカムを導入するためには、既存の入り組んだシステム（この一世紀以上にわたり、場当たり的な修正を繰り返してきた結果として出来上がったものだ）を整理しなくてはならない。アメリカでは、連邦政府が一二六種類の福祉プログラムを実施しているが、資格、条件、期間、剝奪などに関して共通のルールはない。それに加えて五〇の州にそれぞれ独自のプログラムがある。イギリスの現行制度に関しては、二〇一六年九月、スコットランド民族党（SNP）所属のロニー・コーワン下院議員がベーシックインカムに関する審議の際に、上手に表現している。

もし、いま全員にまっさらな紙を一枚配り、福祉制度の設計を考えるよう求めたとしたら、現在のシステムと同じものを描く人は誰一人いないでしょう。いまの制度は、何千枚もの書類が作成されてはじめて出来上がったものです。取りやめになったり、施行に問題があったり、不熱心にしか実行されなかったりしたプログラムも数知れません。そうした過程を経て、いま存在しているのは、複雑を極め、支援を最も必要としている人たちを救えないシステムです。(1)

このような入り組んだ仕組みを整理するには、政府が強い政治的意志の下で一貫した戦略を追求し、逆風を耐え抜く必要がある。イギリスの労働年金相を務めたイアン・ダンカン＝スミスは、いくつかの資力調査型の給付制度を簡素化し、「ユニバーサル・クレジット制度」に一本化するために多大な苦労を強いられた。このときのダンカン＝スミスの経験は、ある意味でベーシックインカムを推進する際の教訓になるかもしれない。

ユルゲン・デ・ヴィスペラエールとホセ・アントニオ・ノゲーラの分析によれば、政治的障壁は、互いに重なり合う三つの難題によって構成される。(2) 一つ目の課題は、政治的実現可能性を獲得すること。変革を支持する勢力の連合体を築く必要がある。ただし、同床異夢の集団ではなく、強力な連合体をつくらなくてはならない。推進派は、ベーシックインカムのアイデアを自分たちのイデオロギーや戦略の根幹的要素と位置づけ、連合体として政治運動を続けるべきだ。細かい設計や改革のペースに関する違いを棚上げしなくてはならないケースも多いだろう。リバタリアン(自由至上主義者)は、進歩派や平等主義者が好む要素をもっと重んじ、進歩派は、リバタリアンが支持している要素をもっと重んじる必要があるかもしれない。

二つ目の課題は、制度的実現可能性を示すこと。ベーシックインカムの導入が行政のプロセスを大混乱に陥れるという印象を持たれてしまうと、自らの快適ゾーンから出たくない官僚たちは、それにつけ込んで、改革そのものが誤りだと印象づけようとする。改革を実行したい人たちは、それを防ぐ方法を見いださなくてはならない。

三つ目の課題は、心理的実現可能性を生み出すこと。ベーシックインカムに対する国民の幅広い支持、せめて改革を試すことをよしとする雰囲気が欲しい。そのためには、改革の理念と価値を丁寧に周知する運動が不可欠だ。推進派は、予想される批判に対して反論の準備をしておく必要がある。相互主義が貫かれていない、財源がない、怠惰な生き方を助長する、「働かざる者、食うべからず」、困窮していない人に現金を給付するのはおかしい、といった批判は当然持ち上がるだろう。

とくに、普通の人が税金を負担して一部の人を食べさせてやる制度、というイメージへの対抗策を用意することが重要だ。右派のメディアは、ベーシックインカムを受給して遊び暮らしているように見える貧困者を見つけ出し、この制度は「納税者の血税」で放蕩生活を支援するものにほかならないと批判するだろう。そうした批判に先回りして対策を立てておく必要がある。「資本」からのあがりや利権から財源を得ていると言える制度をつくることができれば、もっと好ましい。この方法なら、普通の人に税金をかけてうんぬんという批判はできなくなる。

この点を考えると、ベーシックインカムを「社会配当」と位置づけ、貧困対策というよりも、社会正義、自由、基礎的安全のための制度として売り込むほうが賢明に思える。あるいは、テクノロジーの進化によって雇用のあり方が劇変した場合のための「戦略的準備」と説明するのも、有効なレトリックかもしれない。国防、災害対策、気候変動対策のようなものと性格づけるのだ。歴史を振り返ると、政治家がものごとへの対応に遅れたケースはあまりに多い。ベーシックインカムを導入すれば、雇用の激変に対する賢明な対策を前もって用意できるかもしれない。

## 世論の圧力

政治的議論を前に進めるためには、最も賛成しそうなグループと最も反対しそうなグループがどういう人たちかを押さえておく必要がある。前者の人たちには、優先的にベーシックインカムの導入に向けた運動に取り組んでもらうこと、そして、同志たちと結集するよう促す。このグループには、障がい者支援団体、フェミニズム団体、ホームレスの支援団体、環境保護団体、一部の労働組合、学生や若者、アーティスト、もしかすると医療関係の団体も含まれるかもしれない。反対派には、多くの社会民主主義者、改革派共産主義者、旧来型の労働組合などが含まれる。これらの勢力は、すべての人がフルタイムの職に就くことこそ、よい社会への道だと信じて疑わない。望まない労働に従事しない自由を推進する政策に対しては不信感を隠せず、ベーシックインカム推進派が福祉国家（というより、もはやその残骸と言うべきかもしれないが）を解体しようという邪悪な意図を持っていると疑っている。リバタリアンの推進派がどう考えるかはわからないが、この種の主張には敬意を表したうえで、しっかりと論駁する必要がある。

一つの対応策は、彼らの不安に根拠がないことを理解させるというものだ。心理学の実験によれば、基礎的な安全が確保されている人は、より利他的になり、互いに支え合おうとする傾向がある。そうだとすれば、ベーシックインカムの導入は、支え合いの精神に基づく社会政策全般に対する国民の支持をむしろ強める可能性が高い（もちろん、ベーシックインカムとは関係なしに、個々の公共サービスや給付をそれぞれの利点に基づいて擁護することも忘れてはならない）。ベーシックインカムが約束されると、人々が公共サービスを支持する意思や意欲を失うと決めつけるべきではない。

前述したように、アメリカでは、二〇一六年六月に「ベーシックインカム全国運動（NCBI）」が発足したのを機に、議論が新しい段階に移行した。主に研究と情報提供を中心に活動している「全米ベーシックインカム保証ネットワーク（USBIG）」の取り組みを補完することを目的とするNCBIは、税法上、政治活動に直接関わることのできる「527組織」として設立された。政治的連合体を築いて、選挙や政策決定に影響力を及ぼすことを目指している。[3]

アメリカの有力労働組合であるサービス従業員国際労働組合（SEIU）のアンディ・スターン前議長は、政治に圧力をかけるために、一九三〇年代に全米の「タウンゼント・クラブ」に大勢の人が参加し、公的年金制度の導入を求めて声を上げたときのようなやり方をしてはどうかと述べている。[4] また、市長や州知事が試験プロジェクトの実施を目指して、連邦政府に規制の免除を求めればいいと、スターンは言う。アメリカの一万九〇〇〇の市町村が加わる全米都市連盟の報告書も、自治体レベルでベーシックインカムの導入を検討すべきだと書いている。[5]

黒人の地位向上を目指して五〇を超す団体が結集し、影響力を強めている「ブラック・ライブズ・マター（黒人の命だって大切だ）」の運動は、二〇一六年八月、ユニバーサル・ベーシックインカム（ＵＢＩ）の導入などを盛り込んだ「運動綱領」を発表した。この綱領では、アフリカ系アメリカ人に対する上乗せ給付を求めている（言ってみれば、「ＵＢＩ＋」だ）。これは、植民地主義、奴隷制、現代における若い黒人男性の大量収監などに対する償いと位置づけられている。このとおりの給付を公正におこなうことは難しいが、この主張は、過去の不正義に対する補償の要求という点で、第2章で紹介したミドルズブラの物語に通じるものがある。

ヨーロッパでベーシックインカム導入を求める政治的圧力を強化する役割を果たしてきたのは、活力ある新しい政党、会員を増やし続けている国単位の推進団体、そして、毎年恒例の「ベーシックインカム・ウィーク」のような取り組みだった。最近は、労働組合やプレカリアートの団体も導入を訴えはじめている。二〇一六年九月には、イギリスの労働組合の連合体である英国労働組合会議（ＴＵＣ）がベーシックインカム支持の動議を採択した。以下はその全文である。

ＴＵＣは、個人単位のユニバーサル・ベーシックインカムを土台として導入し、包括的な公共サービスと託児サービスを補完する、進歩的なシステムを築くよう求めるべきである。そのような制度は、現行制度に比べて行政側にとって実施しやすく、人々の側も利用しやすい。現行制度の下では、さまざまな形態の罰則が増えるばかりで、それが受給申請者に恥辱を味わわせる手段と化している。そうした制裁のせいで、人々は些細な理由で困窮した生活に追いやられている。また、住宅危機が解決するまでは、高額の住宅コストに苦しむ低所得者を支援するための住宅手当も補足的に給付すべきであり、障がい者への補足的給付は恒久的に継続する必要がある。これらの原則に基づく新しいシステムに移行する際は、それによって低所得者の経済状況が好転するようにすべきである。

この堂々たる動議は、全文を紹介するだけの価値があるものだ。なにしろ、レイバリズム（労働主義）を掲げてきた有力団体がついにベーシックインカム支持に回り、しかも、ほかの公共サービスや所得補助の制度を存続させる必要性も認めているのだ。今日のＴＵＣに往年の影響力はないかもしれないが、イギリスでベーシックインカムの導入を目指す陣営に加わったことは歓迎すべきだ。

ベーシックインカムの導入を望む人には、それを目指して活動している団体に参加することをお勧めしたい。たとえば、オランダの「バシステアム」という団体は、地域でベーシックインカムの啓蒙活動に取り組んでいる。ベーシックインカムが実現していないのは、情報不足が原因ではない。いま必要なのは、十分な政治的圧力をかけること、そして、決め手となる強力な論拠を見いだすことだ。その点、今日の世界においていまこそベーシックインカムの出番だと思えてくるような決定的な説得力を持つ論拠が新たに浮上しつつある。

# 政治的な必須課題

時宜にかなったアイデアほど強力なものはない。

——ヴィクトル・ユゴー『ある犯罪の物語』の一節を改変

いま、ベーシックインカム的なものを実現することは、これまでになく重要な政治課題になっている。これを実現できれば、イギリスのＥＵ離脱（ブレグジット）を決めた国民投票、アメリカ大統領選でのドナルド・トランプの勝利、ヨーロッパやそのほかの国々でのナショナリズムと極右勢力の台頭といった現象に通底するポピュリスト（大衆迎合主義）的反乱の核心にある要素——すなわち、経済的・社会的な安全が慢性的な経済的・社会的不安定を解消できる可能性があるからだ。排外主義的ポピュリズムがそうした問題を解決できないことは、遠からず明らかになるだろう。移民を規制し、貿易障壁を強化しても、結局は、ポピュリストたちが代弁しているはずの人々を苦しめるだけだ。

そうなったとき、ベーシックインカムの導入に向けた政治的可能性が新たに開けるのかもしれない。これまでは、「第三の道」を主張する政治家たちのように、腰が退けた姿勢が支配的だった。二〇一六年のアメリカ大統領選でトランプに敗れた民主党候補のヒラリー・クリントンは大統領選前、ベーシックインカムの導入に「踏み込む用意はない」と表明した。それに対し、民主党の候補者指名レースでクリントンを相手に健闘したバーニー・サンダースは、この考え方に「絶対的に共感する」と述べていた。

ドナルド・トランプは、アメリカに雇用を取り戻す、アメリカ企業が雇用を国外に流出させることを阻止すると約束し、大旋風を起こして大統領の座をつかんだ。しかし、保護主義的な政策を導入すれば、生産コストが上昇し、企業の現場で自動化がいっそう加速するだろう。そうなれば、次は「アメリカの雇用をアメリカ人から奪っている」ロボットへの反発が強まる。そのときは、ベーシックインカム的な制度が再び政治の重要テーマに上るだろう。

最近、大富豪のハイテク起業家たちが続々とベーシックインカム支持に回っているのは、テクノロジーがディストピアをもたらすという予測があるためだ。この種の予測は鵜呑みにできない面も多いが、ベーシックインカムの導入に向けた世論の圧力を強め、政治的行動を突き動かすうえで、強力な要素になりうることは間違いない。雇用が消滅することはないとしても、ロボットの台頭が不平等と安全の喪失を深刻化させることは避けられないように思える。ベーシックインカムもしくは社会配当を実現すれば、少なくとも部分的にはその弊害を和らげられる。この点に着目する論者が増えはじめている。(6) たとえば、世界経済フォーラムの創設者・会長で『第四次産業革命』(邦訳・日本経済新聞出版社)の著者であるクラウス・シュワブは、ベーシックインカムを、労働市場の激変への対応策として「信憑性がある」ものと呼んでいる。(7)

アメリカのバラク・オバマ前大統領は退任直前のインタビューで、ベーシックインカムについては「今後一〇年、二〇年の間に議論されることになる」と述べている。「はっきりしているのは……人工知能の導入がさらに進み、社会がいっそう豊かになるにつれて、生産と分配、労働量と生産量の結びつきが弱まり続けるということだ(8)」

ベーシックインカムが必要とされる倫理的・哲学的な理由――社会正義、自由、経済的な安全――については、説得力ある議論がなされてきた。これらの要素は互いに関連があり、あらゆる文明社会に共通する啓蒙主義的価値の一部を成している。その価値感の土台にあるのは、一言で言えば共感だ。この感情の有無により、進歩主義と反動主義の違いが生まれる。共感の感情の根には、人間への強い信頼がある。共感の精神の持ち主は、他人の立場に立ってものを考えられ、(意図的に、あるいは不注意により他人に危害を及ぼさない限りは)誰でも自分の望む人生を生きる権利があるのだと思うことができる。専制主義とパターナリズムへの傾斜を強めている今日の社会で、このような価値観を貫くことは容易でないかもしれない。それに、この価値観を現実化するためには、一九八〇年代以降に全盛を極めているイデオロギーと政策がつくり出した「レンティア資本主義」を抜本から改める覚悟が必要だ。

抜本的な社会変革を成し遂げるうえでは、実現可能な道筋を見いだすことの難しさがつねに大きな障害になる。いまよりよい未来を思い描くためには、大胆な想像力が不可欠だ。過渡期に直面する問題を克服不能な障害と思い込んでしまう場合も少なくない。しかし、プレカリアートたちの怒りが高まってくれれば、政権を獲得しようとする政治勢力にとって、遠からずベーシックインカムが政治的に避けられない課題になるだろう。このような打算ではなく、もっと崇高な動機により変革が推し進められてほしいと思う人もいるだろうが、ときにはご都合主義が有益な結果を生む場合もあるのだ。

## 小さな一歩?

では、既存の資力調査中心の(そして、多くの行動面の条件をともなう)複雑なシステムから、ベーシックインカムを土台とする社会的保護のシステムへ移行するには、どのような方法が最も好ましいのか?[9] はっきり言えるのは、唯一の正解は存在しないということだ。その国の経済構造と既存の福祉制度のあり方の影響をどうしても受ける。全員にきわめて少額の「部分的なベーシックインカム」を給付し、そのあとで少しずつ金額を引き上げていってもいいし、まず一部のグループ向けに導入し、次第に対象を拡大させていってもいい。

後者の戦略は、南アフリカで詳細な計画が策定されたことがあったが、残念ながら、その案は採用されなかった。[10] 一方、多くのラテンアメリカ諸国で実施されている現金給付プログラムは、実質的にこの戦略を実践している。八〇〇〇万人を対象とするブラジルの「ボルサ・ファミリア」やメキシコの「オポルチュニダーデス」はその代表格だ。これらの制度は、社会保険型ではない現金給付プログラムが担える役割を押し広げ、（パターナリスティックな補助金制度ではない）現金給付制度に市民権を与えた。

最も重要なのは、ベーシックインカムの導入と引き換えに既存の社会的保護の仕組みをすべて廃止するか（アメリカのリバタリアンなどの主張だ）、それとも、既存の制度を残したままで導入し、ベーシックインカムを最低保証とする多層的な社会的保護の仕組みを確立するかという選択だ。[11] おそらく、先進国では後者の方法のほうがうまくいくだろう。

資力と行動の調査をともなう仕組みは次第に廃止していき、その予算をベーシックインカムや社会配当の財源に回せばいい。その際、現行制度で給付を受けている人が割を食わないようにする必要がある。資力調査型の給付が不要になるくらいベーシックインカムの給付水準が上昇するまでは、既存の給付を継続すべきだ（もっとも、ベーシックインカムの給付金を所得として計算するようにすれば、資力調査型の給付を受ける人の数は減るだろう）。

イギリスのように住宅市場に歪みがある国は、資力調査型の住宅関連給付を続ける必要があるかもしれない。この問題は切り離して扱うべきだろう。しかし、失業者に対する行動調査、障がい者に対する稼働能力調査は、ただちに廃止すべきだ。障がいのある人たちは、ほかの人より生活コストが高いこと、所得を手にする機会が乏しいことを理由に、追加の給付を受けられるようにする必要がある。

社会配当――最初はささやかな金額になるだろう――を提案する際は、トマス・ペイン流の議論に従い、社会共通の財産からの配当と位置づければいい。この共有財産には、物的資産、金融資産、知的財産など、私有や私的利用によって不労所得を生み出す資産の一部が含まれる。

第二層として、社会配当に「安定化給付金」を上乗せしてもいい。給付額は、景気の悪いときは少なく、景気のいいときは多くする。詳しくは第5章で述べた。

社会配当と安定化給付金の給付額は、国民所得と経済成長率に応じて調整することも可能だ。具体的な給付額は、「ベーシックインカム独立委員会（IBIC）」や「社会配当委員会」とでも呼ぶべき機関に決めさせればいい。委員会の委員は、議会の任期の途中に任命し、次の議会の任期の途中まで務めるものとしてもいいだろう。そうすれば、給付額の決定を選挙と切り離し、政党の支持拡大の道具にされるリスクを減らせる。

第三層は、病気、非自発的失業、妊娠などの「偶発的リスク」に対処するための「社会保険」だ。ただし、今日の社会保険制度のように、保険料の納付歴に基づいて給付をおこなうようにはしない。代わりに、社会の絆を大切にする精神にのっとり、ベーシックインカム以外の所得がある人すべて（あるいは、ベーシックインカム以外の所得が一定水準を超えた人すべてに）保険料を負担させる。

納付された保険料は社会保険基金に蓄えてもいいし、一般財源に加えてそこから給付をおこなうようにしてもいいが、一般財源に加える場合も、そのお金が社会保険のために徴収されるものであることを明示し、ほかの税と別項目で徴収するべきだ。いずれにせよ、納付歴と切り離して給付することにより、支援を必要とする可能性が比較的低い人が、その可能性が比較的高い人を支えるという関係をつくり出せる。こうした相互補助こそ、そもそも社会保険制度の骨格を成す精神だったはずだ。この第三層のさらに上に、もっと手厚い保障を望む人向けの民間の自発的な制度が乗る。企業年金などがそうだ。

以上のような仕組みを築けば、極端な政策に走ることなく、運営を難しくすることも避けつつ、一貫したシステムの下で、二一世紀の経済ならではの経済的安全の欠如を和らげることができる。テクノロジーの変化に翻弄される二一世紀のオープンな市場経済では、経済的な安全が深刻に損なわれるケースがどうしても出てくるが、それを放置すれば、経済的、社会的、政治的に重大な脅威が生まれてしまう。

## 市民配当？　安全配当？

しかし、ベーシックインカムの導入に向けた改革は容易でなく、財源問題や労働への悪影響にまつわる偏見は根深い。その点を考えると、ベーシックインカムを「社会配当」と位置づけることが実現への近道なのかもしれない。具体的には、すべての人を対象とする社会配当制度をつくり、大半の人の物質的ニーズを満たせるよりも低い水準に当初の給付額を抑えるよう提案すれば、経済的な実現の可能性がないと切り捨てるわけにはいかなくなる。まずそのような制度を導入し、そのうえでもっと野心的な政策に向けた政治的コンセンサスを築いていけばいい。

すべての人が受給できる制度は、資力調査型の福祉制度と異なり、多く層から政治的支持を集められる可能性がある。このアイデアは、幅広い政治イデオロギーの持ち主が一致可能なものではあるが、不平等、不公正、経済的な安全の欠如を緩和し、共和主義的自由を促進することも目指すという点で、よい意味で「急進的」な面もある。同時に、これは「現実的」なアイデアでもある。最終目標をどこに置くかは、とりあえず脇に置いているからだ(最終目標は、どのような政治イデオロギーを持っているかによって違うだろう)。また、財源問題と労働への影響についての批判はいくら論駁しても消えないが、このようなアイデアなら、この種の批判をかわすことができる。

ベーシックインカムの導入を目指す勢力は、経済的な安全の欠如を最少化する社会を築くという長期の目標を掲げつつも、これ以降のステップは選挙で有権者の判断を仰いだうえで前に進めたいと主張すればいい。そうすれば、ベーシックインカムが軽率で信頼性を欠く政策だという保守派や反動派の主張に対抗できる。

社会配当に向けた歩みを後押しするために、民主的に運営される政府系ファンドや資本ファンドをつくってもいい。これは資本の部分的社会化という性格を持つが、イデオロギー的な反発を避けるために、「社会化」とは呼ばずに、「コモンズ資本金庫」など、ほかの呼称を考えたほうがいいだろう。[12] ファンドの財産は、不労所得への課税（言い換えれば「共有化」）でまかない、炭素税や金融取引税、そのほかの「環境にやさしい」財政政策などでそれを補うようにしてもいい。そして、すべての市民（と資格のある合法的住民すべて）に「社会配当カード」を配る。この点は、第11章の冒頭で引用したウィリアム・モリスの言葉の精神に従い、別の名目で目的を達する試みと言える。

政治家たちは、ベーシックインカムのアピールの仕方を工夫し、メディア界や支配層——大半は、生まれたときからベーシックインカム相当額を上回る資産を持っている人たちだ——からの批判をかわさなくてはならない。反対派は相互主義という詭弁を弄し続けるだろう。「何もしていない人に何かを与える」ことに抵抗を感じるのは理解できるが、反対派は遺産相続に対して同様の主張をしない。

反対派は、ベーシックインカムを「怠惰」「依存」「たかり」といったイメージと結びつける一方、金持ちが遊びほうけるのをもてはやす。そして、ベーシックインカムを導入すれば富裕層の税負担が増す恐れがあると声高に主張する一方で、社会福祉や公共サービスの縮減と引き換えに実施される富裕層向け減税はいっさい問題にしない。

このような二枚舌の批判は従来の進歩的な政策提案にも浴びせられてきたが、ベーシックインカム推進派は、これまでの進歩派たちよりも力強く主張を展開できる環境にある。その際は、

「革命」よりも進歩を訴えるべきだ。二〇世紀の所得分配システムが破綻していることに気づく人は増えている。この古いシステムを根本から変えない限り、社会的・経済的な安全を欠いた状態で生き続ける人がいっそう増えるだろう。そうなれば政治的不安定が生まれ、政治が極端な方向に走りかねない。この点についての理解も広がりはじめている。

ベーシックインカムは、さまざまな実利的なメリットがあるだけではない。全面的な自由と社会正義を推し進められる可能性、そして、労働と消費よりも仕事と余暇が重んじられる時代をつくり出せる可能性には胸躍るものがある。

ボブ・ディランは、「時代は変わる」と歌った。時代が変われば、ものごとが成功する確率も変わる。トマス・ペインも一七七六年の『コモン・センス』の冒頭で、「時間は理性以上に、多くの転向者を生み出す力を持っている」と記した。ベーシックインカムと社会配当にも、そのときがやって来たのだ。

# 付録　試験プロジェクトの進め方

フィリップ・ヴァン・パリースなど、推進派のなかには、試験プロジェクトを不要と考える人たちもいるが、実験をすることにはいくつかの利点がある。たとえば、以下の点について調べる役に立つ。

（a）実施のプロセスについて
（b）人々の態度に及ぼす影響について
（c）人々の行動に及ぼす影響について
（d）好影響を増大させ、悪影響を回避・縮小するために効果的な制度変更や政策転換について

実験によるデータに基づいて「エビデンス（科学的根拠）」に基づいた政策を実行すべきだ、というのはもっともな主張だが、実験を設計・実施し、データを分析する人物は、謙虚さを忘れてはならない。完全無欠の実験などありえないという点を肝に銘じておくべきだ。

また、試験プロジェクトが改革の障害にならないように気をつける必要もある。試験プロジェ

クトは、新しい政策の有効性を判断するよりも、その政策をどのように組み立てればうまくいくのか、なぜ効果があるのかを明らかにする目的に適している。(1) 歴史を振り返ると、一九世紀アメリカの奴隷制末期、奴隷制擁護派の一部は、奴隷解放が経済と生産活動、そして奴隷たち自身に将来にわたって恩恵をもたらすという証拠がないと主張した。それに対し、黒人たちと奴隷制廃止論者たちは、まず自由を実現し、そのあとでそれをうまく機能させる策を講じればいいと主張した。

こうした点はよく頭に入れておく必要があるが、試験プロジェクトが仮説や思い込みの当否を検証できるものであるべきなのも事実だ。また、試験プロジェクトを広げていくうえでは、できるだけ客観的な原則に従うことが望ましい。その原則とは、以下のようなものだ。

## ベーシックインカムとして適切な給付であること

ベーシックインカムの実験と言えるためには、給付が以下の条件を満たしている必要がある。

＊「ベーシックインカム（基本所得）」と呼ぶにふさわしい給付額であること。受給者にとって意味のある金額であるべきだが、経済的な安全を全面的に約束するような高額の給付は避けるべきだ。

＊「現金」による給付であること。あるいは、現金でなくても、現金に換えることが簡単な形式

での給付であるべきだ（銀行口座への振り込みや、電子マネー・カード、携帯電話を通じた支払いなど）。そして、「定期的」「予測可能」「安定的」な給付でなくてはならない。「長期」にわたり、月に一回支払われることが望ましい。意志の弱さの問題を回避するためにも、一度にまとめて給付することは避けたほうがいい。

＊すべての人を対象とする「普遍的」なものであること。試験プロジェクトの開始時点で当該のコミュニティに居住するすべての人に給付されるべきだ。そうすることにより、経済以外の側面も含めてコミュニティ全体に及ぶ影響を調べることが可能になる。また、給付は「撤回不可能」なものであるべきだ。

＊「ターゲティング」をおこなわないこと。「貧困」とみなせる人物（貧困をどう定義するかはともかく）だけを対象にすべきではない。ベーシックインカムは権利であり、権利である以上は万人に認められるべきだ。とくに資力調査は、不公正なうえに、誤りが生じやすく、「貧困の罠」を生み出すという問題点もある。

＊「選別」しないこと。特定の「ふさわしい」グループにだけ給付すれば、その人たちは、ほかの人たちに給付金を分配すべきだという重圧を感じかねない。そうなれば、ベーシックインカムの効果が薄まってしまう。たとえば、母親にだけ給付すれば、家庭内で緊張を生み出す危険がある。

＊給付が「無条件」であること。つまり、なんらかの行動を給付の条件にすべきではない。

＊「個人単位」で「均等」に給付すること。ベーシックインカムが個人の権利である以上、「家族」や「世帯」に対して給付すべきではない。そもそも、家族や世帯の規模や構成は、ベーシックインカム政策のあり方に影響を受けて変わる場合もある。子どもや、障がいや病気により自分でお金を受け取れない人のためには、「代理人」を決めて給付すればいい（子どもの場合は、まずは母親が適任だろう）。

＊実験の開始時や途中で「政策変更」をおこなわないこと。ベーシックインカムの効果をフェアに測定するためには、この原則を守る必要がある。

すべての原則には従わなくても、ベーシックインカムの一部の要素だけなら検証できる。予算などの制約により、そうせざるをえない場合もあるだろう。しかし、そういうときは、結果の評価分析をおこなう際、それが完全な（あるいは適切な）ベーシックインカムの実験ではないことを忘れてはならない。

## 実験の設計が明確で、持続可能であること

見落とされがちな点だが、実験の設計を明確で持続可能なものにする必要がある。この点は、「適切な給付であること」という最初の原則のすべての要素について、とくに給付額と継続期間について守られるべきだ。実験の設計の全要素を最初に記録すること、そして、設計を持続可能

にするために、明確なプランと適切な予算を用意したうえで着手することも忘れてはならない。

## 設計がつねに一定であること

試験プロジェクトを開始したら、(どうしても避けられない場合以外は) 設計を変更してはならない。

## それなりの規模でおこなうこと

大規模な実験を適切に遂行するのは難しい。しかし、規模が小さすぎると、真のベーシックインカムの実験にはならない。実験における人々の行動や態度の変化は、集団のなかである種の行動や態度を取る人のパーセンテージが上昇するというかたちで生じるからだ。そのとき、個人レベルでは、変わる人もいれば、変わることを躊躇する人や、けっして変わらない人もいる。実験で検証しようとする効果は、一定の層 (ティーンエージャーや障がい者など) のうちの一部の人にだけあらわれる。だから、実験で光を当てたい属性の人物が、対象者のなかにある程度の人数含まれる必要がある。そうでないと、統計専門家は確信を持って効果の有無を判断できない。一般論としては、最低でも一〇〇〇人以上を対象にすべきだ。人数は多ければ多いほど好ましい。

## それなりの期間にわたり実験をおこなうこと

当然ながら、実験の期間が極端に短いものであってはならない。あまりに短期間で終わると、それはベーシックインカムというより、一度限りのベーシックキャピタルに近い試みになってしまう。ベーシックインカムの効果は、人々が学習し、適応することを通じて、ゆっくりと現実化する。はじめて給付金が配られた直後には「衝撃効果」が生じ、その後、人々が給付金を受け取ることに慣れてくれば「同化効果」が生じるかもしれない。そのうちに、「影響減退効果」や「学習効果」があらわれる場合もあるだろう。こうしたことを考えると、実験の期間は少なくとも一年以上は欲しい。二年間が妥当なところだろうが、もっと長期の実験を主張する論者もいる。

ただし、実務上の問題として、「プロジェクト疲れ」も考慮に入れる必要がある。開始当初の興奮のなかでは見落とされがちだが、試験プロジェクトを実施する過程では、頻繁に結果の評価をおこない、研究者やフィールドワーカーのチームを構築・維持しなくてはならないからだ。また、「回答疲れ」も起こりうる。実験の結果を評価するためには、対象者に質問に答えさせたり、その他のなんらかの方法で観察したりすることが不可欠なので、その点への配慮も忘れてはならない。完璧主義もほどほどに、と考えておくべきだろう。

## 複製可能で拡張可能であること

試験プロジェクトは、「複製可能」「拡張可能」なように設計すべきだ。つまり、ほかの場所で同様の実験をおこなうことが可能であること、実験の規模を拡大し、もっと大きなコミュニティで、あるいは国単位で実施することが可能であることが望ましい。

## 無作為抽出した比較グループを用いること

実験でベーシックインカムの影響を見極めるためには、ベーシックインカムの給付という「介入」を受ける前の対象者の行動や態度、および「比較グループ」（給付を受けないこと以外はほぼ同様の人たち）との比較をすべきだ。その最大の狙いは、あらわれた結果がベーシックインカムによるものであり、それ以外の外部の変化の影響でないと確認することにある。

最近はランダム化比較試験の人気が高いが、この手法には、ベーシックインカムの効果を判定するうえではいくつかの深刻な弱点がある。ランダム化比較試験を実施する場合は、介入グループと比較グループの被験者を無作為抽出で選ぶ。具体的な手順としては、ある地域の世帯をリストアップし、そこからサンプルを無作為に選び出すというかたちを取る場合が多い。そうなると、ある世帯（あるいはその世帯のなかの一人）はベーシックインカムを受給し、隣の世帯は受給しないという状況が生まれる。

この場合、コミュニティ内や世帯内で緊張が生まれるリスクがあることに加えて、世帯間や家族間でベーシックインカムが——無作為ではないかたちで——わけ合われる可能性が高い。そうした行為は、ベーシックインカムの普遍性を消し去り、影響力を弱め、結果の評価を難しくしてしまう。インドのマディヤ・プラデシュ州で実施された試験プロジェクトでは、広い地域から二〇の似たような村を無作為に選び、八つの村ではすべての住民にベーシックインカムを給付し、残り一二の村では誰にもベーシックインカムを給付しなかった。このやり方なら、個人レベルでもコミュニティレベルでも、人々の行動や態度の変容など、幅広い影響を調べることができる。

## ベースライン調査を実施すること

適切な評価をするためには、「ベースライン調査」を実施し、実験開始前の人々の状況を詳細に把握しておく必要がある。実験で調べる可能性があるすべての要素について情報を集めておくべきだ（もしこうした調査が不可能なら、サンプル数を多くしなくてはならない）。個人ごとのベースライン調査に加えて、「コミュニティ・ベースライン調査」も実施する必要がある。人口構成、インフラの整備状況、学校や医療機関への距離など、コミュニティの構造的特徴についてデータを集めることが目的だ。

できれば、ベースライン調査をおこなうときは、給付予定者に計画を知らせないほうが好ましい。しかし、計画について伝えたほうが調査への協力は得やすいだろう。

ベーシックインカムがどのような効果を生むかを前もって知ることはできないし、生じるかもしれない効果のすべてを事前に洗い出すことも現実的に難しい。そこで、ベースライン調査の時点では、とりあえず幅広いデータを集めておく必要がある。実験が始まる時点での一般的なパターンを把握するために、最初の給付金が配られる一カ月前までに調査を実施すべきだ。

ベースライン調査で非常に重要なのは、誰に質問するかだ。「世帯主」に質問するのと、家族のほかのメンバーに質問するのとでは、答えが変わってくる場合もあるだろう。ベーシックインカムは個人に対して給付されるものなので、質問に対する回答は、性別や年齢、その他の個人的要因によって異なる可能性がある。

理想は、世帯と個人に関するデータを、家族の一人ひとりから別々に収集することだ。しかし、フィールドワークやデータ処理の手間がかかりすぎるし、コストもかさむので、実際には簡単でないかもしれない。それならせめて、回答者を男女同数にすることを徹底すべきだ。マディヤ・プラデシュ州の試験プロジェクトでは、すべての世帯で男性一人と女性一人から話を聞いた。

ベースライン調査のあとは、広報キャンペーンをおこない、計画の内容をよく説明して、人々の疑念を払拭する必要がある。その際は、給付金の使い道などの行動面の条件なしに、定期的にお金を受け取れることを知ってもらうことが重要だ。

## 評価調査を定期的におこなうこと

ベーシックインカムの効果を測るためには、ベースライン調査も含めて数度の調査をプロジェクトに織り込む必要がある。実験開始後の最初の調査は、給付を開始してから半年くらいの段階でおこなうのがいい。これくらいの期間が経てば、人々の行動や態度への影響が見えてくるからだ。そのあとは、だいたい半年おきに調査を実施すればいいだろう。そして、実験の終了後、できれば最後の現金給付から一カ月以内に、ベースライン調査と同じ世帯と個人を対象に最後の調査をおこなう。これらの調査では、質問票の内容をできるだけベースライン調査と近いものにし、参照期間もほぼ同じにするべきだ。

## 有力な情報提供者を活用すること

ベーシックインカムの給付対象者に最大の関心を払うべきなのは言うまでもないが、実験結果を評価するに当たっては、有力な「情報提供者」も活用することが望ましい。地域の行政機関や教員、医療関係者など、コミュニティの状況に精通している人からも話を聞くのだ。具体的には、受給者への質問からは見えてこない要素、ベーシックインカムが人々の行動に及ぼす影響について尋ねる。この質問調査は、あらかじめ決められた手順に沿っておこない、質問は中立的な言葉で表現すべきだ。

複数のコミュニティを比較する実験をおこなう場合は、すべてが構造的に似ている地域である必要がある。給付をおこなう介入グループの地域と比較グループの地域を適切に比較できるようにするためだ。評価をおこなう際は、新しい学校が開校したり、農業用水システムが導入されたりするなど、実験期間中に外的な変化が起き、介入グループと比較グループのコミュニティの類似性が失われていないか確認することも怠ってはならない。調査をおこなうたびに、コミュニティについても簡単に調査し、実験の結果に影響を及ぼすような構造的変化が起きていないかを点検すべきだ。

## 多層的な効果を測る実験であること

試験プロジェクトの評価をおこなう際は、個人レベル、家族レベル、そして乗数効果などを通じたコミュニティレベルの効果を測定しなくてはならない。個人への影響だけ見ていては、正しい理解に到達できない恐れがあるからだ（極端な話をすると、雇用補助金の効果を測る際、対象者への影響しか見なければ、補助金なしでもその人物が職に就けたという「死荷重効果」や、その人物がほかの人の職を奪うという「代替効果」を見落としてしまう）。

ベーシックインカムのとくに大きな効果は、コミュニティ単位であらわれる場合も多い。コミュニティレベルでの人々の行動に対して「フィードバック効果」が生じるケースもあるだろう。推進派は、ベーシックインカムが人々の利他的な行動を引き出し、コミュニティにおける社会的責任が尊重されるようになると主張している。そうしたコミュニティレベルの効果も同時に測定しなければ、個人レベルの効果だけに基づいてベーシックインカムの是非を判断することになってしまう。

## 人々の行動と態度の両方への効果を調べること

ベーシックインカムは、人々の行動、物理的・心理的な幸福感、そして態度に影響を及ぼすと考えられている。試験プロジェクトでは、直接的に測定できる行動面の効果だけでなく、態度の変容についても調べる必要がある。その際は、できるだけ中立的な表現の質問により、人々の態度の変化をあぶり出すべきだ。調査結果を数値評価できるようにするために、質問に対して五段階評価で回答させればいい（「強く反対」「反対」「どちらとも言えない」「賛成」「強く賛成」）。

## 検証したい仮説を実験開始前にはっきりさせること

ベースライン調査の実施前に、検証したい仮説のリストを明確にしておくべきだ。ところが、この点を曖昧にしたままで実験が始められる場合が非常に多い。しばしば激しいプレッシャーの下で、あるいは賛否が対立するなかで実験がおこなわれるため、この過ちを犯してしまうのだろう。また、あまり問題にされていないが、一つか二つの仮説しか持たずに実験を始めるのも好ましくない。ランダム化比較試験では、そのようなケースが多い。

よく検証される仮説としては、たとえば以下のものがある。

（a）ベーシックインカムが導入されれば、家族は子どもたちに多くの食料を与えられるようになり、その結果、子どもの栄養状態と健康状態が改善する。

（b）ベーシックインカムが導入されれば、子どもたちを働かせる必要性が小さくなり、子どもの学校への登校率が向上する。
（c）ベーシックインカムが導入されれば、家計が借金を返済できるようになる。

これらの仮説を検証したい場合は、ベースライン調査やコミュニティ・ベースライン調査により、基準データを集めておく必要がある。

次のような仮説はどうだろう？

（d）Xさんにベーシックインカムが給付されれば、Yさんが賃金労働に費やす時間を減らしたり、消費の仕方を変えたりする。
（e）ベーシックインカムが導入されれば、地域のグループが設立されて、給付金の使い方を人々に助言しはじめる。
（f）ベーシックインカムが導入されれば、受給者に対して、コミュニティ外の非受給者にお金をわけるよう求める社会的圧力が生まれる。

こうした間接的・外的な効果を検証しようとする場合は、受給者、その世帯、世帯外からの情報が必要かもしれない。そのような情報を得るためには、世帯単位のベースライン調査の設計を工夫することに加えて、コミュニティレベルの基準データ収集とモニタリング、そして、プロジェクト期間中の世帯レベルとコミュニティレベルの評価調査を実施しなくてはならない。

実験では、地域経済と地域社会に関わる仮説も問われる場合がある。

（g）ベーシックインカムが導入されれば、所得分配のあり方が改善し、所得の不平等が緩和される。しかも、単に所得を増やす以上の効果を生むことを通じて、これらの成果を実現する。

（h）ベーシックインカムが導入されれば、地域の金融機関が誕生し、金融仲介機能が強まる。

（i）ベーシックインカムが導入されれば、地域の企業が成長し、地域の雇用が増える。

たとえば、仮説（g）は、ベーシックインカムの有効性を適切に判断するうえできわめて重要なことだ。この仮説を検証できなければ、ベーシックインカムの重要な要素について評価できないことになる。この検証作業は、コミュニティの一部の人にしかベーシックインカムが給付されない場合は不可能だ。したがって、すべての住民に給付をおこなう必要がある。

## コストの計算と予算の計画が現実的であること

試験プロジェクトの開始時に、現実的なコスト計算をおこなうことを忘れてはならない。実験の結果を適切に評価するためには、十分な予算と技術的な専門性が不可欠だ。また、ベーシックインカムの原資、運営と評価の費用に加えて、緊急事態に対応するための資金も用意する必要がある。実証研究における調査では、ミスは必ず起きる。設計や実行に問題がなかったとしても、予想外の出来事や挫折が避けられないのだ。

## サンプルをできるだけ変えないこと

徹底するのは簡単でないが、サンプルをできるだけ変えないことが重要だ。実験開始後に住みはじめた人への給付を拒むのは、気の毒に思えるかもしれない。しかし、新たに生まれた子どもを別にすれば、移民や移住先から戻ってきた人など、実験の開始時に住民でなかった人物を途中から給付対象に加えるべきではない。それでも、このような人たちも、調査対象には加えるのが望ましい。そうした人たちの存在が人々の行動や態度に影響を及ぼす可能性があるからだ。

一方、移住して出ていく人をどのように扱うべきかは、どのような仮説を検証しようとしているかによって変わってくる。マディヤ・プラデシュ州の試験プロジェクトでは、移住していった人への給付は打ち切られた。しかし、ギブ・ダイレクトリーがケニアで計画している試験プロジェクトは、そのような人たちにも給付を続ける予定だ。この実験では、有給の職を探すために移住しようという意欲にどのような影響が及ぶかを検証したいからだ。長期の試験プロジェクトでは、死亡する人も出てくるので、サンプルをまったく変えないことは不可能に近い。それでも、できるだけサンプルを変えないように努めることを忘れてはならない。

## 現金給付の仕組みを監視すること

途上国のプログラムで大きな障害になる点の一つは、近代的な金融機関が存在せず、銀行を利用していない人が多いことだ。現金給付をおこなう際は、お金の受け取り方についての啓蒙活動が欠かせない。銀行口座に振り込まれた給付金を引き出せない人がいたりすれば、人々の行動と態度への影響を正しく評価できない恐れがあるからだ。

現金を配る方法はいくつかあるが、いずれも万能とは言えない。重要なのは、誰も間に介さずに、受給者が現金を直接受け取るようにすることだ。しかし、複製可能で拡張可能であることを目指すうえでは、もう一つ考慮すべきことがある。プログラムを国レベルに拡大させる場合に、コストと透明性と利用しやすさの面で最も望ましいのはどのような方法かという点だ(2)。

具体的にどのような方法を選択すべきかは、地域の状況によって変わる。いずれにせよ、ほとんどの場合は、人々がお金を受け取れるようにするためのコストと時間を確保する必要がある。銀行口座の開設を助けたり、生体認証式の電子マネー・カードを発行したり、あるいは携帯電話を支給したりして、お金を迅速に、そして地元で手軽に受け取れるようにする。しかし、監視を徹底するために、現金のやり取りは、金融機関を介しておこなうようにすべきだ(法律上も、それが要求されるかもしれない)。

## 人々の自己決定権の要素も検討すること

理性的な推進派なら、ベーシックインカムが万能だと思っている人はいない。多くの場合、弱者はベーシックインカムを受給しても弱いままで、抑圧されたり搾取されたりしやすい状況が続く。それを抜け出すためには、人々が自己決定権を持つ必要がある。つまり、自らの利害を守るための発言力がなくてはならない。わたしは以前から、ベーシックインカムが適切に機能するためにはそれが不可欠だと考えてきた。

社会政策の実験をおこなうときはつねに、この自己決定権の要素を考慮に入れる必要がある。人々の発言力は、実験を始める前から存在する場合もあれば、実験の途中に生まれたり、実験で新しい措置を導入する結果として生まれたりする場合もあるだろう（新しい措置の結果として、実験の途中で生まれる場合もある）。ナミビアの試験プロジェクトでは、給付が開始されてほどなく、村人たちが委員会を組織し、お金の上手な使い方を助言したり、弱者を食い物にしようとする人たちから弱者を守るために活動したりしはじめた。この動きは、実験の結果にどのような影響を及ぼしたのか？　研究チームは、それがどのくらい大きな効果をもたらしたかは明らかにできなかったが、好ましい効果があったという印象を強くいだいた。

人々の自己決定権が好ましい効果を生むというパターンは、ナミビア以外でも見られている。ニカラグアでおこなわれたプログラムの場合、「コミュニティ・リーダー」が大勢いる地域では、条件つき現金給付の効果が大きかったという。(3) 地域のリーダーの存在という要素は、試験プロジェクトで測定できる自己決定権の一形態にすぎない。実施地域の選考と、結果の評価方法の決定に当たっては、これ以外の要素も考慮に入れる必要がある。

# 謝辞

わたしが影響を受けたかもしれない人すべてには言及できないが、ともにベーシックインカムの研究に打ち込んできた数人の名前を挙げて感謝の言葉を捧げたい（以下、アルファベット順）。デーヴィッド・カササス、サラット・ダヴァラ、アンドレア・フマガッリ、ルイーズ・ハー、ショーン・ヒーリー、マイケル・ハワード、レナナ・ジャブヴァラ、ビル・ジョーダン、アニー・ミラー、イングリッド・ヴァンニーキルク、クラウス・オッフェ、フィリップ・ヴァン・パリース、ブリジッド・レイノルズ、アレクサンダー・デルー、イーノ・シュミット（スイスの国民投票に向けた粘り強い活動を称賛したい）、エドアルド・スプリシー（ボブ・ディランの「風に吹かれて」もたびたび演奏してくれた）、マルコム・トリー、ヴァルター・ヴァントリーア、ヤニク・ファンデルボルト、ロバート・ファンデルフェーン、カール・ワイダークイスト、フランセズ・ウィリアムズ、ユルゲン・デ・ヴィスペラエール、山森亮。

ここに記したすべての方々に深く感謝したい。

## 世界のベーシックインカム推進団体

国際　Basic Income Earth Network (BIEN): http://basicincome.org/

ヨーロッパ　Unconditional Basic Income Europe (UBIE): http://basicincome-europe.org/ubie/

南部アフリカ* SADC-wide Basic Income Grant Campaign (SADC BIG): http://spii.org.za/sadc-bigcampaign/

＊南部アフリカ開発共同体（SADC）加盟国——アンゴラ、ボツワナ、コンゴ民主共和国、レソト、マダガスカル、マラウィ、モーリシャス、モザンビーク、ナミビア、セーシェル、南アフリカ、スワジランド、タンザニア、ザンビア、ジンバブエ

アルゼンチン　Red Argentina de Ingreso Ciudadano (RedAIC): http://www.ingresociudadano.org.ar/

オーストラリア　Basic Income Guarantee Australia (BIGA): http://www.basicincome.qut.edu.au/

オーストリア　Netzwerk Grundeinkommen und sozialer Zusammenhalt – BIEN Austria: http://www.grundeinkommen.at/

ベルギー　Basic Income Belgium: https://basicincome.be/

ブラジル　Rede Brasileira de Renda Básica de Cidadania: http://eduardosuplicy.com.br/renda-basica-de-cidadania/

カナダ　Basic Income Canada Network/Réseau canadien pour le revenu garanti: http://www.basicincomecanada.org/

中国　BIEN China : http://www.bienchina.com/

デンマーク　BIEN Danmark: http://basisindkomst.dk/

フィンランド　BIEN Finland: http://perustulo.org/

フランス　Mouvement français pour un revenu de base: http://www.revenudebase.info/

ドイツ　Netzwerk Grundeinkommen: https://www.grundeinkommen.de/

アイスランド　BIEN Ísland: https://www.facebook.com/groups/1820421514854251/

インド　India Network for Basic Income (INBI): http://basicincomeindia.weebly.com/

アイルランド　Basic Income Ireland: http://www.basicincomeireland.com/

イタリア　Basic Income Network Italia (BIN Italia): http://www.bin-italia.org/

日本　BIEN Japan: http://tyamamor.doshisha.ac.jp/bienj/bienj_top.html

メキシコ　Red Mexicana Ingreso Ciudadano Universal: ingresociudadano@gmail.com

ナミビア　Basic Income Grant Coalition: http://www.bignam.org/index.html

オランダ　Vereniging Basisinkomen: http://basisinkomen.nl/

ニュージーランド　Basic Income New Zealand (BINZ): http://www.basicincomenz.net/

ノルウェー　BIEN Norge: http://www.borgerlonn.no/

ポルトガル　Rendimento Básico: http://www.rendimentobasico.pt/

ケベック（カナダ）　Revenu de base Québec: https://revenudebase.quebec/

スコットランド　Citizen's Basic Income Network (CBIN) Scotland: https://cbin.scot/

スロベニア　Sekcija UTD: http://utd.zofijini.net/

韓国　Basic Income Korea Network (BIKN): http://basicincomekorea.org/

スペイン　Red Renta Básica: http://www.redrentabasica.org/rb/

スイス　BIEN Switzerland (BIEN-CH): http://bien.ch/en

台湾　Global Basic Income Social Welfare Promotion Association: https://www.facebook.com/GBI.SWPA.TW/

イギリス　Citizen's Income Trust: http://citizensincome.org/
Basic Income UK: http://www.basicincome.org.uk/

アメリカ　U.S. Basic Income Guarantee (USBIG) Network: http://www.usbig.net/index.php

## 付録

1. この点は、ノーベル経済学賞受賞者のアンガス・ディートンとジェームズ・ヘックマンも強く指摘している。A. Deaton (2008), 'Instruments of development: Randomization in the tropics, and the search for the elusive keys to economic development', The Keynes Lecture, British Academy, 9 October. J. J. Heckman and J. A. Smith (1995), 'Assessing the case for social experiment', *Journal of Economic Perspectives*, 9(2), pp. 85–115.
2. 技術的な議論は以下を参照。D. Johnson (2008), 'Case study of the use of smart-cards to deliver government benefits in Andra Pradesh, India'. Sri City, Andhra Pradesh, India: Institute for Financial Management and Research, Centre for Micro Finance.
3. K. Macours and R. Vakis (2009), Changing Households' Investments and Aspirations Through Social Interactions: *Evidence from a Randomized Transfer Program.* Policy Research Working Paper. Washington, DC: World Bank.

2. J. De Wispelaere and J. A. Noguera (2012), 'On the political feasibility of universal basic income: An analytic framework', in R. Caputo (ed.), *Basic Income Guarantee and Politics: International Experiences and Perspectives on the Viability of Income Guarantee.* New York and Basingstoke: Palgrave Macmillan, pp. 17–38.
3. 連絡先は以下のとおり。contact@nc4bi.org.
4. A. Stern (2016), *Raising the Floor: How a Universal Basic Income Can Renew Our Economy and Rebuild the American Dream.* New York: PublicAffairs.
5. N. DuPuis, B. Rainwater and E. Stahl (2016), The Future of Work in Cities. Washington, DC: National League of Cities Center for City Solutions and Applied Research.
6. M. Bittman (2015), 'Why not Utopia?', *New York Times, Sunday Review,* 20 March.
7. H. Koch and J. Quoos (2017), 'Schwab: "Gewinner müssen mit Verlierern solidarisch sein" ', *Hamburger Abendblatt,* 9 January.
8. S. Dadich (2016), 'Barack Obama, neural nets, self-driving cars and the future of the world', *Wired,* October. https://www.wired.com/2016/10/president-obama-mit-joi-ito-interview/［邦訳は WIRED 日本版 VOL.26］.
9. この点に関する優れた論文集に、以下がある。Caputo, *Basic Income Guarantee and Politics.*
10. V. Taylor et al. (2002), *Report of the Commission on the Comprehensive Reform of Social Security.* Cape Town: Department of Social Development, Government of South Africa. M. Samson and G. Standing (eds.) (2003), *A Basic Income Grant for South Africa.* Cape Town: University of Cape Town Press.
11. イギリスのフェビアン協会は、個人所得税の基礎控除を段階的に廃止し、一定の条件を満たした人すべてを対象とする個人クレジットに置き換えていくべきだと提案している。この給付制度は、資力調査に基づくユニバーサル・クレジットと併存させるという。同協会は、すべての人を対象とする無条件のベーシックインカムを提唱してはいないが、このアイデアがベーシックインカムの導入につながる可能性があることは認めている。A. Harrop (2016), *For Us All: Redesigning Social Security for the 2020s.* London: Fabian Society.
12. Y. Varoufakis (2016), 'The universal right to capital income', *Project Syndicate,* 31 October. https://www.project-syndicate.org/commentary/basic-income-funded-by-capital-income-by-yanis-varoufakis-2016-10.

8. L. Kalliomaa-Puha, A.-K. Tuovinen and O. Kangas (2016), 'The basic income experiment in Finland', *Journal of Social Security Law,* 23(2), pp. 75–91.
9. O. Kangas (2016), *From Idea to Experiment: Report on Universal Basic Income Experiment in Finland.* KELA Working Paper 106. Helsinki: KELA.
10. L. Groot and T. Verlaat (2016), 'The rationale behind the Utrecht and Wageningen experiments'. Utrecht: Utrecht University School of Economics, August.
11. Cited in F. Barnhoorn (2016), 'Netherlands: Design of BI experiments proposed', *Basic Income News,* 26 October.
12. H. D. Segal (2016), *Finding a Better Way: A Basic Income Pilot Project for Ontario–A Discussion Paper.* https://www.ontario.ca/page/finding-better-way-basic-income-pilot-project-ontario.
13. Government of Ontario (2016), *Consultation Guide for the Basic Income Pilot Project.* https://www.ontario.ca/page/consultation-guide-basic-income-pilot-project.
14. わたしはこのプロジェクトの国際諮問委員会に参加している。
15. S. Altman (2016), 'Basic income', Y Combinator blog, 27 January. https://blog.ycombinator.com/basic-income/.
16. J. Haushofer and J. Shapiro (2016), 'The short-term impact of unconditional cash transfers to the poor: Experimental evidence from Kenya', *Quarterly Journal of Economics,* July.
17. K. McFarland (2016), 'Brazil: Basic income startup gives "lifetime basic incomes" to villagers', *Basic Income News,* 23 December.
18. The Economist (2012), 'Free exchange: Hope springs a trap', *The Economist,* 12 May.
19. S. De Mel, D. McKenzie and C. Woodruff (2012), 'One-time transfers of cash or capital have long-lasting effects on microenterprises in Sri Lanka', *Science,* 24 February.
20. C. Blattman, N. Fiala and S. Martinez (2013), 'The economic and social returns to cash transfers: Evidence from a Ugandan aid program'. CEGA Working Paper. Berkeley: Centre for Effective Global Action, University of California (Berkeley), April. http://cega.berkeley.edu/assets/cega_events/53/WGAPE_Sp2013_Blattman.pdf.

## 第 12 章

1. 英国議会議事録（2016 年 9 月 14 日）

by 2020’. Press Release, 31 October.
57. T. Cordella and H. Onder (2016), *Sharing Oil Rents and Political Violence.* Policy Research Working Paper 7869. Washington, DC: World Bank.
58. S. Devarajan and M. Giugale (2013), *The Case for Direct Transfers of Resource Revenues in Africa.* Working Paper 333. Washington, DC: Center for Global Development. T. Moss, C. Lambert and S. Majerowicz (2015), *Oil-to-Cash: Fighting the Resource Curse through Cash Transfers.* Washington, DC: Center for Global Development.
59. A. R. Mishra (2017), ‘Jammu and Kashmir commits to idea of universal basic income’, *Livemint,* 12 January.
60. Ministry of Finance (2017), *Economic Survey 2016–17.* New Delhi: Government of India, January, Chapter 9.

## 第 11 章

1. 2002 年にジュネーブで開催された世界会議に提出された論文は、以下を参照。G. Standing (ed.) (2004), *Promoting Income Security as a Right: Europe and North America.* London: Anthem Press. それ以外の論文は BIEN のウェブサイトで読むことができる。http://basicincome.org/research/.
2. J. Thornhill and R. Atkins (2016), ‘Universal basic income: Money for nothing’, *Financial Times,* 26 May.
3. E. Forget (2011), ‘The town with no poverty: The health effects of a Canadian guaranteed annual income field experiment’, *Canadian Public Policy,* 37(3), pp. 283–305. D. Calnitsky (2016), ‘“More normal than welfare”: The Mincome experiment, stigma, and community experience’, *Canadian Review of Sociology,* 53(1), pp. 26–71.
4. T. Skocpol (1991), ‘Targeting within universalism: Politically viable policies to combat poverty in the United States’, in C. Jencks and P. E. Peterson (eds.), *The Urban Underclass.* Washington, DC: Brookings Institution, pp. 411–36.
5. Forget, ‘The town with no poverty’.
6. Calnitsky, ‘“More normal than welfare” ’.
7. R. Akee, E. Simeonova, E. J. Costello and W. Copeland (2015), ‘How does household income affect child personality traits and behaviors?’. NBER Working Paper 21562. Cambridge, MA: National Bureau of Economic Research. http://www.nber.org/papers/w21562.

技術的分析も手伝った。

43. S. Davala, R. Jhabvala, S. K. Mehta and G. Standing (2015), *Basic Income: A Transformative Policy for India.* London and New Delhi: Bloomsbury.
44. G. Standing (2015), 'Why basic income's emancipatory value exceeds its monetary value', *Basic Income Studies,* 10(2), pp. 193–223.
45. IMF (2013), *Energy Subsidy Reform: Lessons and Implications.* Washington, DC: International Monetary Fund.
46. IMF (2010), *The Unequal Benefits of Fuel Subsidies: A Review of Evidence for Developing Countries.* Washington, DC: International Monetary Fund.
47. Bardhan, 'Universal basic income for India'.
48. F. Cheng (2016), 'China: Macao gives an annual state bonus to all citizens', *Basic Income News,* 31 August.
49. F. Cheng (2016), 'Cooperative society and basic income: A case from China', *Basic Income News,* 10 November.
50. H. Tabatabai (2011), 'The basic income road to reforming Iran's price subsidies', *Basic Income Studies,* 6(1), pp. 1–23. H. Tabatabai (2012), 'Iran: A bumpy road towards basic income', in R. K. Caputo (ed.), *Basic Income Guarantee and Politics.* New York: Palgrave Macmillan, pp. 285–300.
51. A. Demirguc-Kunt, L. Klapper, D. Singer and P. Van Oudheusden (2015), 'The global Findex database 2014: Measuring financial inclusion around the world'. Policy Research Working Paper 7255. Washington, DC: World Bank.
52. A. Enami, N. Lustig and A. Taqdiri (2016), 'The role of fiscal policy in fighting poverty and reducing inequality in Iran: An application of the Commitment to Equity (CEQ) Framework'. ERF Working Paper No. 1020. Giza, Egypt: Economic Research Forum.
53. G. Standing (2005), 'Tsunami recovery grants', *Economic and Political Weekly,* 40(6), 5 February, pp. 510–14.
54. J. Hoddinott, D. Gilligan, M. Hidrobo, A. Margolies, S. Roy, S. Sandström, B. Schwab and J. Upton (2013), *Enhancing WFP's Capacity and Experience to Design, Implement, Monitor, and Evaluate Vouchers and Cash Transfer Programmes: Study Summary.* Washington, DC: International Food Policy Research Institute.
55. C. Lehmann and D. T. R. Masterson (2014), *Emergency Economies: The Impact of Cash Assistance in Lebanon.* Beirut: International Rescue Committee.
56. UNHCR (2016), 'UNHCR to double funds for cash-based assistance to refugees

Final report', EPRI Research Paper 37. Cape Town: Economic Policy Research Institute.

31. S. R. Khandker, M. Pitt and N. Fuwa (2003), 'Subsidy to promote girls' secondary education: The female stipend program in Bangladesh'. MPRA Paper No. 23688. Munich: Munich Personal RePEc Archive. http//mpra.ub.unimuenchen.de/23688. D. Filmer and N. Schady (2006), 'Getting girls into school: Evidence from a scholarship program in Cambodia', World Bank Policy Research Paper No. 3910. Washington, DC: World Bank.
32. S. Baird, C. McIntosh and B. Özler (2009), 'Designing cost-effective cash transfer programs to boost schooling among young women in Sub-Saharan Africa', World Bank Policy Research Working Paper No. 5090. Washington, DC: World Bank, p. 22.
33. Hagen-Zanker et al. (2016), *Understanding the Impact of Cash Transfers*. Baird et al., 'Conditional, unconditional and everything in between'.
34. Hagen-Zanker et al., *Understanding the Impact of Cash Transfers.*
35. たとえば以下を参照。ibid. A. V. Banerjee, R. Hanna, G. Kreindler and B. A. Olken (2015), 'Debunking the stereotype of the lazy welfare recipient: Evidence from cash transfer programs worldwide'. HKS Working Paper No. 076. Cambridge, MA: Harvard Kennedy School.
36. A. de Janvry, E. Sadoulet and B. Davis (2011), 'Cash transfer programs with income multipliers: Procampa in Mexico', *World Development*, 29(6), pp. 1043–56.
37. P. J. Gertler, S. W. Martinez and M. Rubio-Codina (2012), 'Investing cash transfers to raise long-term living standards', *American Economic Journal: Applied Econometrics*, 4(1), pp. 164–92.
38. S. Handa, L. Natali, D. Seidenfeld, G. Tembo and B. Davis (2016), 'Can unconditional cash transfers lead to sustainable poverty reduction? Evidence from two government-led programmes in Zambia'. Innocenti Working Papers No. IWP_2016_21. Florence, Italy: UNICEF Office of Research–Innocenti.
39. M. Angelucci and G. De Giorgi (2009), 'Indirect effects of an aid program: How do cash transfers affect ineligibles' consumption?', *American Economic Review*, 99(1), pp. 486–508.
40. わたしは最初の試験プロジェクトの設計と最初の技術的分析を手伝った。
41. Haarmann et al., *Towards a Basic Income Grant for All.*
42. わたしはこれらの試験プロジェクトのすべての段階においてSEWAに協力し、

IFS Briefing Note 54. London: Institute for Fiscal Studies.

21. R. Himaz (2008), 'Welfare grants and their impact on child health: The case of Sri Lanka', *World Development*, 36(10), pp. 1843–57.
22. C. Miller, M. Tsoka, and K. Reichert (2006), 'The impact of the social cash transfer scheme on food security in Malawi', *Food Policy*, 36(2), pp. 230–38.
23. F. Bastagli (2009), 'From social safety net to social policy? The role of conditional cash transfers in welfare state development in Latin America'. IPC-IG Working Paper No. 60. Brasilia: International Policy Centre for Inclusive Growth, United Nations Development Programme.
24. S. S. Lim, L. Dandona, J. A. Hoisington, S. L. James, M. C. Hogan and E. Gakidou (2010), 'India's *Janani Suraksha Yojana*, a conditional cash transfer programme to increase births in health facilities: An impact evaluation', *Lancet*, 375(9730), pp. 2009–23.
25. 多くの国では、貧困者を対象に医療費の一部もしくは全額免除の制度を設けている。以下を参照。R. Bitrán and U. Giedion (2003), 'Waivers and exemptions for health services in developing countries'. Social Protection Discussion Paper Series No. 308. Washington, DC: World Bank.
26. J. M. Aguero, M. R. Carter and I. Woolard (2007), *The Impact of Unconditional Cash Transfers on Nutrition: The South African Child Support Grant*. Brasilia: International Poverty Centre.
27. M. Adato and L. Bassett (2009), 'Social protection to support vulnerable children and families: The potential of cash transfers to protect education, health and nutrition', *AIDS Care: Psychological and Socio-Medical Aspects of HIV-AIDS*, 21(1), Supplement 1, pp. 60–75.
28. A. Fiszbein and N. Schady (2009), *Conditional Cash Transfers: Reducing Present and Future Poverty*. Washington, DC: World Bank. R. Slavin (2010), 'Can financial incentives enhance educational outcomes? Evidence from international experiments', *Educational Research Review*, 5(1), pp. 68–80.
29. Baird, McIntosh and Özler ,'Cash or condition?'.
30. A. Case, V. Hosegood and F. Lund (2003), 'The reach of the South African child support grant: Evidence from Kwazulu-Natal', Centre for Social and Development Studies Working Paper 38. Durban: University of Natal. M. Samson, U. Lee, A. Ndlebe, K. MacQuene, I. van Niekerk, V. Gandhi, T. Harigaya and C. Abrahams (2004), 'The social and economic impact of South Africa's social security system:

14. S. Baird, F. H. G. Ferreira, B. Özler and M. Woolcock (2014), 'Conditional, unconditional and everything in between: A systematic review of the effects of cash transfer programmes on schooling outcomes', *Journal of Development Effectiveness*, 6(1), pp. 1–43.
15. S. Baird, C. McIntosh and B. Özler (2011), 'Cash or condition? Evidence from a cash transfer experiment', *Quarterly Journal of Economics*, 126(4), pp. 1709–53.
16. F. Bastagli, J. Hagen-Zanker, L. Harman, G. Sturge, V. Barca, T. Schmidt and L. Pellerano (2016), *Cash Transfers: What Does the Evidence Say?* London: Overseas Development Institute.
17. D. K. Evans and A. Popova (2014), *Cash Transfers and Temptation Goods: A Review of the Global Evidence*, World Bank Policy Research Working Paper WPS6886. Washington, DC: World Bank. J. Haushofer and J. Shapiro (2013), *Household Response to Income Change: Evidence from an Unconditional Cash Transfer Program in Kenya*. Princeton, NJ: Department of Psychology and Public Affairs, Princeton University. Kenya CT-OBC Evaluation Team (2012), 'The impact of the Kenya Cash Transfer Program for Orphans and Vulnerable Children on household spending', *Journal of Development Effectiveness*, 4(1), pp. 9–37. J. Hoddinott, S. Sandström and J. Upton (2014), 'The impact of cash and food transfers: Evidence from a randomized intervention in Niger', IFPRI Discussion Paper 01341, Washington, DC: International Food Policy Research Institute.
18. C. Haarmann et al. (2008), *Towards a Basic Income Grant for All: Basic Income Grant Pilot Project Assessment Report*. Windhoek: Basic Income Grant Coalition and Namibia NGO forum. L. Chioda, J. M. P. De Mello and R. R. Soares (2013), 'Spillovers from conditional cash transfer programs: *Bolsa Família* and crime in urban Brazil'. http://siteresources.worldbank.org/INTRES/Resources/469232-1380041323304/Chioda_deMello_Soares_BolsaFamilia_April242013.pdf. Hagen-Zanker et al., *Understanding the Impact of Cash Transfers*. H. Mehlum, K. Moene and R. Torvik (2005), 'Crime induced poverty traps', *Journal of Development Economics*, 77, pp. 325–40.
19. J. M. Cunha, G. De Giorgi and S. Jayachandran (2011), 'The price effects of cash versus in-kind transfers'. NBER Working Paper No. 17456. Cambridge, MA: *National Bureau of Economic Research*.
20. O. Attanasio, E. Battistin, E. Fitzsimons, A. Mesnard and M. Vera-Hernandez (2005), 'How effective are conditional cash transfers? Evidence from Colombia'.

2. G. Standing (2008), 'How cash transfers promote the case for basic income', *Basic Income Studies,* 3(1), pp. 1–30.
3. R. Jhabvala and G. Standing (2010), 'Targeting to the "poor": Clogged pipes and bureaucratic blinkers', *Economic and Political Weekly,* 45(26–7), 26 June, pp. 239–46.
4. Australian Agency for International Development (2011), *Targeting the Poorest: An Assessment of the Proxy Means Test Methodology.* Canberra: AusAID, Department of Foreign Affairs and Trade.
5. P. Bardhan (2016), 'Universal basic income for India', *Livemint,* 12 October.
6. P. Niehaus, A. Atanassova, M. Bertrand and S. Mullainathan (2013), 'Targeting with agents', *American Economic Journal: Economic Policy,* 5(1), pp. 206–38.
7. G. Standing, J. Unni, R. Jhabvala and U. Rani (2010), *Social Income and Insecurity: A Study in Gujarat.* New Delhi: Routledge.
8. N. Caldés, D. Coady and J. A. Maluccio (2004), 'The cost of poverty alleviation transfer programs: A comparative analysis of three programs in Latin America', FCND Discussion Paper No. 174. Washington, DC: Food Consumption and Nutrition Division, International Food Policy Research Institute.
9. K. Lindert, E. Skoufias and J. Shapiro (2006), 'Redistributing income to the poor and the rich: Public transfers in Latin America and the Caribbean'. Social Protection Discussion Paper No. 0605, Washington, DC: World Bank Institute. F. V. Soares, R. P. Ribas and R. G. Osório (2007), 'Evaluating the impact of Brazil's *Bolsa Família*: Cash transfer programmes in comparative perspective', IPC Evaluation Note No. 1. Brasilia: International Poverty Centre, United Nations Development Programme.
10. M. Ravallion (2007), 'How relevant is targeting to the success of an anti-poverty programme?', World Bank Policy Research Working Paper No. 4385. Washington, DC: World Bank.
11. World Bank, *The State of Social Safety Nets 2015.*
12. J. Hagen-Zanker, F. Bastagli, L. Harman, V. Barca, G. Sturge and T. Schmidt (2016), *Understanding the Impact of Cash Transfers*: The Evidence, ODI Briefing. London: Overseas Development Institute.
13. N. Benhassine, F. Devoto, E. Duflo, P. Dupas and V. Pouliquen (2015), 'Turning a shove into a nudge? A "labeled cash transfer" for education', *American Economic Journal: Economic Policy,* 7(3), pp. 86–125.

Santa Fe, NM: SAR Press, pp. 131–52.
30. J. Ferguson (2015), 'Prepare for tax hikes', *MoneyWeek*, 11 March.
31. A. Nichols and J. Rothstein (2016), 'The Earned Income Tax Credit (EITC)', in R. A. Moffitt (ed.), *Economics of Means-Tested Income Transfers*. Cambridge, MA: National Bureau of Economic Research, pp. 137–218. M. Brewer and J. Browne (2006), *The Effect of the Working Families' Tax Credit on Labour Market Participation*, Briefing Note No. 69. London: Institute for Fiscal Studies.
32. M. Tanner (2015), *The Pros and Cons of a Guaranteed National Income*. Washington, DC: Cato Institute, p. 17.
33. K. Rawlinson (2014), 'Thousands chased by HMRC debt collectors due to overpaid tax credits', *Guardian*, 30 May.
34. J. Rothstein (2009), *Is the EITC Equivalent to an NIT? Conditional Transfers and Tax Incidence*. Washington, DC: National Bureau of Economic Research, Working Paper No. 14966, May.
35. *The Economist* (2015), 'Credit where taxes are due', *The Economist*, 4 July.
36. この点の優れた批評は以下を参照。J. Millar and F. Bennett (2016), 'Universal credit: Assumptions, contradictions and virtual reality', *Social Policy and Society*, online 10 May. DOI: 10.1017/S1474746416000154.
37. 以下で引用。A. Painter (2016), 'The age of insecurity is not coming. It's already here'. Royal Society of Arts blog, 2 May.
38. Department for Work and Pensions (2015), *Universal Credit at Work*. London: Department for Work and Pensions. https://www.gov.uk/government/uploads/system/uploads/attachment_data/file/483029/universal-credit-at-work-december-2015.pdf.
39. F. Field and A. Forsey (2016), *Fixing Broken Britain? An Audit of Working-Age Welfare Reform Since 2010*. London: Civitas, p. 73.
40. P. Harrison-Evans (2016), 'A universal basic income: What would it mean for charities?', *New Philanthropy Capital*, 16 August. http://www.thinknpc.org/blog/a-universal-basic-income-what-would-it-mean-for-charities/.
41. Tanner, *Pros and Cons*, p. 14.

## 第10章

1. World Bank (2015), *The State of Social Safety Nets 2015*. Washington, DC: World Bank.

16. Bailey and Pongracz, *Humanitarian Cash Transfers.*
17. Hidrobo et al., 'Cash, food, or vouchers?'.
18. S. Santens (2016), 'The progressive case for replacing the welfare state with basic income', *TechCrunch,* 9 September.
19. S. Mathema (2013), 'Undue concentration of housing choice voucher holders: A literature review'. Poverty and Race Research Action Council (PRRAC). http://www.prrac.org/pdf/Undue_Concentration_of_Vouchers_-_lit_review_6-13.pdf.
20. Bhalla, 'Dismantling the welfare state'.
21. Hidrobo et al., 'Cash, food, or vouchers?'.
22. P. Gregg and R. Layard (2009), *A Job Guarantee.* London: Centre for Economic Performance Working Paper, London School of Economics. http://cep.lse.ac.uk/textonly/_new/staff/layard/pdf/001JGProposal- 16-03-09.pdf.
23. P. Harvey (2005), 'The right to work and basic income guarantees: Competing or complementary goals?', *Rutgers Journal of Law and Urban Policy,* 2(1), pp. 8–59. P. Harvey (2013), 'More for less: The job guarantee strategy', *Basic Income Studies,* 7(2), pp. 3–18. W. Quigley (2003), *Ending Poverty as We Know It: Guaranteeing a Right to a Job at a Living Wage.* Philadelphia, PA: Temple University Press. H. L. Minsky (1969), 'The macroeconomics of a Negative Income Tax', in H. L. Minsky (2013), *Ending Poverty: Jobs, Not Welfare.* Annandale-on-Hudson, NY: Levy Economics Institute, Bard College.
24. K. McFarland (2016), 'Basic income, job guarantees and the non-monetary value of jobs: Response to Davenport and Kirby', *Basic Income News,* 5 September.
25. E. Mian (2016), 'Basic income is a terrible, inequitable solution to technological disruption', *TheLong+Short,* 21 July.
26. A. Coote and J. Franklin (eds.) (2013), *Time on Our Side: Why We All Need a Shorter Working Week.* London: New Economics Foundation.
27. G. Standing (1990), 'The road to workfare: Alternative to welfare or threat to occupation?', *International Labour Review,* 129(6), pp. 677–91. This is elaborated in Standing, *A Precariat Charter,* Article 20.
28. *The Economist* (2016), 'Welfare reform: A patchy record at 20', *The Economist,* 20 August, pp. 11–12.
29. J. L. Collins (2008), 'The specter of slavery: Workfare and the economic citizenship of poor women', in J. L. Collins, M. di Leonardo and B. Williams (eds.), *New Landscapes of Inequality: Neoliberalism and the Erosion of Democracy in America.*

2. F. Lawrence (2016), 'Beyond parody: HMRC cleaners left worse off after introduction of the national living wage', *Guardian,* 28 July.
3. L. M. Mead (1986), *Beyond Entitlement: The Social Obligations of Citizenship.* New York: Free Press.
4. M. Torry (2016), *Citizen's Basic Income: A Christian Social Policy.* London: Darton, Longman & Todd, p. 44.
5. Department for Work and Pensions (2016), 'Income-related benefits: Estimates of take-up', DWP, 28 June.
6. D. Matthews (2014), '76 percent of people who qualify for housing aid don't get it', *Vox,* 31 May. http://www.vox.com/2014/5/31/5764262/76-percent-of-people-who-qualify-for-housing-aid-dont-get-it.
7. Center on Budget and Policy Priorities (2016), 'Chart book: TANF at 20', cbbb.org, 5 August.
8. G. Standing (2014), *A Precariat Charter: From Denizens to Citizens.* London: Bloomsbury.
9. M. Tanner and C. Hughes (2013), 'The work versus welfare trade-off: 2013', Cato Institute White Paper, cato.org, 19 August. http://object.cato.org/sites/cato.org/files/pubs/pdf/the_work_versus_welfare_trade-off_2013_ wp.pdf.
10. R. Berthoud (2007), W*ork-Rich and Work-Poor: Three Decades of Change.* York: Joseph Rowntree Foundation.
11. J. Drèze and A. Sen (2014), *An Uncertain Glory: India and Its Contradictions.* Princeton, NJ: Princeton University Press［『開発なき成長の限界——現代インドの貧困・格差・社会的分断』(明石書店)］. この問題に対しては、一時的な食料不足のときに備蓄食料を放出することで対処できる。しかし、地元の農家の生産意欲を損なうという問題がある。
12. D. K. Evans and A. Popova (2014), *Cash Transfers and Temptation Goods: A Review of the Global Evidence.* World Bank Policy Research Working Paper WPS6886, Washington, DC: World Bank.
13. S. Bailey and S. Pongracz (2015), *Humanitarian Cash Transfers: Cost, Value for Money and Economic Impact.* London: Overseas Development Institute.
14. S. S. Bhalla (2014), 'Dismantling the welfare state', *Livemint,* 11 June.
15. M. Hidrobo et al. (2014), 'Cash, food, or vouchers? Evidence from a randomized experiment in northern Ecuador', *Journal of Development Economics,* 107, March, pp. 144–56.

Humans de Catalunya.

25. G. Standing (2009), *Work after Globalization: Building Occupational Citizenship.* Cheltenham: Elgar.
26. A. B. Atkinson (1996), 'The case for a participation income', *Political Quarterly,* 67(1), pp. 67–70. A. B. Atkinson (2015), *Inequality: What Can Be Done?* Cambridge, MA, and London: Harvard University Press［『21 世紀の不平等』（東洋経済新報社）］.
27. A. Gorz (1992), 'On the difference between society and community and why basic income cannot by itself confer full membership', in P. van Parijs (ed.), *Arguing for Basic Income.* London: Verso.
28. A. Painter (2015), 'In support of a universal basic income–Introducing the RSA basic income model', Royal Society of Arts blog, 16 December.
29. J. Dodge (2016), 'Universal basic income wouldn't make people lazy–it would change the nature of work', *Quartz,* 25 August.
30. M. Whitlock (2016), 'How Britain's Olympic success makes the case for a basic income', *Huffpost Sport UK,* 31 August.
31. J. O'Farrell (2016), 'A no-strings basic income? If it works for the royal family, it can work for us all', *Guardian,* 7 January.
32. E. Green (2016), 'What America lost as women entered the workforce', *Atlantic,* 19 September.
33. K. W. Knight, E. A. Rosa and J. B. Schor (2013), 'Could working less reduce pressures on the environment? A cross-national panel analysis of OECD countries, 1970–2007', *Global Environmental Change,* 23(4), pp. 691–700.
34. D. Graeber (2016), 'Why capitalism creates pointless jobs', *Evonomics,* 27 September.
35. J. Burke Murphy (2016), 'Basic income, sustainable consumption and the "De-Growth" movement', *Basic Income News,* 13 August.
36. G. Standing (2014), *A Precariat Charter: From Denizens to Citizens.* London: Bloomsbury, Article 19.
37. Ibid, Article 1.

## 第９章

1. G. Standing (2016), *The Corruption of Capitalism: Why Rentiers Thrive and Work Does Not Pay.* London: Biteback.

*tice: An Experimental Approach to Ethical Theory.* Berkeley: University of California Press.

16. C. Haarmann, et al. (2008), *Towards a Basic Income Grant for All: Basic Income Pilot Project Assessment Report.* Windhoek: Basic Income Grant Coalition and Namibia NGO Forum.
17. S. Davala, R. Jhabvala, S. K. Mehta and G. Standing (2015), *Basic Income: A Transformative Policy for India.* London and New Delhi: Bloomsbury.
18. G. Standing (2016), *The Corruption of Capitalism: Why Rentiers Thrive and Work Does Not Pay.* London: Biteback.
19. V. Navarro (2016), 'Why the universal basic income is not the best public intervention to reduce poverty or income inequality', *Social Europe,* 24 May. V. Navarro (2016), 'Is the nation-state and its welfare state dead? A critique of Varoufakis', *Social Europe,* 4 August.
20. I. Robeyns (2000), 'Hush money or emancipation fee? A gender analysis of basic income', in R.-J. van der Veen and L. Groot (eds.), *Basic Income on the Agenda: Policy Objectives and Political Chances.* Amsterdam: Amsterdam University Press, pp. 121–36. Bergmann, 'A Swedish-style welfare state or basic income'.
21. C. Pateman (2006), 'Democratizing citizenship: Some advantages of a basic income', in Wright (ed.), *Redesigning Distribution,* pp. 101–19. A. McKay (2001), 'Why a citizen's basic income? A question of gender equality or gender bias', *Work, Employment and Society,* 21(2), pp. 337–48. A. Alstott (2001), 'Good for women', in P. van Parijs, J. Cohen and J. Rogers (eds.), *What's Wrong with a Free Lunch?* Boston: Beacon Press, pp. 75–9. K. Weeks (2016), 'A feminist case for basic income: An interview with Kathi Weeks', *Critical Legal Thinking,* 27 August.
22. T. Yamamori (2016), 'What can we learn from a grassroots feminist UBI movement? Revisiting Keynes' prophecy', paper presented at the 16th BIEN Congress, Seoul, 7–9 July.
23. たとえば以下を参照。Pateman, 'Democratising citizenship'. R. Mulligan (2013), 'Universal basic income and recognition theory: A tangible step towards an ideal', *Basic Income Studies,* 8(2), pp. 153–72. T. Henderson (2016), 'Redistribution, recognition and emancipation: A feminist perspective on the case for basic income in Australia', paper presented at the 16th BIEN Congress, Seoul, 7–9 July.
24. IDHC (2004), *Charter of Emerging Human Rights.* Barcelona: Institut de Drets

## 第8章


1. M. Tanner (2015), *The Pros and Cons of a Guaranteed National Income.* Washington, DC: Cato Institute, p. 19.
2. Office for National Statistics (2016), 'Changes in the value and division of unpaid care work in the UK: 2000 to 2015', ONS, 10 November.
3. S. Green Carmichael (2015), 'The research is clear: Long hours backfire for people and for companies', *Harvard Business Review,* 19 August.
4. G. Burtless (1986), 'The work response to a guaranteed income: A survey of experimental evidence', in A. H. Munnell (ed.), *Lessons from the Income Maintenance Experiments,* Conference Series 30. Boston, MA: Federal Reserve Bank of Boston and Brookings Institution, pp. 22–59.
5. K. Widerquist (2005), 'What (if anything) can we learn from the Negative Income Tax experiments?', *Journal of Socio-Economics,* 34(1), pp. 49–81.
6. For example, Tanner, *Pros and Cons.*
7. S. Kennedy (2016), 'Are basic income proposals crazy?', Institute for Policy Studies, 8 September. http://inequality.org/basic-income-proposals-crazy/.
8. E. A. Hanushek (1987), 'Non-labor-supply responses to the income maintenance experiments', in Munnell (ed.), *Lessons from the Income Maintenance Experiments,* pp. 106–30.
9. N. Hines (2016), 'Robots could make universal basic income a necessity', *Inverse,* 11 August.
10. M. Naim (2016), 'As robots take our jobs, guaranteed income might ease the pain', *HuffPost,* 18 July.
11. P.-E. Gobry (2014), ' "Progressives" hot new poverty-fighting idea has just one basic problem: Science', *The Week,* 21 July.
12. B. R. Bergmann (2006), 'A Swedish-style welfare state or basic income: Which should have priority?', in E. O. Wright (ed.), *Redesigning Distribution: Basic Income and Stakeholder Grants as Cornerstones for an Egalitarian Capitalism.* London and New York: Verso, pp. 130–42.
13. R. Paulsen (2008), 'Economically forced to work: A critical reconsideration of the lottery question', *Basic Income Studies,* 3(2), pp. 1–20.
14. FERinfos (2016), 'Revenu de base inconditionnel: Les Suisses continueraient de travailler', *FERinfos,* February, p. 9.
15. たとえば以下を参照。N. Frohlich and J. A. Oppenheimer (1992), *Choosing Jus-*

Blog, 12 July. http://gregmankiw.blogspot.ch/2016/07/a-quick-note-on-universal-basic-income. html

26. A. Manning (2015), 'Top rate of income tax', Centre for Economic Performance Paper EA029. London: London School of Economics. http://cep.lse.ac.uk/pubs/download/EA029.pdf.
27. たとえば以下を参照。J. Burke Murphy (2016), 'Basic income, sustainable consumption and the "degrowth" movement', *Basic Income News,*13 August.
28. K. Ummel (2016), 'Impact of CCL's proposed carbon fee and dividend policy: A high-resolution analysis of the financial effect on U.S. households', Working Paper v1. 4. Coronado, CA: Citizens' Climate Lobby, April. https://citizensclimatelobby.org/wp-content/uploads/2016/05/Ummel-Impact-of-CCL-CFD-Policy-v1_4.pdf.
29. *The Economist* (2016), 'Sighing for paradise to come', *The Economist,* 4 June, p. 24.
30. C. Rhodes (2017), 'Funding basic income through data mining', *Basic Income News,* 29 January.
31. SamfundsTanken (2016), 'UBInow: Unconditional basic income implementation in Denmark', SamfundsTanken.dk.http://samfundstanken.dk/ubinow.pdf.
32. J. E. Meade (1989), *Agathotopia: The Economics of Partnership.* Aberdeen: Aberdeen University Press.
33. K. Widerquist and M. Howard (ed.) (2012), *Alaska's Permanent Fund Dividend: Examining Its Suitability as a Model.* New York and London: Palgrave Macmillan. K. Widerquist and M. Howard (ed.) (2012), *Exporting the Alaska Model: Adopting the Permanent Fund Dividend for Reform around the World.* New York and London: Palgrave Macmillan.
34. P. Barnes (2014), *Liberty and Dividends for All: How to Save Our Middle Class When Jobs Don't Pay Enough.* Oakland, CA: Berrett-Koehler.
35. S. Lansley (2015), 'Tackling the power of capital: The role of social wealth funds', Compass Thinkpiece No. 81. London: Compass.
36. S. Lansley (2016), *A Sharing Economy. How Social Wealth Funds Can Tackle Inequality and Balance the Books.* Bristol: Policy Press, Chapter 2.
37. Standing, *The Corruption of Capitalism.*
38. UK Treasury (2016), *Shale Wealth Fund: Consultation.* London: HM Treasury.
39. Standing, *The Corruption of Capitalism.*

12. Congressional Budget Office (2013), 'The distribution of major tax expenditures in the individual income tax system', Congressional Budget Office, 29 May. A. Holt (2016), 'Critics of universal basic income just don't understand how the policy would actually work', *Quartz,* 6 June.
13. H. Parker (1989), *Instead of the Dole: An Enquiry into Integration of the Tax and Benefit System.* London: Routledge.
14. H. Reed and S. Lansley (2016), *Universal Basic Income: An Idea Whose Time Has Come?* London: Compass.
15. Sandbu, 'Free lunch'.
16. M. Torry (2015), 'Two Feasible Ways to Implement a Revenue Neutral Citizen's Income scheme', ISER Working Paper EM6/15. Colchester: Institute for Social and Economic Research, University of Essex, April. www.iser.essex.ac.uk/research/publications/working-papers/euromod/em6-15. M. Torry (2016), 'An Evaluation of a Strictly Revenue Neutral Citizen's Income Scheme', ISER Working Paper EM5/16. Colchester: Institute for Social and Economic Research, University of Essex, June. https://www.iser.essex.ac.uk/research/publications/working-papers/euromod/em5-16.
17. A. Painter and C. Thoung (2015), *Creative Citizen, Creative State–The Principled and Pragmatic Case for a Universal Basic Income.* London: Royal Society of Arts.
18. A. Painter (2015), 'In support of a universal basic income – Introducing the RSA basic income model', Royal Society of Arts blog, 16 December.
19. Reed and Lansley, *Universal Basic Income.*
20. J. Birch (2012), 'The problem of rent: Why Beveridge failed to tackle the cost of housing', *Guardian,* 22 November.
21. G. Morgan and S. Guthrie (2011), *The Big Kahuna: Turning Tax and Welfare in New Zealand on Its Head.* Auckland, New Zealand: Public Interest Publishing.
22. A. Stern (2016), *Raising the Floor: How a Universal Basic Income Can Renew Our Economy and Rebuild the American Dream.* New York: PublicAffairs.
23. C. Holtz (2016), 'The Panama Papers prove it: America can afford a universal basic income', *Guardian,* 8 April. http://www.theguardian.com/commentisfree/2016/apr/07/panama-papers-taxes-universal-basic-income-public-services.
24. J. S. Henry (2012), *The Price of Offshore Revisited.* Chesham, UK: Tax Justice Network.
25. G. Mankiw (2016), 'A quick note on a universal basic income', Greg Mankiw's

13. G. Dench, K. Gavron and M. Young (2006), *The New East End: Kinship, Race and Conflict*. London: Profile Books.
14. T. Cowen (2016), 'My second thoughts about universal basic income', *Bloomberg*, 27 October.
15. A. Stern (2016), *Raising the Floor: How a Universal Basic Income Can Renew Our Economy and Rebuild the American Dream*. New York: PublicAffairs.
16. G. Standing (2014), *A Precariat Charter: From Denizens to Citizens*. London: Bloomsbury.

## 第7章

1. T. Harford (2016), 'Could an income for all provide the ultimate safety net?', *Financial Times*, 29 April.
2. J. Kay (2016), 'With a basic income, the numbers just do not add up', *Financial Times*, 31 May.
3. M. Sandbu (2016), 'Free lunch: An affordable utopia', *Financial Times*, 7 June.
4. *The Economist* (2016), 'Daily chart: Universal basic income in the OECD', *The Economist*, 3 June. http://www.economist.com/blogs/graphicdetail/2016/06/daily-chart-1.
5. K. Farnsworth (2015), 'The British corporate welfare state: Public provision for private businesses', SPERI Paper No. 24. Sheffield: University of Sheffield.
6. T. DeHaven (2012), 'Corporate welfare in the federal budget', Policy Analysis No. 703. Washington, DC: Cato Institute.
7. G. Standing (2016), *The Corruption of Capitalism: Why Rentiers Thrive and Work Does Not Pay*. London: Biteback.
8. *Guardian* (2017), 'The Guardian view on basic income: A worthwhile debate, not yet a policy', *Guardian*, 1 February.
9. Sandbu, 'Free lunch'.
10. 所得税の課税対象になっていない有権者は、「左派」の政党に投票する可能性が低い。J. Gingrich (2014), 'Structuring the vote: Welfare institutions and value-based vote choices', in S. Kumlin and I. Stadelmann-Steffen (eds.), *How Welfare States Shape the Democratic Public: Policy Feedback, Participation, Voting and Attitudes*. Cheltenham: Elgar, p. 109.
11. V. Houlder (2016), 'Cost of UK tax breaks rises to £117bn', *Financial Times*, 10 January.

30. R. Akee, E. Simeonova, E. J. Costello and W. Copeland (2015), 'How does household income affect child personality traits and behaviors?'. NBER Working Paper No. 21562. Cambridge, MA: National Bureau of Economic Research. http://www.nber.org/papers/w21562.

## 第6章

1. A. Hirschmann (1991), *The Rhetoric of Reaction: Perversity, Futility, Jeopardy.* Cambridge, MA: Harvard University Press［『反動のレトリック――逆転、無益、危険性』（法政大学出版局）］.
2. 2016年の電子メール
3. I. V. Sawhill (2016), 'Money for nothing: Why universal basic income is a step too far', *Brookings,* 15 June.
4. V. Navarro (2016), 'Is the nation-state and the welfare state dead? A critique of Varoufakis', *Social Europe,* 4 August.
5. W. Korpi and J. Palme (1998), 'The paradox of redistribution and strategies of equality: Welfare state institutions, inequality, and poverty in the Western countries', *American Sociological Review,* 63(5), pp. 661–87.
6. G. Standing (2016), *The Corruption of Capitalism: Why Rentiers Thrive and Work Does Not Pay.* London: Biteback.
7. K. Marx ([1844] 1970), *Economic and Philosophic Manuscripts of 1844.* London: Lawrence & Wishart, p. 149［『経済学・哲学草稿』（岩波文庫）（光文社古典新訳文庫）］.
8. Kenya CT-OBC Evaluation Team (2012), 'The impact of the Kenya Cash Transfer Program for Orphans and Vulnerable Children on household spending', *Journal of Development Effectiveness,* 4(1), pp. 38–49.
9. S. Davala, R. Jhabvala, S. K. Mehta and G. Standing (2015), *Basic Income: A Transformative Policy for India.* London and New Delhi: Bloomsbury, pp. 96–7.
10. M. Friedman (1962), *Capitalism and Freedom.* Chicago: University of Chicago Press［『資本主義と自由』（日経BP社）］. H. L Minsky (1969), 'The macroeconomics of a negative income tax', in H. L. Minsky (2013), *Ending Poverty: Jobs, Not Welfare.* Annandale-on-Hudson, NY: Levy Economics Institute, Bard College.
11. Davala et al., *Basic Income.*
12. G. Crocker (2015), *The Economic Necessity of Basic Income.* Mimeo. https://mpra.ub.uni-muenchen.de/62941/1/MPRA_paper_62941.pdf.

15. A. Stern (2016), *Raising the Floor: How a Universal Basic Income Can Renew Our Economy and Rebuild the American Dream.* New York: PublicAffairs.
16. Cited in N. Lee (2016), 'How will you survive when the robots take your job?', *Engadget,* 19 August.
17. C. B. Frey and M. A. Osborne (2013), 'The future of employment: How susceptible are jobs to computerization?' Oxford: University of Oxford. http://www.oxfordmartin.ox.ac.uk/downloads/academic/The_Future_of_Employment.pdf.
18. M. Arntz, T. Gregory and U. Zierahn (2016), 'The risk of automation for jobs in OECD countries: A comparative analysis'. OECD Social, Employment and Migration Working Papers No. 189. Paris: Organisation for Economic Co-operation and Development.
19. K. Schwab (2016), *The Fourth Industrial Revolution.* Geneva: World Economic Forum［『第四次産業革命――ダボス会議が予測する未来』（日本経済新聞出版社)］.
20. *The Economist (2016),* 'Basically flawed' and 'Sighing for paradise to come', *The Economist,* 4 June, pp. 12, 21–24.
21. 以下で引用。Lee, 'How will you survive?'
22. C. Weller (2016), 'The inside story of one man's mission to give Americans unconditional free money', *Business Insider UK,* 27 June.
23. Standing, *The Corruption of Capitalism.*
24. T. Berners-Lee, interviewed by *The Economist* (2016), 'The *Economist* asks: Can the open web survive?', *Economist* podcast, 27 May.
25. A. C. Kaufman (2015), 'Stephen Hawking says we should really be scared of capitalism, not robots', *Huffington Post,* 8 October.
26. A. Berg, E. F. Buffie and L.-F. Zanna (2016), 'Robots, growth, and inequality', *Finance & Development,* 53(3).
27. N. Yeretsian (2016), 'New academic research shows that basic income improves health', *Basic Income News,* 11 November.
28. A. Aizer, S. Eli, J. Ferrie and A. Lleras-Muney (2016), 'The long-run impact of cash transfers to poor families', *American Economic Review,* 106(4), pp. 935–71.
29. E. L. Forget (2011), 'The town with no poverty: Using health administration data to revisit outcomes of a Canadian guaranteed annual income field experiment'. Winnipeg: University of Manitoba. https://public.econ.duke.edu~erw/197/forget-cea%20(2).pdf.

*cy & Politics*, 39(1), pp. 9–25.

7. T. McDonald and S. Morling (2011), 'The Australian economy and the global downturn. Part 1: Reasons for resilience', *Economic Roundup Issue 2*. Canberra: Treasury, Australian Government.
8. Standing, 'Responding to the crisis'. A. Kaletsky (2012), 'How about quantitative easing for the people?', *Reuters*, 1 August. G. Standing (2014), *A Precariat Charter: From Denizens to Citizens*. London: Bloomsbury. M. Blyth and E. Lonergan (2014), 'Print less but transfer more: Why central banks should give money directly to the people', *Foreign Affairs*, September/October. V. Chick et al. (2015), 'Better ways to boost eurozone economy and employment', letter to *Financial Times*, 27 March. A. Turner (2015), *Between Debt and the Devil: Money, Credit, and Fixing Global Finance*. Princeton, NJ: Princeton University Press［『債務、さもなくば悪魔――ヘリコプターマネーは世界を救うか？』（日経BP社）］.
9. 後者については以下を参照。J. Authers and R. Wigglesworth (2016), 'Pensions: Low yields, high stress', *Financial Times*, 22 August. On the general failings of QE, see Standing, *The Corruption of Capitalism*, Chapter 3.
10. M. Friedman (1969), 'The optimum quantity of money', in *The Optimum Quantity of Money and Other Essays*. Chicago: Aldine, pp. 1–50.
11. P. van Parijs (2013), 'The Euro-Dividend', *Social Europe*, 3 July. https://www.socialeurope.eu/2013/07/the-euro-dividend.
12. M. Ford (2015), *Rise of the Robots: Technology and the Threat of a Jobless Future*. New York: Basic Books［『ロボットの脅威――人の仕事がなくなる日』（日本経済新聞出版社）］. N. Srnicek and A. Williams (2015), *Inventing the Future: Postcapitalism and a World without Work*. London: Verso. P. Mason (2015), *Postcapitalism: A Guide to Our Future*. London: Allen Lane［『ポストキャピタリズム――資本主義以後の世界』（東洋経済新報社）］.
13. B. Gross (2016), 'Culture clash', Investment Outlook, Janus Capital Group, 4 May.
14. N. Hines (2016), 'Robots could make universal basic income a necessity', *Inverse*, 11 August. J. Furman (2016), 'Is this time different? The opportunities and challenges of artificial intelligence', remarks by the Chairman of the Council of Economic Advisers at AI Now: The Social and Economic Implications of Artificial Intelligence Technologies in the Near Term, New York University, 7 July. Executive Office of the President (2016), *Artificial Intelligence, Automation, and the Economy*. Washington, DC: White House, December.

May.

17. G. Tsipursky (2016), 'Free money is not so funny anymore: Confessions of a (former) skeptic of basic income', *Salon*, 21 August.
18. S. Mullainathan and E. Shafir (2013), *Scarcity: Why Having Too Little Means So Much*. London: Allen Lane［『いつも「時間がない」あなたに――欠乏の行動経済学』（ハヤカワ・ノンフィクション文庫）］.
19. World Bank (2015), *World Development Report 2015: Mind, Society and Behaviour*. Washington, DC: World Bank.
20. M. Velasquez-Manoff (2014), 'What happens when the poor receive a stipend', *New York Times*, 18 January.
21. N. N. Taleb (2012), *Antifragile: How to Live in a World We Don't Understand*. New York: Random House［『反脆弱性――不確実な世界を生き延びる唯一の考え方』（ダイヤモンド社）］.
22. M. Abu Sharkh and I. Stepanikova (2005), *Ready to Mobilize? How Economic Security Fosters Pro-Activism Attitudes Instead of Apathy*. Socio-Economic Security Programme Working Paper; Geneva: International Labour Organization.
23. G. Herman (2016), 'Unions are changing and that should give us cause for hope', Union Solidarity International, 2016. https://usilive.org/opinions/36811/.

## 第5章

1. G. Standing (2016), *The Corruption of Capitalism: Why Rentiers Thrive and Work Does Not Pay*. London: Biteback. G. Crocker (2015), *The Economic Necessity of Basic Income*. Mimeo. https://mpra.ub.uni-muenchen.de/62941/1/MPRA_paper_62941.pdf.
2. B. Nooteboom (1987), 'Basic income as a basis for small business', *International Small Business Journal*, 5(3), pp. 10–18.
3. M. Bianchi and M. Bobba (2013), 'Liquidity, risk, and occupational choices', *Review of Economic Studies*, 80(2), pp. 491–511. C. Blattman (2013), 'Can entrepreneurship transform the lives of the poor (and how)?', chrisblattman.com, 30 May.
4. S. Davala, R. Jhabvala, S. K. Mehta and G. Standing (2015), *Basic Income: A Transformative Policy for India*. London and New Delhi: Bloomsbury.
5. S. Sorenson and K. Garman (2013), 'How to tackle U.S. employees' stagnating engagement'. *Gallup*, 11 June.
6. G. Standing (2011), 'Responding to the crisis: Economic stabilization grants', *Poli-*

2. A. Case and A. Deaton (2015), 'Rising morbidity and mortality in midlife among white non-Hispanic Americans in the 21st century', *Proceedings of the National Academy of Sciences of the United States of America (PNAS)*, 112(49), pp. 15078–83.
3. G. Standing (2011), *The Precariat: The New Dangerous Class*. London: Bloomsbury［『プレカリアート――不平等社会が生み出す危険な階級』（法律文化社）］.
4. G. Standing (2014), *A Precariat Charter: From Denizens to Citizens*. London: Bloomsbury. G. Standing (2016), *The Corruption of Capitalism: Why Rentiers Thrive and Work Does Not Pay*. London: Biteback.
5. D. Calnitsky (2016), '"More normal than welfare": The Mincome experiment, stigma, and community experience', *Canadian Review of Sociology*, 53(1), pp. 26–71.
6. E. Martinson (2016), 'View from a *Reg* reader: My take on the basic income', *Register*, 29 December.
7. H. Reed and S. Lansley (2016), *Universal Basic Income: An Idea Whose Time Has Come?* London: Compass.
8. C. Blattman and P. Niehaus (2014), 'Show them the money: Why giving cash helps alleviate poverty', *Foreign Affairs*, May/June. https://www.foreignaffairs.com/articles/show-them-money.
9. *The Economist* (2010), 'Homelessness: Cutting out the middle men', *The Economist*, 4 November.
10. G. J. Whitehurst (2016), 'Family support or school readiness? Contrasting models of public spending on children's early care and learning', *Economic Studies at Brookings, Evidence Speaks Reports*, 1(16), 28 April.
11. J. Surowiecki (2014), 'Home free', *New Yorker*, 22 September.
12. J. Furman (2016), 'Is this time different? The opportunities and challenges of artificial intelligence', remarks by the Chairman of the Council of Economic Advisers at AI Now: The Social and Economic Implications of Artificial Intelligence Technologies in the Near Term, New York University, 7 July.
13. Remarks by Christopher Pissarides at the 2016 World Economic Forum meeting in Davos, January 2016. https://www.youtube.com/watch?v=UnNs2MYVQoE.
14. Standing, *A Precariat Charter*.
15. M. L. King (1967), *Where Do We Go From Here: Chaos or Community?* Boston: Beacon Press［『黒人の進む道――世界は一つの屋根のもとに』（明石書店）］.
16. N. Gabler (2016), 'The secret shame of middle-class Americans', *The Atlantic*,

bad', *Libertarian Republic,* 20 July.
8. T. Prochazka (2016), 'US libertarian presidential candidate "open" to basic income', *Basic Income News,* 18 July.
9. Zwolinski, 'Property rights, coercion and the welfare state'.
10. Cited in interview, T. Prochazka (2016), 'Zwolinski: Basic income helps "protect freedom" ', *Basic Income News,* 24 August.
11. R. H. Thaler and C. R. Sunstein (2008), *Nudge: Improving Decisions about Health, Wealth and Happiness.* New Haven, CT: Yale University Press［『実践　行動経済学――健康、富、幸福への聡明な選択』（日経 BP 社）］.
12. P. Pettit (1997), *Republicanism: A Theory of Freedom and Government.* Oxford: Oxford University Press. P. Pettit (2007), 'A republican right to basic income?', *Basic Income Studies,* 2(2), pp. 1–8. P. Pettit (2014), *Just Freedom: A Moral Compass for a Complex World.* New York: Norton. D. Raventos and D. Casassas (2005), 'Republicanism and basic income: The articulation of the public sphere from the repoliticization of the private sphere', in G. Standing (ed.), *Promoting Income Security as a Right.* London: Anthem Press, pp. 231–54.
13. D. Casassas (2016), 'Basic income and social emancipation: A new road to socialism', paper presented at the 16th BIEN Congress, Seoul, 7–9 July 2016.
14. K. Kipping (2016), 'Unconditional basic income as affixed rate of democracy: Safeguarding the social freedom and economic power of all people', paper presented at the 16th BIEN Congress, Seoul, 7–9 July.
15. 詳しくは以下を参照。G. Standing (2009), *Work after Globalization: Building Occupational Citizenship.* Cheltenham: Elgar, Chapter 9.
16. S. Davala, R. Jhabvala, S. K. Mehta and G. Standing (2015), *Basic Income: A Transformative Policy for India.* London and New Delhi: Bloomsbury.
17. G. Standing (2015), 'Why basic income's emancipatory value exceeds its monetary value', *Basic Income Studies,* 10(2), pp. 1–31.
18. C. Pateman (2006), 'Democratizing citizenship: Some advantages of a basic income', in E. O. Wright (ed.), *Redesigning Distribution.* London and New York: Verso, pp. 101–19.

## 第4章

1. K. J. Edin and H. L. Schaefer (2015), *$2.00 a Day: Living on Almost Nothing in America.* Boston: Houghton Mifflin Harcourt.

16. T. Meireis (2004), '"Calling": A Christian argument for basic income', in G. Standing (ed.), *Promoting Income Security as a Right.* London: Anthem Press, pp. 147–64. M. Torry (2016), *Citizen's Basic Income: A Christian Social Policy.* London: Darton, Longman & Todd.
17. C. M. A. Clark (2006), 'Wealth as abundance and scarcity: Perspectives from Catholic social thought and economic theory', in H. Alford, C. M. A. Clark, S. A. Cortright and M. J. Naughton (eds.), *Rediscovering Abundance.* Notre Dame: University of Notre Dame Press, pp. 28–56.
18. Pope Francis (2015), 'Encyclical letter Laudato Si of the Holy Father Francis on care for our common home', Vatican, 24 May.

## 第3章

1. G. Standing (2014), *A Precariat Charter: From Denizens to Citizens.* London and New York: Bloomsbury.
2. R. Nozick (1974), *Anarchy, State and Utopia.* New York: Basic Books [『アナーキー・国家・ユートピア』(木鐸社)] . C. Murray (2006), *In Our Hands: A Plan to Replace the Welfare State.* Washington, DC: AEI Press. C. Murray (2012), *Guaranteed Income as a Replacement for the Welfare State.* Oxford: The Foundation for Law, Justice and Society. P. van Parijs (1995), *Real Freedom for All: What (If Anything) Can Justify Capitalism?* Oxford: Clarendon Press [『ベーシックインカムの哲学——すべての人にリアルな自由を』(勁草書房)]. K. Widerquist (2006), 'Property and the Power to Say No: A Freedom-Based Argument for Basic Income', PhD dissertation. Oxford: University of Oxford.
3. E. Anderson (2001), 'Optional freedoms', in P. van Parijs (ed.), *What's Wrong With a Free Lunch?* Boston: Beacon Press, pp. 75–9.
4. M. Tanner (2015), *The Pros and Cons of a Guaranteed National Income.* Washington, DC: Cato Institute. M. Zwolinski (2015), 'Property rights, coercion and the welfare state: The libertarian case for a basic income for all', *Independent Review,* 19(4). J. Buchanan (1997), 'Can democracy promote the general welfare?', *Social Philosophy and Policy,* 14(2), pp. 165–79.
5. C. Murray (2014), 'Libertarian Charles Murray: The welfare state has denuded our civic culture', *PBS Newshour,* 10 April.
6. Murray, *Guaranteed Income.*
7. B. Linley (2016), 'Gary Johnson is open to universal basic income and that's not

case for an income guarantee', *Public Interest,* 4 (Summer), pp. 31–41.
11. M. Samson and G. Standing (eds.) (2003), *A Basic Income Grant for South Africa.* Cape Town: University of Cape Town Press.
12. たとえば以下を参照。A. Beattie (2016), 'A simple basic income delivers little benefit to complex lives', *Financial Times,* 3 June.

## 第2章

1. T. Paine ([1795] 2005), 'Agrarian Justice', in *Common Sense and Other Writings.* New York: Barnes & Noble, p. 332.
2. Ibid., p. 334.
3. Ibid., p. 335.
4. Ibid., p. 339.
5. H. George (1879), *Progress and Poverty.* New York: Schalkenbach Foundation［『進歩と貧困』（日本経済評論社）］.
6. G. Standing (2016), *The Corruption of Capitalism: Why Rentiers Thrive and Work Does Not Pay.* London: Biteback.
7. 以下を参照。G. Standing (2014), *A Precariat Charter: From Denizens to Citizens.* London and New York: Bloomsbury.
8. T. Shildrick, R. MacDonald, C. Webster and K. Garthwaite (2012), *Poverty and Insecurity: Life in Low-Pay, No-Pay Britain.* Bristol: Policy Press.
9. Standing, *The Corruption of Capitalism.*
10. P. van Parijs (1995), *Real Freedom for All: What (If Anything) Can Justify Capitalism?* Oxford: Clarendon Press［『ベーシックインカムの哲学――すべての人にリアルな自由を』（勁草書房）］.
11. 以下も参照。P. Barnes (2014), *With Liberty and Dividends for All: How to Save Our Middle Class When Jobs Don't Pay Enough.* San Francisco: Berrett-Koehler.
12. J. Rawls (1971), *A Theory of Justice.* Cambridge: Cambridge University Press［『正義論』（紀伊國屋書店）］.
13. N. Frohlich and J. A. Oppenheimer (1992), *Choosing Justice: An Experimental Approach to Ethical Theory.* Berkeley: University of California Press.
14. International Labour Organization (2004), *Economic Security for a Better World.* Geneva: ILO.
15. Citizens' Climate Lobby (2016), 'Carbon fee and dividend policy'. http://citizensclimatelobby.org/carbon-fee-and-dividend/.

# 原注

## 第1章


1. J. Cunliffe and G. Erreygers (eds.) (2004), *The Origins of Universal Grants: An Anthology of Historical Writings on Basic Capital and Basic Income.* Basingstoke: Palgrave Macmillan, p.xi.
2. B. Ackerman and A. Alstott (1999), *The Stakeholder Society.* New Haven: Yale University Press. B. Ackerman and A. Alstott (2006), 'Why stakeholding?', in E. O. Wright (ed.), *Redesigning Distribution: Basic Income and Stakeholder Grants as Cornerstones for an Egalitarian Capitalism.* London and New York: Verso, pp. 43–65.
3. G. Standing (2006), 'CIG, COAG and COG: A comment on a debate', in Wright (ed.), *Redesigning Distribution,* pp. 175–95.
4. L. Bershidsky (2016), 'Letting the hungry steal food is no solution', *Bloomberg,* 4 May.
5. T. Paine ([1795] 2005), 'Agrarian Justice', in *Common Sense and Other Writings.* New York: Barnes & Noble, pp. 321–45.
6. B. Russell (1920), *Proposed Roads to Freedom: Socialism, Anarchism and Syndicalism.* London: Allen & Unwin［『自由への道』（角川文庫）］. E. M. Milner and D. Milner (1918), *Scheme for a State Bonus.* London: Simpkin, Marshall & Co. B. Pickard (1919), *A Reasonable Revolution. Being a Discussion of the State Bonus Scheme –A Proposal for a National Minimum Income.* London: Allen & Unwin. G. D. H. Cole (1929), *The Next Ten Years in British Social and Economic Policy.* London: Macmillan.
7. W. van Trier (1995), 'Every One a King', PhD dissertation. Leuven: Département de Sociologie, Katholieke Universiteit Leuven.
8. Russell, *Roads to Freedom,* pp. 80–81, 127.
9. M. L. King (1967), *Where Do We Go From Here? Chaos or Community?* New York: Harper & Row［『黒人の進む道——世界は一つの屋根のもとに』（明石書店）］.
10. たとえば以下を参照。 J. E. Meade (1972), 'Poverty in the welfare state', *Oxford Economic Papers,* 24(3), pp. 289–326. J. E. Meade (1989), *Agathotopia: The Economics of Partnership.* Aberdeen: Aberdeen University Press. J. Tobin (1966), 'The

**著者略歴**

**ガイ・スタンディング** Guy Standing

経済学者。ベーシックインカムの啓蒙団体、BIEN(Basic Income Earth Network) の共同創設者、現共同名誉理事長。イリノイ大学にて労働経済学・労使関係論で修士号、ケンブリッジ大学にて経済学博士号を取得。国際労働機関 (ILO) エコノミスト、バース大学教授、ロンドン大学アジア・アフリカ研究学院 (SOAS) 開発学教授などを歴任。著書に『プレカリアート〜不平等社会が生み出す危険な階級』などがある。ベーシックインカム賛成派を代表する論客。

# ベーシックインカムへの道

2018年2月20日　第１刷発行

著　者　ガイ・スタンディング
訳　者　池村千秋
発行者　長坂嘉昭
発行所　株式会社プレジデント社
〒102-8641　東京都千代田区平河町2-16-1
電話 編集（03）3237-3732
販売（03）3237-3731
装丁　クラフト・エヴィング商會
本文・DTP　アーティザンカンパニー株式会社
編集　中嶋 愛
制作　関 結香
販売　桂木栄一　高橋徹　川井田美景　森田巌　遠藤真知子　末吉秀樹

印刷・製本　図書印刷株式会社

© 2018 Chiaki Ikemura
ISBN978-4-8334-2264-2
Printed in Japan